《贸易投资评论》由上海 WTO 事务咨询中心主办

贸易投资评论　第十四辑　　王新奎　主编

动荡与变革下的
全球贸易投资发展新趋势

上海人民出版社

前　　言

　　为反映上海 WTO 事务咨询中心学术性研究工作的全貌,中心综合分析部每年编辑出版一辑《贸易投资评论》,以论文集的形式出版。2023 年的主题为"动荡与变革下的全球贸易投资发展新趋势"。本辑《贸易投资评论》的研究论文共由两部分组成,一部分是近期部分国内学者的科研成果,另一部分是本中心各业务部门的学术性研究成果。

　　由于编者水平有限,错漏之处,敬请同仁斧正!

编者

2023 年 9 月

目　录

转口贸易发展的新业态与新模式

——基于上海的经验与思考

张 磊*

内容摘要：转口贸易作为我国主要外贸口岸发挥开放枢纽门户功能的重要手段方式，对上海前期实践分析表明其主要功能是服务国内企业参与国际化生产，呈现进口带动转口特征。目前我国转口贸易不仅面临传统业务转型升级趋势，同时也正成为服务部分外贸新业态新模式发展的重要载体和依托。为促进转口贸易发展，基于对上海实践及面临问题之思考，我国应深化监管模式与流程创新提升转口贸易自由化便利化水平；完善国内集疏运市场体系支撑转口贸易业务拓展；针对外贸新业态新模式转口要求推动政策系统集成；实施符合国际惯例的扶持促进措施增强转口贸易竞争力。

关键词：转口贸易；国际中转集拼；外贸新业态新模式

Abstract：Entrepot trade is one of the important means to play the role of open hub porta by China's trade ports. The analysis of Shanghai's practice shows that the trade in earlier stage has mainly served domestic enterprise to participate in international production, and presented the import-driven characteristics. At present, it is not only facing the transformation and upgrading of the traditional business, but also becoming the important carrier and support for the development of the new forms and models of foreign trade in China. In order to promote the transformation and development of China's entrepot trade, referring Shanghai's experience and consideration of the problems faced, China should deepen the innovation of supervision measures and procedures to further the trade liberalization and facilitation, perfect domestic transport system to support the business expansion, promote the integration of policy system to the transit requirements of the new forms and modes of foreign trade,

---

* 张磊，经济学博士，上海对外经贸大学国际经贸研究所/国际发展合作研究院研究员。

and implement support measures in line with international conventions to enhance the competitiveness of the trade.

Key words：Entrepot Trade；International Transfer Service；New forms and Models of Foreign Trade

近年来国家高度重视外贸新业态新模式发展,2021 年《国务院办公厅关于加快发展外贸新业态新模式的意见》就提出要"持续推动传统外贸转型升级、推进外贸服务向专业细分领域发展"等。作为国家重要开放枢纽门户,目前上海正"打造新型国际贸易发展高地",要"实现离岸贸易创新突破、增强转口贸易枢纽功能"①。其中,就转口贸易发展来看,其在实践中不仅呈现出传统业务转型升级趋势,同时也正成为服务部分外贸新业态新模式发展的重要载体和依托。本文拟结合对近期上海相关经验之讨论,就推进我国转口贸易转型发展做政策思考并提出措施建议。

一、上海转口贸易参与国际化生产的基本现状与特征

转口贸易又被称为中转贸易或居间贸易。在全球价值链分工背景下,不同产品的国际化生产往往会对应不同贸易方式②。低技术产品一般仅需要相对简单的贸易配送功能,如加工贸易等。而对中高技术产品生产,其核心环节一般由跨国公司内部掌握,主要通过区域总部等进行供应链管理。转口贸易作为跨国公司实现全球供应链布局的重要方式手段,是经济中心城市吸引总部经济等发展的前提条件,也是主要贸易口岸发挥开放枢纽门户功能的重要抓手,被视为是衡量国际贸易中心建设的关键性指标③。

作为我国重要贸易口岸,以进出口贸易总额统计来看,2011 年上海一般贸易占比为 40.9％;其次是加工贸易④为 35.1％;最后是转口贸易⑤为 22.3％。在此后十年中,上海加工贸易额占比不断下降,转口贸易则相对上升。截至

---

① 参见:上海市人民政府:《"十四五"时期提升上海国际贸易中心能级规划》(2021-04-29),https://www.shanghai.gov.cn/nw12344/20210429/c41502e706a94d15a8b95977b307d107.html。
② 沈玉良:《贸易方式、贸易功能与上海国际贸易中心的基本形态》,《科学发展》2010 年第 12 期。
③ 潘辉:《上海自贸区国际转口贸易功能提升研究》,《国际商务研究》2022 年第 2 期。
④ 此处以来料加工贸易和进料加工贸易进出口总额表示。
⑤ 此处以保税仓库进出境货物和保税区仓储转口货物进出口总额表示。

2021年底,上海一般贸易、加工贸易和转口贸易三种贸易方式占比分别为57.4％、17.7％和24％[①],其中加工贸易和转口贸易地位较十年前已发生逆转。这一方面说明上海作为国家重要贸易口岸参与国际化生产的手段方式正实现转变,但对标国际性海运大港——新加坡、鹿特丹、釜山等,其转口贸易量一般超过本港进出货运量的40％甚至70％以上[②],也表明发展潜力仍有待进一步挖掘。

　　根据国际经验,不同地区转口贸易发展存在特征差异,一类是货物通过中心港口实现国际中转,其特点是以出口带动转口,新加坡和中国香港[③]就是有代表性的中转型国际贸易中心。另一类则是将海关保税监管区作为国内生产商参与国际化生产的转运分拨中心。这种情况下的转口贸易往往会背靠生产腹地,主要是将中间品等进口到海关保税监管区再转口至国内生产商制造成品后出口,因此较多呈现进口带动转口特征。通过图1对上海近十年转口贸易进出口走势的分析可见,上海转口贸易发展长期呈现进口显著大于出口特征,且该趋势在过去十年内保持稳定。对此,我们认为,前期上海转口贸易的发展实际上和传统国际中转型贸易城市存在显著差异,即上海转口贸易主要是服务国内企业参与国际化生产需求,因此在统计上就表现为转口贸易进口长期大于出口[④]。实践中,

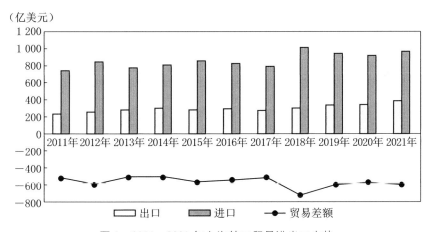

（亿美元）

图1　2011—2021年上海转口贸易进出口走势

数据来源:国研网,对外贸易数据库,2022年,http://data.drcnet.com.cn。

---

①　数据来源:国研网,对外贸易数据库(2022),http://data.drcnet.com.cn。

②　温韧、黄丙志、解涛:《海关支持和服务上海自贸试验区发展转口贸易研究》,《科学发展》2021年第12期。

③　潘圆圆:《中国香港对中国内地经济贡献评估——基于中间商佣金的测算》,《国际经济评论》2021年第2期。

④　值得强调的是,尽管香港和上海的转口贸易均具有服务中国内地参与国际化生产的功能,但海关统计特征却不同。

上述特征的典型模式之一就是与制造相结合的"进口转卖",主要是跨国公司或其关联企业的贸易部门设立在海关保税监管区内,通过企业内贸易等方式为区外生产商提供中间品进口转卖服务,区外企业待产品生产后再出口给指定客户。这些类型的转口贸易目前在上海外高桥等海关保税监管区内普遍存在,并形成公司集聚及相匹配的贸易平台。

近年来,随着国际环境发生变化及中国经济减速换挡,我国传统主要依赖低附加值进出口货物的贸易航运模式正发生转变,由此也促使主要贸易口岸重视转口贸易的发展。相关统计就显示,与其他兄弟省市比较,虽然2021年上海在全国主要省市转口贸易进出口金额上仍处于领先地位,但转口贸易占全国的比重已经从2011年的45.24%下降到2021年的29.64%①。对此,我们认为,由于上海前期转口贸易的发展主要是服务国内参与国际化生产,且相关业务模式已持续多年。随着兄弟省市国际化水平提升及产业转移,目前上海在传统业务中的既有优势地位已面临较多竞争,由此也对转口贸易业务升级提出迫切需求。

二、上海发展国际中转集拼的政策经验及面临瓶颈

转口贸易作为跨国公司全球配置产业链、贸易链的重要依托,也是我国统筹国际国内两个市场两种资源,有效实现"双循环"发展的重要手段。"十四五"时期上海国际贸易中心建设要求进一步增强转口贸易枢纽功能,为此还重点提出要"推进国际中转集拼发展"②,成为推进传统业务转型升级的重要抓手。

(一)国际中转集拼的业务特征与政策经验

国际中转集拼是指将境外货物与国内出口货物在海关特殊监管区域内进行拆箱、分拣后再重新装箱运送出境的港口中转物流业务。相较"进口转卖"等主要服务腹地国际化生产的转口贸易模式,其更呈现出口带动转口特征,主要业务优势就包括避免国际中转货物两次申报、缩短出口退税时间、便利出口退运后货物再转口、促进港口功能提升和港航服务要素积聚等③。从东亚区域国际化大

① 数据来源:国研网,对外贸易数据库(2022),http://data.drcnet.com.cn。
② 参见:上海市人民政府:《"十四五"时期提升上海国际贸易中心能级规划》(2021),https://www.shanghai.gov.cn/nw12344/20210429/c41502e706a94d15a8b95977b307d107.html。
③ 查贵勇:《国际中转集拼业务思考》,《中国海关》2020年第4期。

港集装箱国际中转比率来看,新加坡高达85%,香港为70%,釜山为47%①,由此也凸显其在港口经济发展中的重要位置。通过拓展国际中转集拼业务,我国转口贸易发展也将实现从前期主要以进口带动转口的模式向以进口和出口共同带动转口的方向转变,由此也将进一步提升对全球资源的配置能力。

从国际大型中转港经验来看,发展国际中转集拼对货物仓储转运的通畅度和自由度有较高要求。其中中国香港实施的是从通航、贸易到外汇、简单税制、低税率等全面开放的自由港政策②。韩国釜山港开展国际中转出口不需备案,并且将港口作业区、自贸区以及工业经济加工区等实现一体化管理以提高集装箱物流处理效率③。釜山港还长期采用降低港口费率、减免港口费用等手段吸引货源,并对长期客户进行补贴以维持货源④。新加坡则在海关监管方面较早就建立了一站式通关服务电子管理平台 Trade Net,此后还推出集成化平台 Trade X change,并通过与其他国际港口实现信息共享以大幅提升贸易便利化水平等⑤。

此外,实践中保税港区要开展国际中转集拼还需要准备专门的仓储物流场所,即经海关认可并接受其监管的"国际中转集拼中心"。董红梅⑥就总结该中心首先应是一体化的物流运作平台,能涵盖物流产业链的所有服务环节;其次应具备公共服务属性,可向各类企业提供整箱拼箱及二次拆拼等专业服务和信息支持;最后还应兼具出口集拼和进口分拨两大功能等。

(二)上海发展国际中转集拼面临的主要问题与政策瓶颈

2013年9月国务院发布《中国(上海)自由贸易试验区总体方案》首次将"推动中转集拼业务发展"确立为"提升国际航运服务能级"的重要内容。2018年9月海关总署正式发布公告规范对国际中转集拼的监管,并开发了线上支持相关业务的"金关二期"舱单子系统。2021年上海港集装箱吞吐量4700万国际标

① 潘辉:《上海自贸区国际转口贸易功能提升研究》,《国际商务研究》2022年第2期。
② 王婕丽:《香港国际航运中心建设经验对上海的启示》,《水运管理》2010年第2期。
③ 陈继红、朴南奎:《上海自贸区国际集装箱物流中转服务策略——基于韩国釜山港经验》,《中国流通经济》2016年第7期。
④ Won Y., Kim D., "A study of incentive system problems for busan gwangyang port", *Journal of Korea port economic association*, 2013(01).
⑤ 胡方:《国际典型自由贸易港的建设与发展经验梳理——以中国香港、新加坡、迪拜为例》,《人民论坛·学术前沿》2019年第22期。
⑥ 董红梅:《洋山保税港区建立国际中转集拼中心可行性研究》,上海交通大学硕士学位论文,2013年。

准箱,其中国际中转首破 600 万国际标准箱,占比为 12.8％,对标国际性海运大港新加坡、釜山等差距还较大。

目前上海正推动建设洋山特殊综合保税区国际中转集拼中心。结合调研来看,在洋山港进行国际中转集拼的主要货物来源基本可分为海关监管保税货物和口岸清关拼箱货物两类。由于不同货物的具体流向与监管流程差异较大,最终要实现中转集拼也面临多项问题与挑战:

首先是对多业态货物开展集拼的监管模式和操作手段亟待优化。一是目前国际中转、进口分拨、本地转关等多业态拼箱操作还分属不同监管场所,且来自境外货源和国内出口货源一般由不同货代企业掌握信息不能共享,因此较难根据市场需求实现拼装;二是现行的国际中转货物申报模式与国际惯例存在差距,如法定商检产品(如机械类产品)在转运时仍要进行商检,企业为此需办理进境备案清单和出境备案清单。此外转口贸易"货物易转、文件难转"问题在实际操作中也较普遍;三是目前国内港口大量国际中转集拼货物都是国内出口集拼货物,但由于国内集疏运市场体系还不完善,沿海捎带业务作用有限等,客观影响到国内出口货源集中到港口参与拼箱。

其次是外汇收付面临困难。由于离岸贸易资金流、货物流和订单流"三流不一"会产生监管困难进而影响外汇收付,前期国家就专门提出要"提升贸易结算便利化水平"[①]。现实中开展国际中转集拼将产生贸易订单的拆分或整合,由此也会出现"三流不一"的情况,进而也较难满足外汇管理对贸易单证一一对应的要求。此外,实践中不同银行对保税区外企业在区内开展转口贸易认定标准存在不同,也使得保税监管区外企业开展转口贸易面临结算困难。

最后是国际中转集拼市场竞争激烈亟待政策扶持。企业就普遍反映,新加坡和香港、釜山等国际中转集拼枢纽港地位是多年市场积淀形成的。而我国内地重点港口在地理位置上并无明显优势,且企业所得税等偏高,目前情况下企业还较难做出将国际中转中心转移到境内的决策。例如,目前我国内地是 25％ 的企业所得税率,上海自贸区新片区内集成电路等产业 5 年内税率为 15％,总体要高于香港 8.25％ 和 16.5％ 两级累进税率[②]。此外,新加坡的区域总部计划(RHQ)、国际总部计划(IHQ)、全球贸易商计划(GTP)等还会对转口贸易企业提供减免税待遇等。

---

① 参见:国办发 2021 年第 24 号《国务院办公厅关于加快发展外贸新业态新模式的意见》。
② 数据来源:国家税务总局网站及相关投资报告。

三、转口贸易服务外贸新业态新模式及面临的主要政策瓶颈

近年来我国外贸新业态新模式发展迅猛,转口贸易作为重要的国际仓储运输模式,实践中也正成为支撑各类新型国际贸易发展的重要载体和依托,进而也拓展了国际中转集拼等业务发展的新内涵与新外延。

(一) 跨境电商与转口贸易

2020 年后受疫情影响,传统外贸企业普遍遭遇订单延迟或取消,线上电商平台开拓国际市场增长显著。跨境电商开展业务必然涉及商品的国际仓储与转运,主要方式就包括进口保税仓、出口监管仓和海外仓①。其中,进口保税仓主要用于跨境电商对进口商品的保税仓储;出口监管仓则是将出口商品运至保税仓库备货,企业实现退税,已入仓退税商品待境外网购后再核放出口;海外仓又可分为海外直购进口和海外备货出口两类。可以说,跨境电商作为一种新型贸易中介方式,其业务运作对国际转运分拨也依赖显著。由此而言,目前国家鼓励推动跨境电商发展,实际上也拓展了转口贸易服务的对象和货源,并对保税监管区国际中转配送功能提出更高要求。

实践中,由于跨境电商对商品的买卖一般是根据国内国外两个市场行情变化而不断进行调整的,因此就希望保税仓储转运有较高水平自由度②,但其"贸易碎片化"特征又增加了海关部门监管难度③。结合相关调研来看,首先是进口保税仓尚难允许跨境电商退货商品进行二次销售,退货商品一般都会被送至境内仓库由企业内部消化甚至被销毁,此外保税仓内滞销商品亦会面临被直接销毁的选择。其次是针对出口监管仓,由于存入保税区内商品对跨境电商企业而言,既可能对外出口也可能根据市场需要再重新入境至国内销售,货物流向的不确定性也导致出口货物入区前就办理出口退税存在困难。最后是目前我国国内仓储企业与跨境电商"海外仓"还缺乏彼此联动协同开展国际中转集拼的成熟经

---

① 赖伟娟、欧奕成:《我国跨境电商仓库的运作困境及转型升级研究》,《中国经贸导刊》2020 年第2 期。

② 王东波:《中小外贸企业开展跨境电商面临的物流难题与解决路径》,《对外经贸实务》2018 年第11 期。

③ 刘向丽、吴桐:《国际经贸规则重构中美国的政策两难与发展趋势探讨》,《国际贸易》2021 年第6 期。

验。值得强调的是,上述问题实际上与前文对我国推进国际中转集拼业务发展面临政策瓶颈的讨论存在密切联系。

从国际经验来看,为满足转口贸易不同类型商品对保税区仓储的多样化需求,新加坡较早就在其自贸园区内针对非课税商品和应课税商品实行暂免消费税仓库计划(Zero-GST Warehouse Scheme)和授权仓库计划(Licensed Warehouse Scheme),相关政策还被推广到跨境电商。近年深圳还试点"全球中心仓"允许保税监管区内储存非保税商品,并就货物状态在不同海关账册之间实现切换等①。上述政策创新实际上也可被视为是对新型国际贸易发展背景下对转口贸易功能的再拓展。

(二) 保税维修与转口贸易

保税维修作为对传统维修业务的一种延伸,其特点是全程保税、全程海关监管②。目前,普惠、波音、ABB 公司等一批企业保税维修业务在沪稳定发展,有力提升了在沪企业参与国际分工。2020 年商务部等发布《关于支持综合保税区内企业开展维修业务的公告》(16 号公告),此后上海还配套发布《关于支持在综合保税区内开展维修业务的实施办法》对要求进行细化。

与传统出口商品退运到工厂维修相比,海关对维修货物进出主要实行台账管理,保税维修商品无需进口清关,维修货物复运出境也不要求出口清关③,相关仓储转运流程总体与转口贸易类似。因此保税维修在贸易领域面临的部分问题也可被视为是对转口贸易政策提出的新要求:首先是保税维修和保税物流分拨缺乏政策联动。调研表明,对保税维修企业而言,借助保税物流分拨中心将待维修物品转运至维修企业可显著节约时间和成本。因此企业建议待维修组件应首先集中存放至区内仓储物流企业,再由物流企业转运至维修企业,待修理完成后再送回物流企业并由其转运至国外客户。但目前国家 16 号公告并未明确支持该流程模式下的台账互通,导致对维修组件的国际中转分拨面临障碍。其次是部分维修货物转口流向受到限制。目前保税维修后货物基本被要求应根据来源复运至境外或境内区外。尽管对维修产品的"原进原出"原则符合维修的本意,但一刀切的政策也制约了对维修物件再转口的途径。例如从支持"一带一路"出发,保税维修后货物实现再转口既可满足发展中国家低成本运用先进制造

① 沐潮、叶琳:《全球中心仓:跨境物流新模式——深圳前海考察》,《开放导报》2017 年第 6 期。
② 上海海关课题组:《海关特殊监管区域保税维修业态发展研究》,《海关与经贸研究》2021 年第 1 期。
③ 方琦平:《上海"保税维修"业务发展及促进策略思考》,《中国设备工程》2019 年第 3 期。

设备需要，也使相关设备使用价值提高。

（三）邮轮船供与转口贸易

目前中国已是全球第二大邮轮旅游客源国，近期国家还在上海等地开展邮轮港口服务标准化试点，创建邮轮旅游发展示范区等。邮轮物资供应业务（邮轮船供）主要涉及酒店用品、船用配件及免税品等，主要来源是母港采购或境外采购，由此还衍生出国内船供、转口船供等贸易模式。其中转口船供主要是邮轮公司在境外采购，通过海运运输到境内后再利用补给港上船。由于中国现有邮轮基本上都是外籍邮轮或方便旗邮轮，把船供物资送上邮轮应被视为出口，所以在我国境内开展的转口船供本质上属于国际中转业务。

实践中，邮轮公司"全球采购，全球直供"模式下的转口船供一般是通过跨国配送中心分拨到分散全球的邮轮船队中，以确保产品质量和供应效率。但由于我国对邮轮船供主要是参照货船监管，尚难兼顾邮轮物资特殊性，由此也导致相关监管效率和通关时间难以符合邮轮业务的要求[①]。调研就表明，在转口船供物资入境后，由于港口货运码头与客运码头一般分离，负责船供企业需要将邮轮物资经由保税区货运码头转运至邮轮客运码头上船，且在此过程中需在海关监管下办理驶离手续，到达后还要办理查验和到达手续等。此外，目前海关还要求转口船供在进境和出境时要分别报关，且保税仓库内的船供物资必须原箱进、原箱出，不允许拆箱和拼箱等。上述监管方式也导致船供服务企业在保税区内无法整合物资分装运输而使船供成本大幅提升。

比较而言，由于日本和韩国的港口为转口船供提供了较为便利的通关条件和优惠政策，实践中邮轮公司一般会选择在中国境外挂靠港实现转口船供补给[②]。上述情况也再次表明目前我国亟待针对各类转口贸易开展一揽子政策优化，实现对不同业态不同模式下政策创新的系统集成。

四、对促进我国转口贸易新业态
新模式发展的政策思考与建议

在当前跨国公司区域功能转移，不断创新贸易方式背景下，国家重视发展外

---

① 范硕：《我国邮轮船供法律与政策研究》，大连海洋大学硕士学位论文，2020 年。

② 冯宪超：《中国邮轮物资供应市场解析及政策建议》，《中国港口》2017 年第 10 期。

贸新业态新模式,就是要适应这种形势变化,加快构建与新型国际贸易相适应的政策监管体制。转口贸易作为我国参与国际化生产的重要手段方式,结合对近期上海经验的分析可见,目前不仅其自身业务面临转型升级趋势,同时也正成为服务部分外贸新业态新模式发展的重要载体和依托。针对相关工作在实践中面临的若干问题与瓶颈,最后就推动我国转口贸易新业态新模式发展提出若干政策思考与建议:

(一) 深化监管模式创新提升转口贸易自由化便利化水平

转口贸易主要是通过发挥在岸转运分拨功能提升国际贸易便利性和运输效率,因此需要对货物进出有较高水平的通畅度和自由度。随着我国转口贸易从前期主要以进口带动为主向以进口和出口共同带动方向转型,这也对相关监管工作提出更高要求。

首先是要进一步深化"一线放开,二线管住"政策创新。实践中转口贸易主要是依托保税监管区域开展,因此也成为推动相关贸易自由化便利化工作的核心区域。一是要简化转口贸易一线进出的备案申报要求,逐步实现区内企业提发货申请、进口分拨货物进入保税区仓库、中转货物进出口等不需报关,集拼货物可直接出口等;二是要优化海关查验环节,国际中转货物除涉及安全等特殊要求外,非必要不查验,避免二次查验等情况出现;三是要健全转口货物单证管理制度,参考国际惯例明确转口贸易配套文件操作流程,确保企业申报有章可循。

其次是聚焦国际中转集拼拓展海关分类监管政策创新。"仓储货物按状态分类监管"是我国贸易便利化工作的一项重要制度创新,当前转口贸易新业态新模式发展则对其提出更高要求。一是要借鉴美国对外贸易区货物分类管理模式①,简化国内非保税货物进入保税监管区要求,支持国内一般出口货物参与国际中转集拼;二是将保税货物和非保税货物的分类监管制度②明确拓展到对国际中转集拼货物的海关监管事项③;三是要尽快构建符合我国港口现状的国际中转集拼中心运作模式。通过对一个中心内不同业态拼箱货物进行分区监管,实现国际中转货物与普通出口、转关、进口分拨、沿海沿江中转等多业态货物的拆拼箱作业,并确保货物从进境到出境在统一场地开展实货操作。

最后还要进一步优化事中事后监管方式。一是通过利用第三方评级等手

---

① 孙浩:《借鉴美国经验推进上海自贸区货物状态分类监管》,《科学发展》2014 年第 11 期。

② 参见:海关总署公告 2016 年第 72 号《关于海关特殊监管区域"仓储货物按状态分类监管"有关问题的公告》。

③ 参见:海关总署公告 2018 年第 120 号《关于海运进出境中转集拼货物海关监管事项的公告》。

段,建立转口贸易企业诚信评价指标体系,加大对违规行为的惩戒力度;二是要将传统的现场逐单逐票核查模式转变为电子监控、风险评估等提升工作效率,深化完善对转口贸易的统计制度;三是要依托信息化建设提高转口贸易外汇结算便利度。目前上海自贸区正在建设离岸转手买卖服务系统项目,建议后续应拓展至对各类转手买卖的一揽子审核功能,兼顾提升转口贸易和离岸贸易结算便利度。

(二) 完善国内集疏运市场体系支持转口贸易发展

现实中我国主要港口大量国际中转集拼货物都是国内出口集拼货物,因此优化完善国内集疏运市场体系对支持转口贸易发展也意义重大。

首先是要扩大外贸集装箱国内沿海捎带市场的对外开放。2014 年中资非五星旗船舶沿海捎带业务开始在上海试点并实现推广,但目前其对港口集装箱国际中转的影响还有限。原因主要包括我国航运企业的国际市场份额占比不高,中国外贸进出口跨国运输较多被外国企业控制,且中资与外资航运公司互租船舶、互换舱位会导致政策无法适用等①。为此一是要加快提升沿海捎带业务市场的对外开放水平。近期国家已同意在上海临港新片区内允许外资集装箱班轮公司开展外贸集装箱沿海捎带业务试点②,相关政策待成熟后应尽快在全国推广;二是可考虑进一步叠加实施启运港退税政策,简化沿海捎带运输的出口企业退税单证规则,解决中小企业现实难题等。

其次是试点"启运地退税"政策支持国际中转集拼对接"一带一路"建设。近年来,"启运港退税"政策的实施已显著扭转了原先大量国内货物赴国外中转的情况,有效提升了国内港口的出口集拼、分拨配送等功能。但"启运港退税"主要适用于传统港口区域,随着我国内陆无水港地区的出口货运需求日趋旺盛,也使得"启运地"出口退税政策受到重视③。为更好吸引"一带一路"沿线出口货物参与国际中转集拼,建议可对中欧班列等,率先探索将现行的"启运港退税"政策推广至内陆无水港地区,只要货物经由试点港口离境出口,一旦在内陆场站装运上班列,即可享受出口退税政策。

---

① 施元红、於世成:《我国新形势下沿海捎带业务创新政策回顾和展望》,《中国航海》2019 年第 12 期。

② 参见:交通运输部 2021 年第 72 号公告《交通运输部关于开展境外国际集装箱班轮公司非五星旗国际航行船舶沿海捎带业务试点的公告》。

③ 王学锋、吴知锋:《试行"启运地退税"政策研究:以中国(江苏)自由贸易试验区连云港片区为例》,《大陆桥视野》2019 年第 9 期。

最后还要统筹多式联运实现协同发展。一是要加快探索海运、空运、铁路等彼此协作的手段方式，通过构建信息共享的公共服务平台等实现多站点互联互通支持国际中转集拼发展；二是要加快制定长三角等不同区域间航运政策联动的保障措施，推动各地自贸区管委会、交通、海事、港务部门与航运企业间合作；三是要关注提升本地区不同港区间的一体化管理水平，对航线配置、码头功能、集中拆拼作业场所等资源进行优化整合形成合力。

（三）针对外贸新业态新模式转口要求推动政策系统集成

结合上文分析可见，目前我国部分外贸新业态新模式发展客观拓展了转口贸易业务范围，并在仓储转运方面衍生出大量政策需求的交叉领域，由此也对相关政策系统集成提出进一步要求。

首先是针对跨境电商仓储转运，一是考虑将"全球中心仓"经验纳入国际中转集拼试点，通过设立非保账册、账册互转互通等，试点跨境电商以非报关方式将国内非保税商品存储于全球中心仓，实现普通商品进入海关特殊监管区域和保税商品混存并开展国际中转集拼；二是利用转口贸易业务优势克服跨境电商退货和滞销产品障碍，逐步实现对退回保税物流中心商品可通过国际中转集拼转口到其他国家或区域销售；三是鼓励支持国内仓储企业与"海外仓"开展战略合作，拓展国际中转集拼服务对象，进一步提升保税港区国际中转和配送功能。

其次是针对保税维修物流需要，一是实现保税维修与国际分拨业务功能联动。试点允许在区内或区间将物流分拨中心账册上的待维修货物直接结转至维修企业保税维修账册，并在完成维修后再结转至物流企业账册；二是要逐步拓展维修货物转口流向限制。研究将保税维修后货物再出口定性为转口贸易，试点突破"原进原出"的传统管理方式，支持"一带一路"沿线对先进制造设备的需求。

最后是针对转口船供面临瓶颈，一是结合邮轮船供业务特点在海关特殊监管区域内试点设立专属仓库，并绑定全流程物流企业为邮轮提供转口服务；二是要加快建设现代化物流加工配送服务体系，包括公共仓储、运输物流系统、货物检测检验区等，支持船供企业开展货物贴牌、分装以及区内区外运输业务等。

（四）实施符合国际惯例的扶持促进措施增强转口贸易竞争力

尽管中国目前是全球第一大货物贸易进出口国，上海也是全球最大集装箱港口，但在转口贸易发展中地位仍偏低。针对国际市场激烈竞争，我国也应加快探索在保税监管区域内实施符合国际惯例的扶持促进措施提升转口贸易竞争力。

首先是要强化保税监管区税费标准对国际企业吸引力。一是对标新加坡和香港、迪拜等①，采取国际通行做法减少自由贸易园区税费种类，如印花税等；二是探索降低企业所得税税率，争取试点现代船舶吨税制②取代转口贸易企业所得税；三是制定对境外人员的个人所得税优惠政策，探索税收属地管理模式，减免船员个人所得税等。

其次是对转口贸易企业实施支持项目。一是可对标新加坡全球贸易商计划(GTP)等，制定支持国际转口贸易专项计划；二是借鉴釜山港经验，在国际中转集拼公共平台的设立、运营等方面对试点企业给予适当扶持引导；三是海关还应积极探索提前申报、汇总征税、关税保证保险、分运集报等优惠政策措施对转口贸易的适用性，助力企业缩短港口通关时间、降低税负压力。

最后还要重视构建转口贸易产业链。转口贸易相关产业链主要包含港口航运、物流分拨、金融保险等众多领域。对此一是要继续重视引进国内外重点物流企业，以及具备社会化配送功能的第三方物流企业等；二是应借鉴航运电子商务平台 INTTRA 等模式，促进航运平台经济发展；三是要强化辅助产业发展，包括航运金融保险、离岸结算、及船舶检验等。

参考文献

［1］陈继红、朴南奎：《上海自贸区国际集装箱物流中转服务策略——基于韩国釜山港经验》，《中国流通经济》2016 年第 7 期。

［2］杜江玮、张悦：《船舶吨税法能给航运业带来哪些福利》，《中国船检》2018 年第 8 期。

［3］董红梅：《洋山保税港区建立国际中转集拼中心可行性研究》，上海交通大学硕士学位论文，2013 年。

［4］方琦平：《上海"保税维修"业务发展及促进策略思考》，《中国设备工程》2019 年第 3 期。

［5］范硕：《我国邮轮船供法律与政策研究》，大连海洋大学硕士学位论文，2020 年。

［6］冯宪超：《中国邮轮物资供应市场解析及政策建议》，《中国港口》2017 年第 10 期。

［7］郭萍：《促进邮轮产业发展法制保障论略》，《法学杂志》2016 年第 8 期。

［8］胡方：《国际典型自由贸易港的建设与发展经验梳理——以中国香港、新加坡、迪拜为例》，《人民论坛·学术前沿》2019 年第 22 期。

［9］赖伟娟、欧奕成：《我国跨境电商仓库的运作困境及转型升级研究》，《中国经贸导刊》

---

① 赵萍、王雅慧：《世界各国自由贸易区税收制度创新》，《国际税收》2019 年第 2 期。

② 现代船舶吨税制是以船舶的净吨位为基准征收的利润税，而无须再缴纳其他税费，其税率一般比所得税率要低。具体可参见：杜江玮、张悦：《船舶吨税法能给航运业带来哪些福利》，《中国船检》2018 年第 8 期。

2020 年第 2 期。

　　[10] 沐潮、叶琳:《全球中心仓:跨境物流新模式——深圳前海考察》,《开放导报》2017 年第 6 期。

　　[11] 刘向丽、吴桐:《国际经贸规则重构中美国的政策两难与发展趋势探讨》,《国际贸易》2021 年第 6 期。

　　[12] 潘圆圆:《中国香港对中国内地经济贡献评估——基于中间商佣金的测算》,《国际经济评论》2021 年第 2 期。

　　[13] 潘辉:《上海自贸区国际转口贸易功能提升研究》,《国际商务研究》2022 年第 2 期。

　　[14] 上海海关课题组:《海关特殊监管区域保税维修业态发展研究》,《海关与经贸研究》2021 年第 1 期。

　　[15] 沈玉良:《贸易方式、贸易功能与上海国际贸易中心的基本形态》,《科学发展》2010 年第 12 期。

　　[16] 施元红、於世成:《我国新形势下沿海捎带业务创新政策回顾和展望》,《中国航海》2019 年第 12 期。

　　[17] 孙浩:《借鉴美国经验推进上海自贸区货物状态分类监管》,《科学发展》2014 年第 11 期。

　　[18] 王婕丽:《香港国际航运中心建设经验对上海的启示》,《水运管理》2010 年第 2 期。

　　[19] 王东波:《中小外贸企业开展跨境电商面临的物流难题与解决路径》,《对外经贸实务》2018 年第 11 期。

　　[20] 杨冠云、鲍晓地:《"互联网＋"背景下的航运电子商务平台模式探索》,《航海》2016 年第 2 期。

　　[21] 俞仲根、林锋、赵定理:《转口贸易的理论与实务》,上海社会科学院出版社 2008 年版。

　　[22] 王学锋、吴知锋:《试行"启运地退税"政策研究:以中国(江苏)自由贸易试验区连云港片区为例》,《大陆桥视野》2019 年第 9 期。

　　[23] 温韧、黄丙志、解涛:《海关支持和服务上海自贸试验区发展转口贸易研究》,《科学发展》2021 年第 12 期。

　　[24] 查贵勇:《国际中转集拼业务思考》,《中国海关》2020 年第 4 期。

　　[25] 赵萍、王雅慧:《世界各国自由贸易区税收制度创新》,《国际税收》2019 年第 2 期。

　　[26] Won Y., Kim D., "A study of incentive system problems for busan gwangyang port", *Journal of Korea port economic association*, 2013(01):23—45.

日本外商投资管理制度
的演变及新动向分析 *

陈友骏　王星澳 **

内容摘要:第二次世界大战后日本外商投资管理制度经历了严格管控外汇外资时期、推进资本自由化时期和外商投资管理制度重新确立时期的三个历史阶段。2017 年以来,日本三次修改《外汇法》,使得日本外商投资管理制度发生了重大改变,总体呈现出审查对象范围扩大化、外商投资管理精细化、投资管理制度完备化的三大特点,标志着日本外商投资管理制度进入新的发展时期。日本政府修改外商投资管理制度主要出于三大战略考量,即:防止重要技术外泄,维持本国科技领先地位;加强综合安全保障能力,应对全球不确定性挑战;顺应自由化改革要求,吸引外国资本投资。受到日本外商投资管理政策收紧的影响,中国对日投资将呈现短期严重受阻、长期曲折发展的总体态势,而且,涉及重点领域的中国对日投资或受到日本政府更为严苛的管制。

关键词:外商投资管理制度;经济安全;外资利用;技术管控;对内直接投资

Abstract: Since the end of WWII, Japan's foreign investment management system has gone through three historical stages: the period of strictly controlling foreign investment, the period of promoting capital liberalization and the period of re-establishing the management system. Since 2017, Japan has revised the Foreign Exchange Law three times, resulting in significant changes in Japan's foreign investment management system, which generally presents three characteristics, such as the expansion of the scope of review objects, the refinement of foreign investment management, and the completion of the foreign investment management system, marking a new period of development of

---

＊ 本文系国家社会科学基金一般项目"冷战后日本经济外交战略与中日关系研究"(编号:18BGJ008)。主要内容曾发表于《日本学刊》2022 年第 10 期。

＊＊ 陈友骏,上海国际问题研究院世界经济研究所研究员;王星澳,上海国际问题研究院硕士研究生。

Japan's foreign investment management system. The Japanese government's revision of the foreign investment management system is mainly based on three strategic considerations: preventing the leakage of important technologies, maintaining the country's leading position in science and technology, strengthening the comprehensive security capability, coping with global uncertainties and challenges, complying with the requirements of liberalization and reform, and attracting foreign investment. Affected by Japan's tightening of foreign investment management policies, China's investment in Japan will be severely hindered in the short term and develop tortuously in the long term. China's investment in key areas may be subject to more stringent control by the Japanese government.

Key words: Foreign Investment Management System; Economic Security; Utilization of Foreign Capital; Technology Control; Inward Direct Investment

　　在经济学视角下,利用外资是后发国家获取先进技术、提高劳动生产率进而促进经济发展的良策,中日两国经济高速发展的历史经验也证明了这一点。但随着中国经济水平不断提升,中国企业"走出去"的需求日益增强,对外投资流量连续增长。联合国贸易和发展会议(UNCTAD)公布的《世界投资报告 2022》(*World Investment Report 2022*)显示,2021 年,中国对外直接投资流量达 1 450 亿美元,位居全球第四位。①这说明,中国已从国际投资的"客体"向国际投资的"主体兼客体"成功转型。

　　中日投资关系也存在这样的变化。尽管中国对日投资存量的绝对值并不突出,截至 2021 年末仅为约 74.1 亿美元,但相较 2014 年约 11.6 亿美元的规模而言,中国对日直接投资存量增加了约五倍。②日本贸易振兴机构(JETRO)公布的数据显示,2019 年中国对日直接投资流量达 2 090 亿日元,同比增长135.9%。③中国对日投资的快速增长引发了日本政府的担忧。2017 年以来,日本政府对"涉及国家安全领域"的外商投资的管控力度不断加强,并呈现出一定

---

① 不包括中国香港、澳门及台湾地区。参见:UNCTAD, World Investment Report 2022(2022-06-09)[2022-09-22], https://unctad.org/system/files/official-document/wir2022_en.pdf.

② JETRO「直接投資統計　日本の直接投資(残高)1996～2021 年末対内」,[2022-09-22], https://www.jetro.go.jp/world/japan/stats/fdi.html.

③ JETRO「ジェトロ対日投資報告 2020」,10 頁、(2020-11)[2021-10-11], https://www.jetro.go.jp/ext_images/en/invest/reports/ijre_2020jp.pdf.

的"制华"色彩。2020 年 5 月 8 日,日本《外汇及对外贸易法》①(以下简称《外汇法》)修正案开始生效,标志着日本外商投资管理制度(简称"管理制度")的相关立法进一步发展。2022 年 4 月 20 日,日本为防止加密(虚拟)货币成为对俄制裁漏洞,再度通过了《外汇法》修正案,重点强化对虚拟货币交易的管理,要求虚拟货币交易从业者确认虚拟货币交易等活动不涉及经济制裁对象并确认顾客身份,还要求虚拟货币交易从业者必须向政府报告价值 3 000 万日元以上的虚拟货币买卖或交换信息。②

那么,当前的日本管理制度相较以往有何变化?日本管理制度变化背后存在何种动因?日本的管理制度为何存在"制华"特征?本文将在梳理日本管理制度沿革的基础上,通过分析《外汇法》修正的内容与新动向来回答上述问题,并尝试就日本管理制度变化对中日经济关系可能产生的影响进行前瞻性分析。

一、"二战"后日本外商投资管理制度的沿革

在"二战"后经济发展过程中,日本既受到来自欧美发达资本主义国家"投资自由化"的种种压力,也存在吸引外资以发展本国经济的需求。但是,在利用外资的过程中,为了维护本国经济命脉的独立自主,日本政府一直高度重视管理外商投资。

日本管理外商投资的基本法律依据是《外汇法》,为了把握日本管理制度发展的历史脉络,有必要对《外汇法》的变迁进行系统性梳理。从 1949 年《外汇法》出台到 2019 年《外汇法》修正案③通过,日本的管理制度经历了多次修改,呈现

---

①　日本 2020 年版的《外汇及对外贸易法》(日文名为「外国為替及び外国貿易法」)实则经历了战后若干次重要修改与历史变迁,最早可以追溯到 1949 年制定的《外汇及对外贸易管理法》(日文名称为「外国為替及び外国貿易管理法」);1950 年日本又出台了《外资法》(日文名为「外資に関する法律」),之后该法律经历了多次修改与完善,但 1980 年日本废止了《外资法》,由此,日本的外资管控及外汇、外贸相关规定统一归属于《外汇及对外贸易管理法》项下进行管理;1992 年,日本再度修改了《外汇及对外贸易管理法》,规定对内直接投资由原先的"事先申报制"改为"事后申报制",即再一次大幅提升了资本自由化程度;1998 年,《外汇及对外贸易管理法》的法律名称中删除了"管理"二字,即变为《外汇及对外贸易法》;之后,《外汇及对外贸易法》又经历了多次修改与完善,最终形成今天的这个版本。本文中若无特别注明,则使用"《外汇法》"的简称来指代《外汇及对外贸易法》及其前身《外汇及对外贸易管理法》,特此说明。
②　金本悠希「暗号資産に関する外為法改正　暗号資産交換業者に顧客の支払等が制裁対象でないか確認する義務を課す」、大和総研、1 頁、(2022-06-20)、https://www.dir.co.jp/report/research/law-research/securities/20220620_023108.pdf.
③　日文名为「外国為替及び外国貿易法の一部を改正する法律」(令和元年法律第六十号)。

出"紧—松—紧"的发展态势。根据这一管理制度在不同时期的特点，可以将"二战"后至 2016 年这 70 余年大致划分为严格管控外汇外资时期（1945—1959 年）、推进资本自由化时期（1960—1998 年）以及管理制度的重新确立时期（1999—2016 年）的三个历史阶段：

第一，严格管控外汇外资时期（1945—1959 年）。"二战"后，日本社会百废待兴，急需充分利用宝贵的外部资源恢复社会生产，振兴国民经济。然而，这一时期的日本对外信用不足，偿还能力也有所欠缺，①因而政府试图通过严格管控外汇及外资来高效利用宝贵的外资。1948 年，日本政府颁布了《关于外国人取得财产的政令》，开始对引进外资进行管理。②随后，日本政府又于 1949 年和 1950 年相继出台了《外汇法》及《外资法》，设立了"外资委员会"等管理机构，大藏省还配合制定了"外汇业务指定银行制度""外汇集中制""外汇预算制"等外资外汇管理配套制度。经由这一系列的法律和制度，日本政府得以严格管控外汇及外资。③

这一时期，日本对待外汇交易采取"原则禁止、例外自由"的基本态度。④对于外国投资，日本政府强调引进外资与引进技术的"同步推进"，主要通过日本开发银行向世界银行申请贷款，再由日本开发银行提供贷款给能源、化工、钢铁等本国基础产业部门。这些资金主要被用于引进新技术和关键性机械设备，有力地促进了日本的工业现代化发展。对于不愿单独出售技术的企业，日本政府和企业多采取合营的方式获取先进技术和外国资本。与此同时，日本政府高度警惕外国资本对本国经济产生垄断性影响，对此类投资设定了严格的限制条件，并注重根据本国的实际需要，审慎且有节制地利用外资，以维持国际收支的整体性平衡。⑤

第二，推进资本自由化时期（1960—1998 年）。20 世纪 60 年代至 20 世纪末，日本逐步提升本国的资本自由化程度。随着日本经济重振，一些具有竞争力的日本企业的对外扩张需求增强，而且欧美发达资本主义国家对日本政府不断施加压力，要求日本政府放松对投资的管控。⑥在这样的背景下，日本政府开始推进本国的资本自由化进程。

①⑤　杨书臣：《日本利用外资的政策及管理经验》，《世界经济研究》1993 年第 4 期。

②　吴正龙：《发达国家强化外资管理的做法及启示》，《亚太经济》1997 年第 1 期。

③　何一鸣：《日本外汇管制的演化》，《现代日本经济》1999 年第 6 期。

④　株式会社日経リサーチ「対内直接投資自由化に係る日本の経験と日本からの対外直接投資の現状等に関する調査」，（2005-05）［2021-12-05］，https://www.mof.go.jp/policy/international_policy/research/fy2005tyousa/1705tyokusetu_9.pdf.

⑥　聂名华：《日本对企业并购的法律管制》，《当代亚太》2003 年第 6 期。

1960 年,日本政府颁布《贸易自由化大纲》,承诺将逐步放开对资本项目的管制。1964 年,日本加入经济合作与发展组织(OECD),并成为国际货币基金组织(IMF)第 8 条款国,开始履行资本自由化的义务。[①]1966 年,OECD 开始对日本经济自由化情况开展定期审查,并且劝告日本政府应当阶段性地推进外商投资的自由化。[②]1967 年,日本内阁通过《关于对内直接投资等自由化的阁议决定》,确立了关于外商投资的政府管理方针[③],由此拉开了日本资本自由化进程的序幕。1967 年至 1973 年,日本政府分五个阶段稳步推进资本自由化发展,截至 1973 年 5 月,除对农林水产业、石油业、皮革业、矿业等关键产业的外国投资仍需个别审批外,日本绝大部分行业都实现了投资自由化。[④]

1980 年,日本政府废止了《外资法》,日本的外资管理及外汇、外贸事宜统一由《外汇法》规定。同年,随着《外汇法》修正案的施行,日本对于外汇交易的态度由"原则禁止"转为"原则自由",不过政府依旧可以利用事先申报等制度对资本交易进行一定的管理。这是日本外商投资管理原则的一次重大转变。此后,日本通商产业省、日本贸易振兴会相继设置了一系列的机构,以促进外国对日投资。[⑤]尤其是 20 世纪 90 年代初泡沫经济崩溃后,日本迎来长期经济低迷,即所谓"失去的十年"[⑥],财政赤字严重,失业率持续升高。为应对经济不景气,日本政府进一步放开对外资流入的限制,积极吸引外国投资,以推动本国经济恢复。[⑦]1992 年,日本政府再度修改《外汇法》,规定外商直接投资由原先的"事先申报制"改为"事后申报制",大幅提升了资本自由化程度。1998 年,日本将《外汇及对外贸易管理法》中的"管理"二字删除,《外汇及对外贸易法》的提法基本得以确定。至此,日本的管理制度基本完成了向"自由化"转型。1950 年至 1985 年,日本利用外资累计 1 627.34 亿美元,其中 1950—1965 年利用外资总额达 46.43 亿美元,年均 3.1 亿美元;而 1965—1980 年利用外资总额达 1 274.6 亿美元,年均 84.97 亿美元。[⑧]可以看出,随着日本资本自由化的不断推进,外资相

---

①　何一鸣:《日本外汇管制的演化》,《现代日本经济》1999 年第 6 期。

②　[日]渡井理佳子:《日本における对内直接投资规制の变迁》,《法学研究:法律·政治·社会》2018 年第 1 期。

③⑤　株式会社日经リサーチ「对内直接投资自由化に係る日本の经验と日本からの对外直接投资の现状等に关する调查」,(2005-05)[2021-12-05],https://www.mof.go.jp/policy/international_policy/research/fy2005tyousa/1705tyokusetu_9.pdf.

④⑧　杨书臣:《日本利用外资的政策及管理经验》,《世界经济研究》1993 年第 4 期。

⑥　实际上日本经济的低迷状态一直延续至 21 世纪之后,故也有说法为"失去的二十年"、抑或是"失去的三十年"。

⑦　王伟军:《日本近期利用外资的特点、影响及不足》,《日本学刊》2002 年第 5 期。

较此前得以更为快速地进入日本。

第三,外商投资管理制度的重新确立时期(1999—2016 年)。在日本完成资本自由化转型后,非传统安全问题的发展迫使日本政府重新考虑外商投资管控问题。2004 年起,日本重新开始强化对关键行业外商投资的管控。然而,受到国际经济形式等因素的影响,日本于 2008 年后放缓了收紧外商投资管理政策的步伐。

2001 年发生"9·11"恐袭事件,促使世界各国高度关注非传统安全问题。以 2001 年 9 月呼吁冻结涉恐资金的联合国 1373 号决议及 2002 年 4 月《制止向恐怖主义提供资助的国际公约》生效为契机,日本也加强了对外商投资的管控。2002 年,日本政府修改《外汇法》,规定有关省厅需要提供信息、协助确认资金来源以冻结涉恐资产,还要求金融机构必须确认顾客本人身份。2004 年,日本政府再度修改《外汇法》,表明《外汇法》制定的目的在于"维护本国及国际社会的和平与安全",规定"在维护国家和平与安全有必要的情况下,可以根据内阁决议对支付、劳务交易、货物进出口等活动进行限制",恢复了"事先申报制度"。由此,借助"维护安全"的名义,日本在法律上强化了对外商投资的管理。2007 年,为防止重要技术泄露、维持国防产业及国防技术基础,日本政府还修改了《关于对内直接投资的政令》,在武器及飞行器制造业与维修业的基础上,将大规模杀伤性武器相关泛用品制造业、常规武器相关敏感泛用品制造业、武器及飞行器零件与制造装置等制造业、为武器,飞行器及人造卫星设计程序的软件业等行业纳入审查范围,增加审查对象行为类型,进一步收紧了管理政策。①

然而,2008 年的儿童投资基金(The Children's Investment Fund Management,TCI)收购案暴露出管理制度对外资流入的负面效应。2008 年 4 月至 5 月,日本政府认定 TCI 对日本电源开发株式会社的收购"可能影响日本电力供给的稳定及日本的核政策","妨害了日本维持公共秩序",劝告并最终责令中止此次收购。这是 2004 年日本修改《外汇法》以后首次运用事先申报制度对外商投资进行限制。日本财务大臣、经济产业大臣相继就此事发表讲话表示"日本政府促进对日直接投资的姿态不变",②试图安抚国际资本的恐慌情绪。然而,此时日本受全球金融危机波及,经济大幅衰退,2008 年和 2009 年连续两年实质

---

① 金本悠希「对内直接投资等の规制の见直し①　大量破坏兵器关连汎用品の製造業等、事前届出義務が課される業種を整備」、大和総研、(2007-09-28)［2022-07-02］,https://www.dir.co.jp/report/research/law-research/law-others/07092801law-others.pdf.

② 財務省「財務大臣・経済産業大臣談話～日本政府の対日直接投資促進の姿勢は不変～」、(2008-04-16)［2021-12-06］,https://www.mof.go.jp/public_relations/statement/other/dan200416.htm.

GDP 增长率均在−2％以下[①]，国际资本本就对日本市场缺乏信心，TCI 收购案的发生更是大幅削弱了国际资本进入日本的意愿和动力。以美国、英国、新加坡为代表的发达国家对日直接投资流量均大幅下降，2013 年全球对日直接投资流量（约 23.58 亿美元）甚至不足 2008 年（约 245.5 亿美元）的 10％。[②]此后直至2017 年，日本政府侧重于完善既有的事后申报手续及金融机构的确认义务，日本的管理制度及投资管控范围未发生大的变动。

二、日本外商投资管理制度的新动向

当前日本的管理制度由"法令—政令—省令"三级法律体系构成。《外汇法》是该制度的法律核心，对日本管理制度的基本内容进行了规定。基于《外汇法》的原则和精神，日本内阁还制定了《关于对内直接投资的政令》[③]（简称"直投政令"），以内阁政令的形式对日本管理制度做出了更为详尽的规定。财务省等部门则基于《外汇法》及"直投政令"，制定了《关于对内直接投资的命令》[④]（简称"直投省令"），以省令（相关部门条令）的形式更加详尽地规定了日本管理制度的细则。基于上述各级相关法律，日本政府将外国资本投资日本上市公司的行为定义为"对内直接投资"（日文为"对内直接投资"），将外国资本投资日本非上市公司的行为定义为"特定收购"（日文为"特定取得"），依此分别审查与管理外国资本投资日本上市企业和非上市企业的活动。以此为基础，日本的管理制度可以进一步细分为"事先申报制度""事先申报免除制度""事后申报制度"等子制度。

为了精细化管理外商直接投资，日本政府在区分"特定收购"和"对内直接投资"的基础上，结合"事先申报免除制度"等制度所规定的"核心行业"（日文为"コア業種"）、"指定行业"（日文为："指定業種"）概念，制定了"2×2"的共计四个行

---

①　内閣府「2020 年度（令和 2 年度）国民経済計算年次推計」、1 頁、［2022-07-01］，https://www.esri.cao.go.jp/jp/sna/data/data_list/kakuhou/files/2020/sankou/pdf/point_flow20211224.pdf.

②　JETRO「直接投資統計　日本の直接統計（国際収支ベース、ネット、フロー）国・地域別」，［2021-08-18］，https://www.jetro.go.jp/ext_images/world/japan/stats/fdi/data/country2_20cy.xls.

③　「昭和五十五年政令第二百六十一号　対内直接投資等に関する政令」，e-gov，［2021-07-25］，https://elaws.e-gov.go.jp/document?lawid=355CO0000000261.

④　「昭和五十五年総理府・大蔵省・文部省・厚生省・農林水産省・通商産業省・運輸省・郵政省・労働省・建設省令第一号　対内直接投資等に関する命令」，e-gov，［2021-07-25］，https://elaws.e-gov.go.jp/document?lawid=355M50007fc2001.

业清单,对外国对日投资活动进行差异化管理。简言之,"指定行业"是涉及日本国家安全的重点行业领域,而"核心行业"是"指定行业"中日本政府最为重视、限制最为严格的行业领域,对"核心行业"的外商投资审查更为严格,一般不可适用"事先申报免除制度"。

表 1   日本外商投资管理制度的基本构成

日本外商投资管理制度							
事先申报及事先申报免除制度						事后申报制度	
事先申报制度		事先申报免除制度					
投资对象	适用清单	投资主体	适用制度	投资对象	适用清单	投资对象	适用条件
上市公司	对内直接投资指定行业清单	国外金融机关	综合免除制度	上市公司	对内直接投资核心行业清单	上市公司	所有没有进行事先申报的投资均需进行事后申报
非上市公司	特定收购指定行业清单	其他外国投资者	一般免除制度	非上市公司	特定收购核心行业清单	非上市公司	利用事先申报免除制度的情况下才需事后申报

资料来源:作者根据日本银行公布资料制表,参见:日本银行「外為法 Q&A(对内直接投资・特定取得編)」、(2020-12)［2021-07-25］, https://www.boj.or.jp/about/services/tame/faq/data/tn-qa.pdf。

2014 年以后,随着对日直接投资再次迅速增加,日本政府开始重新加强对外商投资的管控。从 2017 年和 2019 年日本对《外汇法》的两次修改及其他相应法律法规的修订来看,尽管日本政府出台的部分政策放松了对部分领域外商投资的管控,但日本管理制度所涉及重点行业的范围不断扩大,而且日本对于重点行业领域外商投资的管理政策也在收紧。日本的管理制度呈现审查对象范围扩大化、外商投资管理精细化以及管理制度全面化、完备化的整体趋势。

(一) 审查对象范围扩大化

对于外商直接投资,日本政府主要从投资主体、投资客体、投资方式、规则适用阈值、规则适用行业这五个方面出发,确定审查对象的范围。2017 年以来,日本政府通过制定和修改相关法律法规,在除投资主体外的各个方面不断拓宽管理制度的审查对象范围。

投资客体方面,2017 年,日本出台《外汇法》修正案,设立了"特定收购事先申报制度"并制定了配套的清单,规定外国投资者在收购经营范围涉及"特定收购指定行业"的非上市企业前需要向政府提交申请。不过,与对上市企业的直接投资管理不同,在外资收购不涉及"特定收购指定行业"的非上市企业时,无须向政府进行事后申报。

投资方式方面,2019 年 9 月 26 日,日本政府将多家外资企业以合作方式获取共计 10% 以上表决权的行为纳入了审查对象范围。①同年 11 月 29 日通过的《外汇法》修正案则新设"行为时事先申报制度",将股东在股东大会上同意外国投资者或与其密切相关者就任董事,以及股东在股东大会上提议并同意让渡或废止"指定行业"相关业务的行为,列为需要进行事先申报的"行为时事先申报对象"。

规则适用阈值方面,2019 年 9 月 26 日,日本政府修改"直投政令"和"直投省令",将阈值判定标准由原先的"以获取 10% 以上股份作为标准"修改为"以获取 10% 以上表决权作为审查标准"。此后,日本政府在 2019 年出台的《外汇法》修正案中,又将"收购时事先申报制度"的适用阈值由 10% 下调至 1%,以此对外国投资者收购日本政府认定的"可能涉及国家安全"的相关企业等活动进行更加严格的审查。

规则适用行业方面,2019 年 5 月 27 日,日本政府以"维护国家网络安全、防止重要技术泄露、巩固国防生产和技术基础"为由,将集成电路、信息处理软件开发等行业加入"指定行业清单",还扩大了电子通信相关行业范围。②2020 年 6 月 15 日,在新冠疫情背景下,日本政府又以"保障医疗物资供应"为由再度发布告示,在"指定行业"及"核心行业"中追加了医药品制造及医疗器械制造相关行业。此后,为了维持稀土等重要原材料的供应稳定、摆脱目前对海外供应的依赖,日本财务省于 2021 年 10 月 5 日发布消息表示,将于同年 11 月 4 日起将与稀土相关的资源调查船、矿物成分分析及修建离岛港湾设施等行业追加进"指定行业"及"核心行业"清单。③

综上所述,日本政府从不同方面着手,大幅扩大了需要事先申报的对象范

---

① 　财务省「対内直接投資等に関する政省令の一部を改正しました」、(2019-09-26)［2021-10-11］, https://www.mof.go.jp/policy/international_policy/gaitame_kawase/gaitame/recent_revised/20190926.htm.

② 　财务省「対内直接投資等に係る事前届出対象業種の追加等を行います」、(2019-05-27)［2021-10-17］, https://www.mof.go.jp/policy/international_policy/gaitame_kawase/gaitame/recent_revised/20190527.htm.

③ 　财务省「重要鉱物資源等の安定供給確保のためのコア業種の追加に関する外国為替及び外国貿易法関連告示の改正について」、(2021-10-05)［2021-10-11］, https://www.mof.go.jp/policy/international_policy/gaitame_kawase/press_release/20211005.html.

围,其结果是外商直接投资事先申报数和受影响企业数均迅速增加。日本财务省公布的数据显示,2016 年日本外商直接投资事先申报数仅为 665 件,到 2020 年已迅速升至 2 171 件;尤其是在 2019 年,由于日本政府大幅修改审查对象规定,该年度的申报数迅速上升至上一年的约 3.3 倍。[①]2020 年 5 月财务省首次公布"管理制度关联企业清单",日本的上市企业中仅有 518 家企业属于涉及"核心行业"的对象,而后该清单经过了财务省四次修订,至 2021 年 11 月 2 日,涉及"核心行业"的企业迅速扩大至 801 家,增幅达 54.6％。[②]可见,日本外商直接投资管理制度存在明显的审查对象范围不断扩大的趋势。值得注意的是,对财务省 2021 年 7 月 7 日和 2021 年 11 月 8 日公布的清单进行比较发现,涉及"指定行业"的企业占比有所下降。这或许是因为,一些日本企业为了规避外商直接投资管理制度的影响,将涉及"指定行业"的业务剥离出了本企业的经营范围。

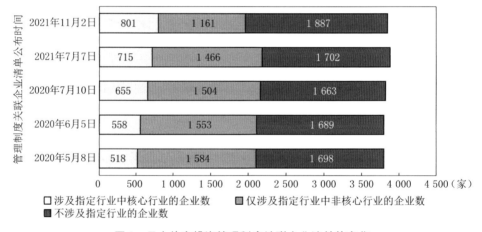

图 1   日本外商投资管理制度关联企业清单的变化

资料来源:作者根据日本财务省公布数据等相关资料制图,参见:金本悠希「改正外為法の適用開始外国投資家のエンゲージメント活動が制約される恐れ」、大和総研、9 頁、（2020-06-05）［2021-11-08］，https://www. dir. co. jp/report/research/law-research/law-others/20200605_021582.pdf；TMI 総合法律事務所「TMI Associates Newsletter Vol. 44」、9 頁、（2020-06）［2021-11-08］. https://www.tmi.gr.jp/uploads/2020/09/23/TMI_vol44.pdf；金本悠希「外為法の対内直接投資審査制度のポイント　安全保障関連の上場会社株式の 1％以上の取得には、政府の事前承認が必要」、大和総研、6 頁、（2021-04-15）［2021-11-08］，https://www.dir.co.jp/report/research/law-research/securities/20210415_022220.pdf。

----

①   参见:图 3 及财务省国際局调查課投资企画審查室「对内直接投资等に関する事前届出件数等について（2020 年度版）」、（2021-07-07）［2021-09-14］，https://www.mof.go.jp/policy/international_policy/gaitame_kawase/press_release/20210707-2.pdf。

②   详细参见图 1。

（二）外商投资管理精细化

对于涉及国家安全的重点行业领域，日本政府在两个"指定行业"清单的基础上，又分别制定了两个"核心行业"清单，通过"2×2"的四个行业清单，差异化、精细化地管理外商对日投资。

第一，区分投资对象企业是否上市，进行差异化管理。如前所述，日本政府将外国投资者投资日本上市企业的行为称为"对内直接投资"，投资日本非上市企业的行为则称为"特定收购"，并分别制定了相应的"指定行业清单"。其中，"对内直接投资指定行业"主要包括涉及武器、核、出口管制产品或技术的相关行业，还包括上文提及的医药品及医疗器械、稀土及海岸与离岛基础设施建设等追加行业。①2017 年《外汇法》修正案将"特定收购"行为纳入管制范围，日本财务省还制定了配套的"特定收购指定行业清单"。除了"对内直接投资指定行业清单"内的行业外，"特定收购指定行业清单"还涵盖了集成电路等制造业，电子通信业及软件开发、信息服务等服务业，②管控行业范围更广。而且，相较于"对内直接投资"，外国投资者"特定收购"的对象企业在不涉及"指定行业"时，还需遵守额外的准则；"特定收购"仅在对象企业经营业务为"非核心行业"时才可以使用"事先申报免除制度"，而在"对内直接投资"中，外国金融机构的所有投资活动均可利用这一制度免除政府审查。可见，较之投资上市公司，日本政府对外商投资非上市公司的审查更为严格。

第二，引进"核心行业"清单，实现"三重效用"。其一，界定重点产业领域，明确国家经济利益所在。配合 2019 年《外汇法》修正案新设的"事先申报免除制度"，日本政府进一步细分了行业分类，在两个"指定行业清单"的基础上分别设置了两个"核心行业清单"，将"指定行业"中原则上不可利用"事先申报免除制度"的行业列入其中。"核心行业"又分为"对内直接投资核心行业"和"特定收购

① 参见：财务省「対内直接投資等に関する命令第三条第三項の規定に基づき財務大臣及び事業所管大臣が定める業種を定める件」、（2020-10-05）［2021-11-08］，https://www.mof.go.jp/policy/international_policy/gaitame_kawase/fdi/publicnotice_designated.pdf、「別表第一」、［2021-11-08］，https://www.mof.go.jp/policy/international_policy/gaitame_kawase/fdi/attached_table1.pdf、「別表第二」、［2021-11-08］，https://www.mof.go.jp/policy/international_policy/gaitame_kawase/fdi/attached_table2.pdf、「別表第三」、［2021-11-08］，https://www.mof.go.jp/policy/international_policy/gaitame_kawase/fdi/attached_table3.pdf。

② 参见「対内直接投資等に関する命令第三条第一項及び第四条第二項の規定に基づき、財務大臣及び事業所管大臣が定める業種を定める件」、［2021-11-09］，https://www.mof.go.jp/policy/international_policy/gaitame_kawase/fdi/specified_acquisition_designated.pdf 及其附件「特定取得告示別表」、［2021-11-09］，https://www.mof.go.jp/policy/international_policy/gaitame_kawase/fdi/specified_acquisition_attached.pdf。

核心行业",“对内直接投资核心行业清单"主要包括石油、天然气等能源业、半导体及集成电路制造业、电子通信业、网络安全相关行业、电气、燃气、上水道等基础民生行业以及铁路业、仓储业等,“特定收购核心行业清单"则减少了医药品及医疗器械相关行业、石油和天然气等能源业、燃气业、上水道、铁路业、仓储业等共计十项内容,对相关行业的软件开发业及发电业的规定范围同“对内直接投资核心行业清单"也有所不同。外国投资者在获取经营业务涉及“核心行业"的企业 1% 以上股份时,需要向政府事先申报。尽管日本政府出台“核心行业清单"的初衷是为了便利外国对日投资,但该清单表明了日本政府认为对国家安全而言至关重要的行业领域,该清单的变化实际上代表着日本政府所关注的关键行业领域的变化。换言之,通过制定“核心行业清单",日本政府明确地界定了产业领域的日本国家经济利益。

其二,减少投资审查负面效应,便利“安全的资本"对日投资。为了提升投资的自由化程度,2019 年 11 月通过的《外汇法》修正案增设了“事先申报免除制度",试图避免过度的审查降低日本作为投资目的地的吸引力。该修正案规定,在投资对象企业不涉及“核心行业"时,外国投资者无须进行事先申报,但需要遵循财务大臣及主管大臣所确定的相关免除准则[1]。根据投资主体不同,“事先申报免除制度"又分为“综合免除制度"与“一般免除制度"。“综合免除制度"适用于不参与日本企业经营的保险公司、证券公司、资产管理公司及银行等外国金融机构[2],外国金融机构在进行对日直接投资时,不论投资行业,均可免除事先申报义务,仅在出资比率及表决权比率合计在 10% 以上时才需提交事后报告。“一般免除制度"则适用于外国金融机构以外的一般外国投资者,其在进行对日直接投资时,在投资对象企业不涉及“核心行业"或涉及“核心行业"但出资比率及表决权比率合计低于 10% 时,可以免除事先申报的义务;在出资比率及表决权比率合计高于 1% 时,外国投资者需要进行事后申报,当投资涉及“核心行业"时,还需要遵守额外的准则[3]。

---

[1]　根据《外汇法》规定,该准则的制定、修改及废除需要财务大臣及主管大臣在听取外汇及关税委员会意见的基础之上进行。准则内容主要包括外国投资者及其关联人士不得就任投资企业的执行董事或监察的职务;不得自行或通过其他股东在股东大会上提议出让或废除属于“指定行业"的业务;不得接触与“指定行业"相关业务的非公开技术信息等。参见:财务省「外国為替及び外国貿易法第二十八条の二第一項の規定に基づき、財務大臣及び事業所管大臣が定める特定取得が国の安全に係る特定取得に該当しないための基準を定める件」、(2020-04-30)［2021-08-14］,https://www.mof.go.jp/policy/international_policy/gaitame_kawase/fdi/publicnotice_exemption.pdf。

[2]　详细参见“直投政令"第三条之二第二项,“直投省令"第三条之二第四项。

[3]　根据相关规定,若适用一般免除制度的投资涉及“核心行业",投资者不得出席对“核心行业"相关业务具有重大决定权的会议,也不得以书面方式对相关会议施加压力。

此外，日本政府还出台了一系列政策，为"安全的"外国资本对日投资提供便利。例如，2019年9月26日，日本政府修改了"直投政令"和"直投省令"，将签署技术引进合同后的"事后申报期限"由原来的15日延长至45日。①再如，自2020年5月起，日本财务省开始公布外商投资管理制度关联企业清单②，并根据具体情况不定时更新。该清单将日本上市企业及其经营范围进行了区分，方便外国投资者判断相关企业的投资审查规则适用情况。

其三，编造管控中国企业投资理由，合法限制中国获取关键技术。通过制定"事先申报免除制度"及"核心行业清单"，日本政府得以合法地对中国执行"歧视性"政策，严格管控中国资本对日投资。日本政府充分考虑到中国对外投资的主力为国有企业的事实，在"直投政令"中规定，与外国政府相关的投资者因身份敏感而"审查必要性较高"③，不可免除事前审查义务。中国商务部公布的报告显示，截至2019年末，中国对外非金融类投资中，国有企业占比达50.1%，且呈继续上升趋势。④按照这一比例计算，近半数的中国对日投资都属于"不可免除申报义务对象"，需要接受严格的事前审查。考虑到"核心行业"及"指定行业"清单中涉及的都是日本的关键性产业，日本政府此举实际上合法地限制了中国企业获取日本的关键技术。

通过区分"特定收购"与"对内直接投资"以及"指定行业"与"核心行业"的"2×2清单"模式，日本政府得以精细化、差异化地管理外国对日投资，也为本国关键技术提供了一定的保护。尤其是"事先申报免除制度"及"核心行业清单"的出台，使得日本政府实现了界定重点关注产业领域、明确国家经济利益所在，减少投资审查负面效应、便利"安全的资本"对日投资，以及制造管控中国投资理由、合法限制中国获取技术的"三重效用"。

---

① 财务省「对内直接投资等に关する政省令の一部を改正しました」、（2019-09-26）［2021-10-11］，https://www.mof.go.jp/policy/international_policy/gaitame_kawase/gaitame/recent_revised/20190926.htm.

② 财务省「「本邦上场会社の外为法における对内直接投资等事前届出该当性リスト」の改订について」、（2021-11-02）［2021-11-08］，https://www.mof.go.jp/policy/international_policy/gaitame_kawase/press_release/20211102.html.

③ 根据"直投政令"第三条之二相关规定，审查必要性较高的外国投资者包括5年内受到刑罚或不遵从财务大臣相关劝告而收到命令的，以及与外国政府相关的外国投资者。详细参见e-gov「昭和五十五年政令第二百六十一号　对内直接投资等に关する政令」，［2021-07-25］，https://elaws.e-gov.go.jp/document?lawid=355CO0000000261.

④ 参见中华人民共和国商务部：《中国对外投资合作发展报告2020》，第6页，（2021-02-02）［2021-10-13］，http://images.mofcom.gov.cn/fec/202102/20210202162924888.pdf.

（三）外商投资管理制度全面化、完备化

除了扩大审查对象范围，日本各省厅也出台了相关政策，使对内投资管理制度得以全面、完备地发展。

2017 年 10 月，日本修改《外汇法》，新设"事后处置制度"，授权政府在"涉及国家安全"的情况下，可以命令未经申报就进行"对内直接投资"的外国投资者出售其所持有的股份，由此加强了日本政府对外国投资的管控权限，填补了管理制度在事后处置方面的空白。日本各省厅还接连出台了相关政策，以提升政府掌握外国投资情况的程度。例如，日本总务省在 2021 年 7 月 5 日召开的"关于通信领域外资管制方法的研讨会"中提出，计划修改申请文件样式，要求广电企业就本企业所有拥有表决权的外国资本投资情况进行报告，以此掌握广电企业的所有外国出资情况，进而强化外资管理体制。①2021 年 7 月，日本财务省以"仅凭财务省总部难以收集地方信息"为由，计划向全国的财务局安排专员，负责监督外国企业向日本地方企业的出资和参与经营情况，从而"制衡中国资本影响力的扩张"，防止重要技术外流。②除上文所述《外汇法》及相关省令及政令外，日本政府还通过修改相关行业法律、提高行业准入门槛等形式加强对外国投资的管控。日本政府制定的《电波法》《广播法》《航空法》《物流事业法》（日文为「货物利用运送事业法」）等相关行业法，就从法人国籍、职员比例、持股比例等方面对外国投资进行了严格的限制。2020 年 5 月 22 日，日本政府通过了《关于电气通信事业法及日本电信电话股份公司等的法律》修正案，要求外国法人在申请注册电信事业时，必须选定日本国内的代表或代理人，并提交总务大臣审批。可见，日本的管理制度日渐呈现完备化、全面化的发展趋势。

综上所述，经过 70 余年的发展，日本的管理制度已经在法律及机构层面形成了较为完备的制度体系，近期则呈现出审查对象范围扩大化、外商投资管理精细化和管理制度完备化的特点，既强化对涉及关键行业的对内投资的监管和审查力度，又区分对象、区分行业地对外国投资采取差异性政策，便利"安全的"外国资本对日投资。

---

① 総務省「情報通信分野における外資規制の在り方に関する検討会（第 2 回）議事要旨」、（2021-07-05）［2021-10-17］，https://www.soumu.go.jp/main_content/000762880.pdf.

② 《财务省拟在各地安排专员监督外资参与经营》，《共同网》，（2021-07-26）［2021-07-28］，https://china.kyodonews.net/news/2021/07/e39a420eef8e.html。

三、日本修改外商投资管理制度的主要动因

2008 年日本政府叫停 TCI 收购案以后,全球对日直接投资流量大幅下跌,迫使日本政府将工作重心从加强投资审查转向吸引外商投资,管理外国投资的相关政策在此后较长一段时间内没有发生大的变化。然而,自 2014 年以后,来自欧洲、北美和亚洲的投资迅速增加,截至 2020 年末,境外资本对日直接投资存量约为 3 840 亿美元,大致是 2014 年末(约 1 980 亿美元)的两倍。①对日直接投资存量的迅速增加再度引发了日本政府的担忧,日本政府重新开始收紧外商投资管理政策。日本再度加强对外商投资的管控,主要存在维持技术优势、推进综合安保、吸引"安全"投资的三大动因。

(一) 防止重要技术外泄,维持科技领先地位

在本国经济社会发展面临严峻困境、本国科技地位遭受严重国际挑战的背景下,日本政府不断强化出口管制制度和外商投资管理制度,其出发点都是希望防止日本关键核心技术流失、维持日本的科技相对优势地位。

第一,日本国内科技发展面临创新不足、守成困难的窘境。近年来,在经济低迷和少子老龄化的双重冲击下,日本的科技发展受到严重限制。一方面,日本高校等科研机构面临科研能力大幅弱化的难题。在日本,取得博士学位的人数自 2006 年呈持续下滑趋势,2021 年仅有约 1.5 万人。②而且,由于日本许多大学缺乏研究经费,不少高校教师被迫将本可用于研究的宝贵时间用于应对各项业务。③另一方面,日本企业的既有技术也面临遭受外资收购的风险。受少子老龄化的影响,日本不少拥有先进技术的非上市中小微企业面临"后继无人"的困境,加之新冠疫情的蔓延和持续,本就经营困难的日本中小微企业愈发依赖外资支持。④日

①　JETRO「直接投資統計　日本の直接投資(残高)」、[2021-08-18],https://www.jetro.go.jp/ext_images/world/japan/stats/fdi/data/20fdistock02_jp.xls.

②　文部科学省科学技術・学術政策研究所科学技術予測・政策基盤調査研究センター「科学技術指標 2021」、4 頁、(2021-08)[2021-11-22],https://www.nistep.go.jp/wp/wp-content/uploads/NISTEP-RM311-FullJ.pdf.

③　《日本受关注论文数排名跌至全球第十创新低》,《共同网》,(2021-08-11)[2021-08-20],https://china.kyodonews.net/news/2021/08/fd7ed7861f7c--.html.

④　《财务省拟在各地安排专员监督外资参与经营》,《共同网》,(2021-07-26)[2021-07-28],https://china.kyodonews.net/news/2021/07/e39a420eef8e.html.

本财务省公布的数据显示,2020 年度,日本收购时事先申报数达 1 281 件,其中对非上市企业的投资占到近九成(1 117 件)。①上市公司也存在类似的情况。如2019 年,两岸企业联手收购了液晶面板领域的国际巨头日本显示器公司(Japan Display Inc,JDI)近五成的表决权。②可见,日本科技领域面临科研机构创新能力不足、企业既有技术守成困难的窘境。

第二,日本面临技术及人才竞争压力。其一,日本在科技领域的世界领先地位受到更加严重的竞争压力,主要体现在论文及专利发表等方面。日本文部科学省公布的"科学技术指标 2021"显示,2017—2019 年,日本年均发表引用数排名前 10％的论文③3 787 篇,排名较 2007—2009 年的第五位下降至第十位,落后于意大利、澳大利亚、印度等国。在专利方面,自 21 世纪第一个十年的中期起,日本的专利申请数就持续下降,2019 年的申请数仅为 30.8 万件。从各国申请专利的技术领域④来看,日本在电气工程(Electrical Engineering,EE)、仪器(Instruments)领域仍然具有比较优势,2014—2016 年的专利申请数均超过了该领域世界专利申请总数的 30％。但是,在信息通信技术和电气工程领域,日本受到了来自中国和韩国的挑战,这两个领域的专利申请占比较 2004—2006 年分别下降了 9％和 8％。反观中韩两国,在信息通信及电气工程领域的专利申请数所占比重显著上升。2014—2016 年,中国信息通信技术专利申请数占该领域申请总数的 17.7％,而电气工程领域专利申请数占该领域申请总数的 12.1％;韩国的这两项占比分别为 13.4％和 16.2％。⑤

其二,日本面临人才竞争压力。一方面,日本经济持续低迷,中、美等国对日本人才的吸引力呈上升趋势。对于曾数次获得诺贝尔奖提名、在光催化领域卓有建树的日本学者藤岛昭加盟中国大学一事,日本政府甚至直言称对科技人才外流产生了"强烈危机感"。⑥除科技领域外,随着中国新兴车企的迅猛发展,许

①　财务省国際局調査課投資企画審査室「対内直接投資等に関する事前届出件数等について(2020 年度版)」、4 頁、(2021-07-07)［2021-09-14］, https://www.mof.go.jp/policy/international_policy/gaitame_kawase/press_release/20210707-2.pdf.

②　《日本显示器将被收归大陆与台湾企业旗下》,《日经中文网》,(2019-04-04)［2021-10-15］,https://cn.nikkei.com/industry/itelectric-appliance/35025-2019-04-04-09-26-31.html。

③　此处为根据分数计数法计算的各国引用数在各年各领域前 10％的论文数及排名。

④　关于技术领域划分,详细可参见世界知识产权组织(WIPO)的"国际专利与技术分类表"WIPO, IPC and Technology Concordance Table Annex 1,(2009-02-16)［2022-09-22］, https://www.wipo.int/meetings/en/doc_details.jsp?doc_id=117672.

⑤　文部科学省科学技術・学術政策研究所科学技術予測・政策基盤調査研究センター「科学技術指標 2021」、129—149 頁、(2021-08)［2021-11-22］, https://www.nistep.go.jp/wp/wp-content/uploads/NISTEP-RM311-FullJ.pdf.

⑥　「光触媒・藤嶋氏の上海理工大移籍　井上担当相『大きな危機感』」、『毎日新聞』、(2021-09-03)［2021-09-26］, https://mainichi.jp/articles/20210903/k00/00m/040/213000c.

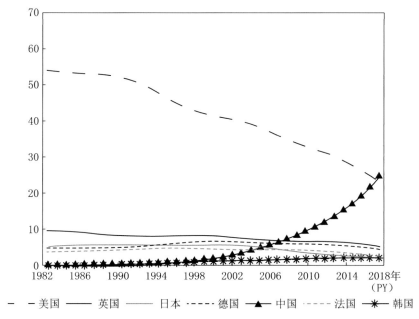

图 2　各主要国家全部领域中引用率排名前 10% 的论文占比(1982—2018 年)

注:分析对象为论文及综述论文,以出版年(Publication Year, PY)统计年份。使用全领域论文数占比的三年移动平均值(如 2018 年为 2017 年、2018 年、2019 年出版论文的平均值)和分数计数法计算。被引用数采用 2020 年末的值。不包含无法区分领域的论文。

资料来源:文部科学省科学技术・学術政策研究所科学技術予測・政策基盤調查研究センター「科学技術指標 2021」、2021 年 8 月、131 頁。

多日本车企技术人员选择跳槽至中资企业;[1]日本高度发达的动漫产业也面临类似问题,中美相关企业纷纷投入巨额资金,吸引日本的动画制作人才加盟;[2]简言之,日本占据优势的诸多产业领域都存在严重的人才流失问题。另一方面,日本在人才竞争领域处于相对劣势的现状又使得日本政府的发展战略受到严重制约。例如,菅义伟政府及继任的岸田文雄政府均试图大力推动日本社会的数字化转型,但日本现有人才储备中,从事尖端 IT 行业的人才比例很低,[3]尤其是本国培养的"STEM"[4]人才严重不足。数字产业人才培养和储备的

① 《转投中国企业的日本"汽车人才"在增加》,日经中文网,(2021-09-07)[2021-09-26],https://cn.nikkei.com/career/humanresource/45956-2021-09-07-05-00-00.html/?n_cid=NKCHA020。

② 《奈飞争夺日本动画人才》,日经中文网,(2021-09-23)[2021-09-26],https://cn.nikkei.com/career/humanresource/46067-2021-09-23-05-00-20.html?n_cid=NKCHA020&start=0。

③ 《尖端 IT 人才:日本仅美国 1/10》,《日经中文网》,(2021-09-28)[2021-09-28],https://cn.nikkei.com/industry/itelectric-appliance/46188-2021-09-28-05-00-00.html/?n_cid=NKCHA020。

④ STEM,指高科技领域研发所必需的科学(Science)、技术(Technology)、工程(Engineering)、数学(Mathematics)这些重要教育领域。

"双重赤字"使得日本的数字化转型战略面临诸多不确定性。

针对日益严峻的国际人才竞争格局，日本政府进一步加强了对人才的管理。除 2021 年 6 月加强对外国留学生的限制外，日本政府还针对其他国家的人才引进计划，要求加强掌握日本学者参与海外联合研究的相关信息，试图通过加强对人才的管理来扭转人才及技术外流趋势。受日本政府影响，日本高校也不得不出台更加严格的留学审查制度。共同社开展的一项调查显示，在 56 所日本大学中，有 31 所已经实施或正在考虑对研究尖端技术的留学生实施更严格的身份审查。①

第三，日本政府选择加强技术管控以应对科技领域的"内忧外患"。面对科技领域严峻的内外形势，日本政府试图通过建立更加严格的技术管理体制来维持本国的科技优势地位。自民党"创造新国际秩序战略本部"于 2021 年 5 月 27 日提出建议称，要进一步推进经济安全保障体制建设，强化对外商投资的审查，防止日本重要技术外泄。为此，日本政府应采取包括调整"指定行业清单"在内的综合性对策，加强事先申报审查及事后监管的力度，强化相关省厅的合作体制。②可见，自民党政府加强对外商投资的管控的重要目的之一，就是希望进一步完善技术管制制度，防止重要技术流出。日本政府认为，外资收购拥有重要技术及设备的日本生产企业将严重威胁日本的国家安全、损害日本的经济利益。历史上，日本培育的葡萄品种外流导致 2019 年日韩葡萄出口量逆转，就使得日本农民承受了巨大的经济损失。③基于以上考量，日本政府主要通过加强对技术监管及出口管制、加强对涉及核心技术领域外商投资审查及限制、加强对高校等的人才管理等方式"多管齐下"，防止本国的核心技术外泄。加强对外商投资的审查力度就是防止本国技术外流的一大重要战略举措。

(二) 加强综合安全保障能力，应对全球不确定性挑战

《国家安全保障战略》出台后，日本政府愈发重视加强日本在经济、军事、网络、公共卫生等领域的综合安全保障能力。加强对外商投资的管理是日本政府强化综合安全保障能力、应对全球不确定性挑战的重要举措。

第一，保障经济安全。中美技术主导权竞争和新冠疫情的蔓延暴露了日本供

---

① 《日本 31 所大学对留学生加强审查以防止技术外流》，共同网，（2021-09-24）［2021-09-25］，https://china.kyodonews.net/news/2021/09/7e30cbd2f43c-31.html。

② 自民党政务调查会新国际秩序创造战略本部「新国際秩序創造戦略本部　中間とりまとめ～『経済財政運営と改革の基本方針 2021』に向けた提言～」，25 頁、（2021-05-27）［2021-10-18］，https://jimin.jp-east-2.storage.api.nifcloud.com/pdf/news/policy/201648_1.pdf。

③ 《"阳光玫瑰"的中韩产量超过日本》，《日经中文网》，（2021-08-16）［2021-08-18］，https://cn.nikkei.com/industry/tradingretail/45741-2021-08-16-02-23-55.html。

应链的脆弱性。对此,日本政府选择加强对外商投资的审查,以强化经济安全保障能力、提升供应链韧性。实际上,日本政府此举是吸取了半导体产业的历史教训。日本的半导体产业在 20 世纪 80 年代高度繁荣,到 90 年代后期却出现了巨额亏损,而韩国的三星电子通过大力引进日本技术骨干、学习技术,实现了在半导体产业的飞跃式发展。①2021 年 5 月 19 日,由甘利明担任会长、负责讨论经济安全保障政策的自民党"规则形成战略议员联盟"(日文为"ルール形成戦略議員連盟")提议,新设由相关省厅和经济界、学术界人士构成的官民磋商会,探讨强化供应链及支援在海外开展业务的日企规避风险等事宜,分析并共享中美出口管理信息,以此应对经济安保领域的潜在风险。此外,该联盟还强调了日本政府基于《外汇法》进一步强化外资管控的必要性。②同年 6 月公布的 2021 年版《通商白皮书》显然吸取了该联盟的相关建议,提出:为了保障国家的经济安全,需要充分认识到本国在重要技术上优势与危机并存的局面,强化对出口及投资的管理,完善国际出口管理体制,加强对学术机构的技术管理,构建防止技术流失的综合性对策,全面管控关键技术。③

　　第二,保障军事安全。日本政府认为,外国资本对部分敏感领域的投资可能危及本国的军事安全。一方面,日本政府加强了对国防招标的管理。2019 年,日本防卫省出台规定,要求参加武器装备和调查研究招标的企业报告自身的资本关系、信息保护体制、相关负责人员的履历和国籍等信息,禁止存在问题的企业参加招标,以防止第三方通过与防卫省有交易的企业窃取军事机密信息。在企业中标后,若防卫省认定该企业存在信息泄露风险,也有权进行强制监察。④另一方面,日本政府还严格限制外国资本收购军事设施附近的土地。近年来,外国资本收购日本自卫队设施邻近土地的事件时有发生,引起了日本政府的高度关注。如 2013 年韩国企业收购了位于对马的日本海上自卫队设施附近的土地,2014 年中国资本收购了临近日本航空自卫队千岁基地的森林,2020 年中国资本在北海道稚内市购置了日本航空自卫队雷达站附近的土地并设置风力发电站机组等。对此,日本以外资接连收购自卫队设施邻近土地的情况"不透明""威胁日本的安保环境"为由,于 2021 年 6 月 15 日通过了《重要土地等调查法案》,

---

①　《转投中国企业的日本"汽车人才"在增加》,《日经中文网》,(2021-09-07)[2021-09-14],https://cn.nikkei.com/career/humanresource/45956-2021-09-07-05-00-00.html/?n_cid=NKCHA020。

②　《独家:自民党围绕经济安保要求新设官民磋商会》,《共同网》,(2021-05-19)[2021-05-20],https://china.kyodonews.net/news/2021/05/409db9df889d.html。

③　经济产业省「通商白書 2021」、185 頁、(2021-06)[2021-07-04],https://www.meti.go.jp/report/tsuhaku2021/pdf/2021_zentai.pdf。

④　《日本新规要求防卫投标企业报告资本关系和国籍》,《日经中文网》,(2019-06-21)[2021-10-16],https://cn.nikkei.com/politicsaeconomy/politicsasociety/36107-2019-06-21-02-19-56.html。

限制外资收购自卫队基地周边和位于国境的岛屿等涉及军事安全的土地。此外，日本内阁府还计划设置"重要土地等调查室"，负责调查军事设施、重要基础设施及离岛附近土地的实际利用情况，若调查室认为指定区域内的建筑物对国家安全构成威胁，则有权建议或命令所有者整改，若所有者不接受，调查室有权予以处罚。[①]

第三，保障网络安全。近年来网络勒索等网络攻击愈演愈烈，使得日本更加重视网络空间的安全问题。在2019年日美"2+2"会议上，两国首次确认网络攻击适用于《日美安全条约》第五条，将日美安保义务范围拓展至网络空间。此后，日本政府又在2021年5月召开的网络安全战略总部会议上提出，为应对疑似来自俄罗斯、朝鲜等的网络攻击，需要提升网络空间的安全保障防御能力。[②]提升对网络安全领域外商投资的管控，就是日本政府加强网络安全保障的具体举措之一。实际上，自2019年日本政府将网络安全相关行业追加进"指定行业清单"后，网络安全相关行业便占据了日本外商直接投资事先申报案件的主要部分。财务省公布的数据显示，2019年及2020年网络安全相关行业申报案件均占据申报总数的70%以上，而且呈现增加趋势（参见图3）。

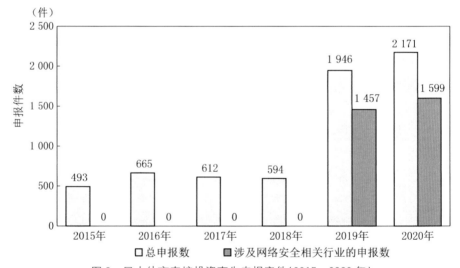

图3　日本外商直接投资事先申报案件(2015—2020年)

资料来源：作者根据财务省相关统计数据制图，参见：财务省国際局調査課投資企画審査室「対内直接投資等に関する事前届出件数等について（2020年度版）」、（2021-07-07）［2021-09-14］，https://www.mof.go.jp/policy/international_policy/gaitame_kawase/press_release/20210707-2.pdf。

①　《日本拟指定超600处限制外资土地交易区域》，日经中文网，（2021-08-12）［2021-10-16］，https://cn.nikkei.com/politicsaeconomy/politicsasociety/45708-2021-08-12-09-43-54.html。
②　《日本政府出示下一期"网络安全战略"要点》，共同网，（2021-05-13）［2021-05-14］，https://china.kyodonews.net/news/2021/05/9cff24b164ed.html。

第四，保障公共卫生安全。新冠疫情暴发后，呼吸机紧缺、疫苗生产和分配混乱等问题暴露出各国在应对公共卫生安全问题上能力的不足，各国普遍提升了对预防和治疗传染病等公共卫生安全问题的重视程度。日本政府将与传染病相关的疫苗、医药品、人工呼吸机等高级别医疗器械等制造业追加列入"核心行业清单"，限制外资收购高级别医药品及医疗器械领域的日本企业等，也是为了保障本国的医药品及医疗器械供应、强化本国在公共卫生领域的安全保障能力。

（三）顺应自由化改革要求，吸引"安全的"外商投资

尽管日本对外商投资审查政策呈现不断收紧的基本态势，但 2019 年《外汇法》修正案也引进了"事先申报免除制度"，放松了对部分外商投资的审查。这似乎与日本近期收紧对外商投资审查政策的态势不符，但仔细分析不难发现，这一政策有着明显的"国别歧视"，其放松审查的对象主要是欧美发达经济体金融机构施行的投资。日本政府之所以要"大费周折"地制定这一制度，是因为日本需要提升本国对外国资本的吸引力、顺应 TPP 抑或是 CPTPP[①] 等区域自贸安排的自由化改革要求。

第一，提升本国对外国资本的吸引力。日本经济自 20 世纪 90 年代泡沫崩溃以后长期处于低增长状态。对此，日本历届政府出台了一系列促进增长、吸引外资的政策，希望以此扭转经济低迷态势。例如，安倍政府在 2013 年 6 月 14 日发布的《日本再兴战略》中就明确表示，日本将大力改善本国营商环境，目标是到 2020 年将日本的经营环境排名由 2012 年的第 15 位提升到发达国家中的第 3 位。[②]日本政府长期鼓励吸引外国资本的结果是，日本的经济增长愈发依赖外国资本。东京证券交易所等公布的数据显示，在 2019 年日本证券总成交额中，海外投资者所持的日本股票占比高达 70.9%。[③]然而，日本政府的管理制度严重限制了外国资本对日投资意愿，恶化了日本的营商环境。早在 2008 年日本政府首次根据《外汇法》规定叫停 TCI 收购案发生后，日本政府就遭到批评，称其投资审查的标准"不透明"。[④]日本证券从业者也批评称，2019 年的《外汇法》修正

---

① TPP 是指《跨太平洋伙伴关系协定》(Trans-Pacific Partnership Agreement，TPP)。2017 年特朗普上台后宣布退出 TPP，之后日本等国家共同决定将 TPP 更名为《全面与进步跨太平洋伙伴关系协定》(Comprehensive and Progressive Agreement for Trans-Pacific Partnership，CPTPP)。

② 首相官邸『日本再興戦略』，46 頁、(2013-06-14) [2021-11-22]，https://www.kantei.go.jp/jp/singi/keizaisaisei/pdf/saikou_jpn.pdf.

③ 《日本外资投资限制或涉及 400～500 家上市企业》，日经中文网，(2020-02-21) [2021-10-16]，https://cn.nikkei.com/politicsaeconomy/economic-policy/39488-2020-02-21-09-52-48.html.

④ 《日本将在 IT 和半导体等领域扩大外资限制》，日经中文网，(2019-05-10) [2021-10-15]，https://cn.nikkei.com/politicsaeconomy/investtrade/35507-2019-05-10-08-51-33.html.

案"事先申报"的审批标准"并不明确"。①2020 年以后,因新冠疫情而引发的一系列国际政治经济问题使得全球经济增长大幅降速。为推动本国经济早日摆脱新冠影响,各国纷纷出台了旨在改善本国营商环境、吸引外商投资的政策。在此背景下,日本也不得不加入这一竞争,而出台"事先申报免除制度"及配套的"核心行业清单",正是日本政府提升管理制度透明度、降低投资审查负面效应、提升本国投资吸引力的重要举措之一。

　　第二,顺应 TPP 抑或是 CPTPP 等自贸安排的自由化改革要求。TPP 抑或是 CPTPP 的一大重要原则是缔约方之间的"投资自由化"。日本之所以新设"事先申报免除制度",就是为了迎合 TPP 抑或是 CPTPP 的投资自由化条款,使国内法规与协议的"投资自由化"原则保持一致。实际上,2016 年日本就曾计划"对标"TPP②,修改国内的著作权法与专利法等法律。著作权法方面,通过将著作权保护期限统一延长至 70 年等修改,加强对著作权的保护。③专利法方面,考虑将新颖性宽限期延长至 12 个月,还新增可以因专利局的延迟而延长专利期的制度。④日本财务省公布的数据显示,2020 年,利用事先申报免除制度进行的事后申报达 987 件,而同年事先申报总数达 2 171 件。⑤可见,"事先申报免除制度"的确为外商投资提供了一定的便利,在一定程度上改善了日本国内的营商环境。不过,日本政府在投资自由化及区域自贸安排问题上的考虑是复杂的。通过分析日本领导人对中国申请加入 CPTPP 一事的表态可以一窥日本政府在 CPTPP 问题上的深层战略思考。根据 CPTPP 的投资条款规定,缔约国之间的

---

　　①　《日本外资投资限制或涉及 400～500 家上市企业》,日经中文网,(2020-02-21)［2021-10-16］,https://cn.nikkei.com/politicsaeconomy/economic-policy/39488-2020-02-21-09-52-48.html。

　　②　详细参见 CPTPP 中第 18.38 条宽限期、18.63 条版权和相关专利的保护期、18.46 因专利局的延迟而专利保护期等相关条款。商务部贸研院:《〈跨太平洋伙伴关系协定〉(TPP)中译文》,中华人民共和国商务部中国自由贸易区服务网,(2015-12-08)［2020-11-10］,http://fta.mofcom.gov.cn/article/fzdong-tai/201512/29714_1.html。

　　③　文化庁「環太平洋パートナーシップ協定の締結に伴う関係法律の整備に関する法律(平成 28 年法律第 108 号)及び環太平洋パートナーシップ協定の締結に伴う関係法律の整備に関する法律の一部を改正する法律(平成 30 年法律第 70 号)について」,［2021-11-26］,https://www.bunka.go.jp/sei-saku/chosakuken/hokaisei/kantaiheiyo_hokaisei/.

　　④　特許庁「環太平洋パートナーシップ協定の締結に伴う関係法律の整備に関する法律(平成 28 年 12 月 16 日法律第 108 号)」,(2017-01-23)［2021-11-26］,https://www.jpo.go.jp/system/laws/rule/hokaisei/sangyozaisan/tpp_houritu_seibi_h281228.html。

　　⑤　財務省国際局調査課投資企画審査室「対内直接投資等に関する事前届出件数等について(2020 年度版)」,(2021-07-07)［2021-09-14］,https://www.mof.go.jp/policy/international_policy/gaitame_kawase/press_release/20210707-2.pdf。

跨国投资享受国民待遇及最惠国待遇,缔约方还应保证投资转移的自由。①岸田文雄对中国申请加入 CPTPP 一事的态度异常消极,是因为日本的管理制度受 TPP 条款约束,对缔约国影响有限,却可以对非缔约国进行严格审查。倘若中国加入 CPTPP,那么日本政府针对中国所制定的一系列管理制度几乎都将失去效力,其制衡中国经济发展的战略目标也将难以实现,更存在失去自身在 CPTPP 中主导性的风险。因而,尽管中国加入 CPTPP 对日本而言具有突出的正面经济效应②,但岸田仍不惜炒作价值观以反对中国加入 CPTPP。由此也不难看出日本政府管理制度的"对华歧视性",即日本政府欢迎"安全的"外国资本对日投资,但中国资本不在此列。

四、日本收紧外商投资管理政策的对华影响

随着中国经济水平不断发展,中国企业"走出去"的需求不断上升,对外投资流量不断增长,而日本已经成为中国资本"走出去"的重要目的地。JETRO 公布的数据显示,2019 年,中国对日绿地投资件数达 10 件,占全体(229 件)的 4.4%,排名上升至第五位。③在此背景下,日本近期的管理制度发展动向对中国对日投资存在一定影响。

第一,中国对日投资将呈现短期严重受阻、长期曲折发展态势。日本管理制度涉及企业数量众多,其中涉及"核心行业"的上市企业达 801 家,占全部 3 849 家上市企业的约 20.4%,而涉及"指定行业"的上市企业更是高达 2 181 家,占全部上市企业的约 56%。④如上所述,当前日本管理制度具有较为明显的对华"针对性",因而日本收紧外商投资管理政策在短期内将对中国对日投资产生明显负面效应。事实上,在 2017 年、2019 年日本两次修改《外汇法》后,中国对日

①　详细参见 CPTPP 中第 9.4 条国民待遇、第 9.5 条最惠国待遇、第 9.8 条转移的相关条款,商务部贸研院:《跨太平洋伙伴关系协定》(TPP)中译文》,中华人民共和国商务部中国自由贸易区服务网,(2015-12-08)[2020-11-10],http://fta.mofcom.gov.cn/article/fzdongtai/201512/29714_1.html。

②　中国学者预计,相较中国不加入而言,中国加入 CPTPP 将使日本在社会福利、制造业就业、进出口贸易及 GDP 层面均出现大幅的提升。详细参见李春顶、张杰皓、张津硕、杨泽蓁:《CPTPP 经济效应的量化模拟及政策启示》,《亚太经济》2020 年第 3 期。

③　JETRO「ジェトロ対日投資報告 2020」,12 頁、(2020-11)[2021-10-11],https://www.jetro.go.jp/ext_images/en/invest/reports/ijre_2020jp.pdf。

④　財務省「『本邦上場会社の外為法における対内直接投資等事前届出該当性リスト』の改訂について」、(2021-11-02)[2021-11-08],https://www.mof.go.jp/policy/international_policy/gaitame_kawase/press_release/20211102.html。

直接投资流量都出现了明显的下降。JETRO 公布的数据显示,2018 年中国对日直接投资流量同比下降约 20％,2020 年同比下降更高达 29％。尽管如此,从整体上看,中国对日直接投资流量仍呈曲折上升的趋势。2020 年,中国对日直接投资流量达 13.54 亿美元,接近 2014 年(7.67 亿美元)的两倍;而且,2014—2020 年,对日直接投资年均增长率接近 10％。[①]换言之,近期日本管理制度的修改难以扭转中日投资关系整体更加紧密的趋势。

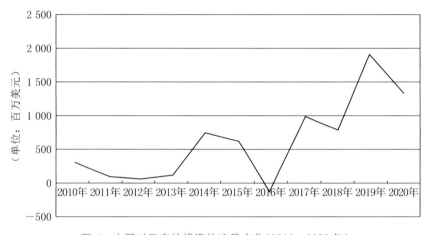

图 4　中国对日直接投资的流量变化(2010—2020 年)

资料来源:作者根据 JETRO 公布数据编辑制图,参见:JETRO「直接投資統計　日本の直接投資(国際収支ベース、ネット、フロー)　国・地域別　長期データ」,[2022-11-07],https://www.jetro.go.jp/ext_images/world/japan/stats/fdi/data/country2_20cy.xls。

　　第二,涉及重点领域的中国对日投资可能受到更严格管制。如前所述,日本加强对中国资本对日投资管控的动因之一是为了同"西方阵营"保持在对华立场上的一致,因而有必要关注日本在双边及多边合作机制中关注的重点产业领域、寻找日本可能进一步加强投资审查的领域。日美同盟及"日美印澳四边机制"(QUAD)峰会是日美联合"制衡"中国的两大核心机制,其所关注的重要产业领域很有可能被纳入投资管控的范畴。2021 年 9 月 24 日举行的第二次 QUAD峰会所发布的联合声明中所提及的重点合作技术及产业主要包括:疫苗生产及研发技术等应对新冠疫情技术及产业,氢能等清洁能源、去碳港湾、气候信息技术等应对气候变化技术及产业,5G、5G＋通信网络、半导体、网络安全、生物技

---

　　① 作者根据 JETRO 公布数据计算得来。详细参见 JETRO「直接投資統計　日本の直接投資(国際収支ベース、ネット、フロー)　国・地域別　長期データ」,[2021-11-07],https://www.jetro.go.jp/ext_images/world/japan/stats/fdi/data/country2_20cy.xls。

术等重要新兴技术,以及可持续的高质量基础设施技术及产业等。①结合2019年以来日本政府追加入审查清单的产业,如集成电路、信息处理、电子通信行业,医药品、医疗器械制造业,稀土产业,以及离岛、海岸基础设施建设业等,不难发现,QUAD首脑联合声明中所提及的重点合作技术及产业同日本加强投资审查的产业基本一致。未来,日本可能进一步加强对QUAD首脑联合声明中提及但尚未纳入投资审查范围的去碳技术及产业②、生物等重要新兴技术及产业③的投资审查力度。此外,在数据相关领域,日本也可能进一步加强对外国投资的监管,例如要求外资企业必须在日本设立数据中心等。日本政府还可能根据《土地法》,在设置"重要土地等调查室"后,责令中国资本拆除相关"重要土地"上的建筑或出售所持有的土地。

综上所述,战后日本的外商投资管理制度经历了三个历史发展时期,目前已进入严格、精细、全面加强对内投资监管的发展阶段。此次日本管理制度的大幅变动反映出日本政府防止关键技术外泄、增强综合安保能力、吸引"安全"对日投资等战略考量。受此影响,中国对日直接投资在短期内将受到较为严重的影响,但这仅仅是中日经贸关系发展中的"逆流",无法阻止中日投资关系日趋紧密的"大势"。相较而言,日本试图利用经济安保议题联合西方阵营构建技术同盟、产业链同盟、价值观同盟联合"制衡"中国的战略意图值得高度关注与进一步研究。

---

① 外务省「日米豪印首脳共同声明」、(2021-09-24)［2021-11-08］,https://www.mofa.go.jp/mofaj/files/100238176.pdf.

② 主要包括去碳基础设施建设业、氢能等清洁能源产业、面对灾害强韧的基础设施建设业、气候信息产业等。

③ 主要包括疫苗临床试验、染色体组监测技术等。

中国 WTO 研究的主题热点、
知识结构与发展趋势
——基于 CNKI 数据库的文献计量分析*

石少卿**

内容摘要:得益于以 WTO 为核心的多边贸易体制,中国在加入世贸组织二十多年来广泛参与到全球价值链分工体系和全球经贸规则体系构建之中,继而为中国取得经济高速发展提供了坚实基础。在此期间,中国学者开展了广泛且深入的 WTO 研究,并逐步形成了本土化的研究体系和知识框架。本文基于中国 WTO 研究的 8 862 项中文核心期刊文献数据,采用文献计量和知识图谱分析方法,对中国入世二十年 WTO 研究的主题热点、知识结构与发展趋势进行了系统性梳理。基于可视化的分析对比,研究初步得出四个结论:第一,中国WTO 研究在二十年间呈现"由热转冷"的趋势,且在 2002—2003 年间开始形成独立研究领域;第二,中国 WTO 研究在二十年间形成了以八个聚类和三大知识域为基础的知识体系;第三,中国 WTO 研究在二十年间共经历了四个主要阶段和三次主题漂移;第四,中国 WTO 研究呈现显著的时间结构特征。中国学者在WTO 领域所开展研究多与中国对外经贸领域的遭遇紧密相关,且长期处于"被动跟随"的状态。另外,区域性贸易组织等"替代性机构"的频繁出现是未来中国WTO 研究需要密切关注的重要议题。

关键词:WTO;全球化;国际贸易;文献计量学;知识图谱

Abstract: Benefit from the multilateral trading system with WTO as the core, China has participated extensively in the construction of the global value chain and the global economic and trade rule system in the past two decades since its accession to the WTO, thus providing a solid foundation for China to

* 本文为上海市"超级博士后"激励计划(2021152)和中国博士后科学基金项目(2022M712017)的阶段性成果。

** 石少卿,经济学博士,国金证券研究所分析师。

achieve rapid economic development. During this period, Chinese scholars carried out extensive and in-depth research on WTO themes, and gradually formed a localized research system and knowledge framework. Based on 8 862 literature data from CNKI, this research uses bibliometrics and knowledge graph methods to systematically analyze the thematic hotspots, knowledge structure and development trend of WTO research in the past two decades since China's accession. Based on the visual analysis and comparison, the study has reached four preliminary conclusions. First, China's WTO research has shown the trend "from hot to cold" in the past two decades. Second, China's WTO research has formed a knowledge system based on eight clusters and three knowledge domains in the past two decades, and turned to be an independent study field during 2002 to 2003. Third, China's WTO research has gone through four main stages and three theme drifts in two decades. Fourth, China's WTO research presents significant time structure characteristics. The research carried out by Chinese scholars in the WTO field is mostly related to China's experience in the international trade field and has been in a "passively following state" for a long time. In addition, the frequent emergence of "substitute institutions" such as regional trade organizations is an important issue that needs to be paid close attention to in China's WTO future research.

Key words：WTO；Globalization；International Trade；Bibliometrics；Knowledge Graph

一、引　　言

加入 WTO，是中国积极融入全球化进程和参与国际分工体系的一次重要实践。得益于 WTO 平台和改革开放政策的良性循环，中国在 21 世纪初的二十年间取得了世界瞩目的经济高速增长和社会发展成就。以 WTO 为基本框架的开放型多边贸易体制，为中国融入全球经济体系运行、推动全球治理体系形成以及构建世界经贸规则提供了有效且稳定的保障①。反过来看，中国的加入也推

---

① 屠新泉、杨丹宁、李思奇：《加入 WTO 20 年：中国与 WTO 互动关系的演进》，《改革》2020 年第 11 期。

动了 WTO 普遍性原则的成立,并证明了加入 WTO 体系是实现一国经济和贸易长足发展的有效途径①。另外,中国市场的开放为全球经济高速发展带来了巨大动力,也为 WTO 成员的出口带来益处,这是经济发展和市场开放的双赢体现。然而,随着新冠疫情对全球经贸体系的冲击,全球经济陷入深度衰退,贸易保护主义和单边主义抬头,为多边贸易体制带来了极大的挑战②。再加上全球价值链时代日益碎片化的生产分工需求,以及区域贸易协定对多边贸易体制的替代作用,均促使 WTO 不断适应新的全球经贸规则以完成自我革新③。因此,如何看待和分析 WTO 的功能机制及其对中国经济发展的长期影响,关系到中国对外贸易关系构建和全球经贸规则制定的参与度,继而成为 WTO 领域的核心研究议题。以此为切入点,本文系统分析了中国入世二十年间 WTO 研究的主要进展和主体框架,以此为后续 WTO 相关研究提供知识基础和决策依据。

通过文献梳理,已有研究对中国入世二十年开展了部分总结性研究尝试,主要包括两种研究视角:第一,基于中国入世二十年的发展角度开展分析。例如,屠新泉和武赟杰基于 WTO 规则从开放和改革两方面梳理了中国入世二十年营商环境建设的相关举措、取得成就以及尚存问题④。王高阳和鞠欣认为入世二十年以来的市场化改革在构建政府与市场关系、发展非国有经济以及完善法律制度等方面为中国参与全球价值链的分工体系提供了良好的制度环境⑤。还有部分学者基于特定领域开展相关分析,如孙霄兵总结了中国加入 WTO 二十年来教育对外开放的发展状况,认为应该进一步增强中国教育服务贸易的供给能力⑥;戚依南和毛志刚对中国入世二十年以来的绿色供应链管理研究进行回顾和总结,并提出了该研究领域的六大支柱和未来研究方向⑦。第二,基于 WTO

---

① 屠新泉、刘洪峰:《WTO 20 年:未来趋势与中国贸易战略选择》,《国际贸易》2015 年第 8 期。

② 潘晓明、郑冰:《全球数字经济发展背景下的国际治理机制构建》,《国际展望》2021 年第 5 期。

③ 杜声浩:《区域贸易协定深度对全球价值链嵌入模式的影响》,《国际经贸探索》2021 年第 8 期;刘乃郗:《全球价值链视角下国际经贸规则面临的挑战与前瞻》,《中国流通经济》2020 年第 12 期。

④ 屠新泉、武赟杰:《入世 20 周年推动中国营商环境持续改善》,《行政管理改革》2021 年第 7 期。

⑤ 王高阳、鞠欣:《制度环境变迁提升全球价值链参与度——纪念中国加入世贸组织 20 周年》,《国际经济合作》2021 年第 3 期。

⑥ 孙霄兵:《加入 WTO 二十年来中国教育对外开放的发展》,《国家教育行政学院学报》2021 年第 1 期。

⑦ 戚依南、毛志刚:《中国入世 20 年来国内绿色供应链管理研究现状、热点与展望》,《供应链管理》2020 年第 10 期。

视角分析中国推动国际经贸体系建设的作用,如王琛指出 WTO 现正面临前所未有的生存危机,中国应该以更加积极的姿态参与 WTO 工作,维护全球多边贸易体制的合理运行①;崔鑫生认为中国入世二十年充分履行了入世承诺并恪守 WTO 规则,中国受益于也贡献于 WTO 多边贸易体制,中国后续应扮演好 WTO 的规则建设者和改革参与者的角色②。然而,上述两种研究视角为中国或某一学科在入世二十年间的发展,并未涉及中国学者在此期间对 WTO 研究的主题脉络、学科体系和知识演进等内容开展的系统性总结。因此,本文尝试基于 2001—2020 年中国学者在 WTO 研究领域发表的文献数据,采用文献计量学和知识图谱的方式,系统总结和归纳中国 WTO 研究的知识体系和主体框架,继而为后续相关研究提供知识基础并拓展选题思路。

　　本文主要回答以下三个问题:通过二十年的持续探索,中国 WTO 研究具有怎样的总体特征? 其中呈现出哪些主题热点、知识结构和发展趋势? 这些特点又如何构建和支撑中国 WTO 研究的主体框架? 基于上述问题,在中国入世二十多年之际,有必要对中国 WTO 研究开展一次较为系统的研究总结和回顾。本文共分为五个部分:在本节提出研究问题并进行相应文献回顾之后,我们在第二部分对研究数据和分析方法进行了陈述和总结;随后,在第三部分和第四部分对中国 WTO 研究的主题热点、知识结构和发展趋势进行了可视化分析,继而形成了中国 WTO 研究的主体框架,其中关键词共现分析、聚类分析以及主题漂移分析是本文的核心内容;文章最后给出了研究的主要结论、启示和局限性。

二、研究方法与数据获取

(一) 研究设计与分析方法

　　为更加全面地探究和回顾中国入世二十多年来的 WTO 研究进展,本文采用文献计量学与知识图谱相结合的方式进行检索、总结与可视化分析。文献计量分析作为当前较为普及的科技文本挖掘工具,能够针对目标领域的文献或数据库进行定量分析,继而探索目标领域的知识基础、研究前沿以及主题分布等特征。作为文献计量学和知识图谱研究领域中的新兴工具,Cite Space

　　① 王琛:《WTO 二十五周年:回顾、评估和未来前景》,《亚太经济》2021 年第 3 期。
　　② 崔鑫生:《"入世"20 年:中国与世界互动的回顾与展望》,《人民论坛》2021 年第 20 期。

软件通过可视化的方式分析科学文献中的趋势和模式①,其着重于寻找某个领域发展中的转折点和关键点②,也具有关键词共现分析和文献共被引分析等功能③。鉴于文献计量方法和工具的匹配性,本文尝试基于中国知网数据库(CNKI),采用 Cite Space(V5.8.R1)软件对中国入世二十年的 WTO 研究进展和演进特征开展科学计量分析和知识图谱的可视化解读。本研究的开展主要基于以下五种分析方法,即聚类分析、时间线图和时区图分析、突现分析、共词分析以及 t-分布式随机邻域嵌入分析等,具体研究方法解释和来源见表 1所示。

表 1　研究工具与分析方法

序号	分析方法	方法简介
1	聚类分析(Clusters Analysis)	聚类分析是指以分析对象的相似性为基础,将物理或抽象对象的集合分组为由类似的对象组成的多个类的分析过程,主要包括 3 种算法:加权词频(tf * idf)、对数极大似然率(LLR,本研究采用)、交互信息(MI)④
2	时间线图和时区图分析(Timeline & Timezone)	时间线图和时区图是展示聚类结果的两种可视化方法,其中在时间线图(Timeline)中,属于同一个聚类的样本被放置在同一条水平线上,位置越靠右时间越接近现在,它可以反映聚类的时间特征和样本时间跨度;相对的,时区图(Timezone)将同一时间段的节点放在同一时区,可以反映不同时区间研究主题的发展趋势⑤
3	突现分析(Burst Detection)	突现分析通过探测在某一时段引用量有较大变化的情况,用以发现某一个主题词、关键词衰落或者兴起的情况⑥
4	共词分析(Co-words Analysis)	共词分析是对一组词两两统计它们在同一组文献中出现的次数,通过这种共现次数来测度他们之间的亲疏关系,即在词频分析的基础上,对词频网络进行的更高层次的分析⑦

① CHEN, C. Searching for intellectual turning points: Progressive knowledge domain visualization, *Proceedings of the National Academy of Sciences of the United States of America*, 2004, 101:5303-5310.

②⑤⑦ CHEN, C. CiteSpace II: Detecting and visualizing emerging trends and transient patterns in scientific literature, *Journal of the Association for Information Science Technology*, 2006, Vol.57, 3: 359-377.

③④ CHEN, C. Science Mapping: A Systematic Review of the Literature, *Journal of Data Information Science*, 2017, Vol.2, 2:1-40.

⑥ KLEINBERG, J. Bursty and hierarchical structure in streams, *Data mining and knowledge discovery*, 2003, Vol.7, 4:373-397.

（续表）

序号	分析方法	方法简介
5	t-SNE 分析（t-Distributed Stochastic Neighbor Embedding）	t-分布式随机邻域嵌入（t-SNE）是一种用于挖掘高维数据的非线性降维算法，它将多维数据映射到适合于人类观察的两维或多个维度上，并通过基于具有多个特征的数据点的相似性识别观察到的模式来找到数据中的规律①

资料来源：作者整理。

（二）数据获取与分析

本文基于中国知网数据库，以"主题＝WTO"的方式检索数据，检索范围为2001—2020 年（共 20 年），期刊类型选择"中文学术期刊"和"CSSCI"，结果共获得中文核心期刊数据 9 609 项。鉴于主题检索方式的宽泛性，我们进一步对数据进行逐项校对和筛选，即将工作简报、新闻访谈、书评讲义以及信息存在缺失等文献条目进行剔除（共 747 项），最终共得到有效数据 8 862 项。具体检索设置和信息见表 2 所示。

表 2　文献检索设置及结果

检索设置	检索结果
数据库	中国知网（＝CNKI）
检索方式	主题检索（主题＝"WTO"）
文献类型	中文核心学术期刊（＝CSSCI）
发表时间范围	2001—2020（＝20 年）
检索时间	2021.09.21
文献检索数量	9 609 项
有效文献数量	8 862 项（剔除 747 项）

资料来源：作者整理。

基于检索结果，中国在 2001—2020 年间的 WTO 主题研究具有较为明显的

---

① ABDELMOULA, W. M., BALLUFF, B., ENGLERT, S., DIJKSTRA, J., REINDERS, M. J., WALCH, A., LELIEVELDT, B. P., Data-driven identification of prognostic tumor subpopulations using spatially mapped t-SNE of mass spectrometry imaging data, *Proceedings of the National Academy of Sciences*, 2016, Vol.113, 43:12244-12249; VAN DER MAATEN, L., & HINTON, G. Visualizing data using t-SNE, *Journal of machine learning research*, 2008, Vol.9, 11:2579-2605.

"由热转冷"的趋势,见图1所示。首先,基于年度发表数量而言,中国入世的前三年是 WTO 研究发文量最高的三年,分别为 1 048(2001 年,10.91%)、1 768(2002 年,18.40%)和 1 060(2003 年,11.03%),成为仅有的三个超过1 000 篇发文量的年份。其中,在中国入世后的第一年,学术界于 2002 年掀起了WTO 主题的研究热潮,继而成为近二十多年来年度发文量最高的年份。自2002 年后,中国 WTO 研究进入了一个平缓的"冷却过程",尽管个别年份发表数量略有上升,但整体年度发文量仍呈现稳步下降的趋势。到 2005 年,中国WTO 研究的年度累计发文量已超过二十年整体发文量的一半(52.69%),因此本文将 2001—2005 年称为中国 WTO 研究的第一阶段。在第二阶段中(2006—2020 年),中国 WTO 研究的年度发文量呈现平缓下降趋势,并在 2016 年(183,1.90%) 和 2017 年(184,1.91%)达到了底端。与之相比,后三年(2018—2020 年)的发文量略有回升,但并不明显。其次,基于 Cite Space 生成的"WTO"作为关键词出现的词频规律可以看出,其与年度发文量趋势保持高度一致,这从另一视角佐证了中国 WTO 研究"由高到低"的发表趋势和"由热到冷"的主题关注度。另外,由词频分布图(图1)可以看出,2002—2003 年间的词频线被加粗标注,代表其呈现出突现特征,即 WTO 相关议题自此开始兴起。这说明,尽管自 2002 年后年度发文量呈现逐年下降的趋势,但"WTO"主题已经开始作为一个独立议题成为学界新兴的研究领域,这对于推动中国 WTO 相关研究至关重要,具有里程碑意义。

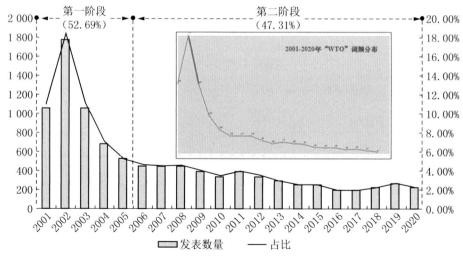

图 1 中国 WTO 研究的年度发文量及"WTO"的词频分布

资料来源:作者绘制。

　　本文基于 2001—2020 年中国 WTO 研究的年度发表数据,对其在主题、期刊、学科、机构、基金以及作者等领域的整体分布特征进行描述性统计分析,如表 3 所示。在主题分布中,除了核心主题"WTO"之外,"反倾销""世贸组织"和"争端解决机制"分别占据前三位,说明中国在国际贸易领域面临着较多的贸易争端并开展了较多的谈判进程。在学科分布中,"贸易经济""国际法"和"经济体制改革"是与 WTO 议题最相关的三个学科。这说明在全球贸易的基础上,中国开展了大量的国际谈判、法律申诉以及相应的国内体制匹配性调整。与之相似,期刊排名也呈现了相似的分布:国际贸易中如"农业补贴和出口"等问题成为中国参与 WTO 的重要议程之一①,因此《农业经济问题》期刊发文最多;而中国学者对相应的法律探讨和管理体制等问题也关注较多②,继而促使《法学》和《管理世

表 3　2001—2020 年中国 WTO 研究的总体特征

序号	主题分布	期刊分布	学科分布
1	WTO(3 146)	农业经济问题(119)	贸易经济(3 108)
2	反倾销(194)	法学(80)	国际法(1 664)
3	世贸组织(154)	管理世界(71)	经济体制改革(820)
4	争端解决机制(134)	中国法学(59)	农业经济(537)
5	影响及对策(129)	世界经济与政治(57)	金融(493)

序号	机构分布	基金分布	作者分布
1	武汉大学(353)	国家社会科学基金(812)	余敏友—武汉大学(32)
2	对外经济贸易大学(348)	国家自然科学基金(258)	胡加祥—上海交通大学(27)
3	中国人民大学(254)	中国博士后科学基金(56)	屠新泉—对外经济贸易大学(27)
4	复旦大学(218)	教育部人文社会科学研究项目(39)	薛荣久—对外经济贸易大学(26)
5	厦门大学(218)	上海市重点学科建设项目(31)	赵维田—中国社会科学院法学研究所(23)

　　资料来源:作者整理。

---

　　①　刘斌、宫方茗、李川川:《美日欧 WTO 补贴规则改革方案及其对中国的挑战》,《国际贸易》2020 年第 2 期;许庆、刘进、杨青:《WTO 规则下的农业补贴改革:逻辑、效果与方向》,《农业经济问题》2020 年第 9 期。
　　②　范恒山:《加入世界贸易组织与中国经济体制改革》,《经济研究参考》2012 年第 7 期;张耀元:《WTO 贸易政策审议机制的"软约束"及其强化路径》,《法学》2021 年第 9 期。

界》等期刊与WTO研究紧密相关。就研究经费来源而言,国家社会科学基金和国家自然科学基金成为中国WTO研究的主要经费支持体系,紧随其后的是中国博士后科学基金。另外,中国WTO研究的主要参与者可以分为两个方面:在学术机构方面,武汉大学、对外经济贸易大学和中国人民大学成为了该研究领域最积极的三所学术机构,而复旦大学、厦门大学等高校也在不断跟进相关研究;相对应,余敏友、胡加祥和屠新泉等学者分别基于国际法①和国际贸易②等视角广泛参与中国WTO研究,从而成为其所在学术机构积极推动本土WTO研究的优秀代表。

三、中国WTO研究的主题热点与知识结构分析

(一) 中国WTO研究的关键词共现网络分析

基于上述分析,本文进一步探索2001—2020年中国WTO研究的主题热点和知识结构。关键词在一定程度上可以反映一篇文章的核心主题和知识基础③,因此本文采用关键词共现网络来探究中国WTO研究的主题热点和知识结构。具体而言,研究基于8 862项检索条目,采用关键词的节点类型(Node Type=Keywords)、Cosine算法和前50位阈值设置(Top 50%)等参数开展分析。其中,设定的时间范围为2001.01—2020.12,时间切片选择1年(Time Slicing),分析结果的可视化展示见图2所示。图2共分为三个部分,即关键词共现网络(右侧)、局部1视图(左上)和局部2视图(中下、频次≥40)。

由图2可得,中国WTO研究的关键词共现网络呈现清晰显著的网络结构和时间趋势,其网络核心为关键词"WTO"。从分布可以看出,局部2中包含了中国WTO研究初期的基础议题,主要包括世界贸易组织(世贸组织、加入世贸组织)、经济全球化(全球化)、争端解决机制、多边贸易体制、国际贸易、服务贸

---

① 胡加祥:《上诉机构"停摆"之后的WTO争端解决机制何去何从》,《国际经贸探索》2020年第1期;余敏友、严兴:《WTO渔业补贴谈判和海洋法的重叠性与兼容性问题研究》,《国际贸易》2020年第7期。

② 屠新泉:《我国应坚定支持多边贸易体制、积极推进全球贸易治理》,《国际贸易问题》2018年第2期;屠新泉、杨丹宁、李思奇:《加入WTO 20年:中国与WTO互动关系的演进》,《改革》2020年第11期。

③ CHEN, C. CiteSpace II: Detecting and visualizing emerging trends and transient patterns in scientific literature，*Journal of the Association for Information Science Technology*，2006，Vol.57, 3:359-377.

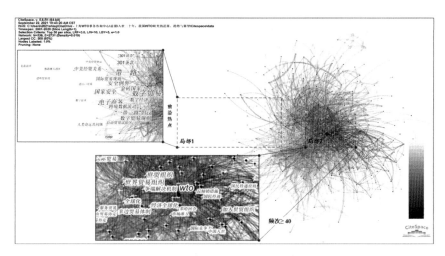

图 2　中国 WTO 主题研究的关键词共现分析和主题热点

资料来源:作者绘制。

易、国民待遇原则(国民待遇)以及国际竞争力等主要研究议题。上述议题表明中国学者在入世初期主要关注 WTO 相应的规则、谈判机制、入世冲击以及全球化的影响等方面的内容,这些领域成为中国 WTO 研究的主要基础阵地。随着时间演进,中国 WTO 研究开始从基础议题过渡到前沿议题,如局部 1 所示。该区域清晰地呈现了近年来 WTO 领域中的新兴议题,其中数字贸易、"一带一路"、电子商务、国家安全、跨境数据流动、"301 调查"、中美经贸关系、粤港澳大湾区以及负面清单等主题占据核心位置,上述前沿议题全面体现了近年来中国在国际经贸领域的被动遭遇和应对措施。其中,以数字经济为代表的新兴经济增长模式开始重构全球经贸规则和供应链生产布局[1],这为中国带来经济增长机遇和技术转型契机的同时,也带来了诸如跨境数据流动和国家安全等问题[2],其最具代表性的案例为"TikTok 封禁事件"。另外,以"301 调查""碳边境调节机制""绿色壁垒"为代表的单边主义行动不断挑战着中国对外经贸关系和贸易政策,这进一步加大了国际经贸合作和国际谈判的难度[3]。为了应对日益复杂

---

[1]　李俊、李西林、王拓:《数字贸易概念内涵、发展态势与应对建议》,《国际贸易》2021 年第 5 期。

[2]　单文华、邓娜:《欧美跨境数据流动规制:冲突、协调与借鉴——基于欧盟法院"隐私盾"无效案的考察》,《西安交通大学学报(社会科学版)》2021 年第 5 期;彭岳:《数字贸易治理及其规制路径》,《比较法研究》2021 年第 4 期。

[3]　刘瑛、刘正洋:《301 条款在 WTO 体制外适用的限制——兼论美国单边制裁措施违反国际法》,《武大国际法评论》2019 年第 3 期;孙南翔:《美国经贸单边主义:形式、动因与法律应对》,《环球法律评论》2019 年第 1 期;张亚斌、范子杰:《国际贸易格局分化与国际贸易秩序演变》,《世界经济与政治》2015 年第 3 期。

的国际经贸关系,中国也采取了积极的应对措施,如发起"一带一路"倡议、金砖国家组织、自由贸易试验区、粤港澳大湾区以及提出"人类命运共同体"倡议等,这些措施有效地提升了中国在 WTO 体系中的国际竞争力和国际经贸规则制定中的话语权。

(二) 中国 WTO 研究的聚类分析和 t-SNE 分析

为清晰呈现关键词共现网络的组别特征和中国 WTO 研究的知识结构,本文进一步对该网络开展基于关键词的聚类分析(K-聚类)和 t-SNE 非线性降维分析,其可视化分析结果如图 3 所示。图 3 主要包括三个部分,分别为 K-聚类视图(左侧)、聚类信息(右上)和 t-SNE 视图(右下)。由聚类结果信息(左上角),反映网络模块化的评价指标 Modularity 值 Q=0.375 8(Q>0.3),代表网络聚类结构的效果是显著的;反映网络同质性的评价指标 Silhouette 值 S=0.726 7(S>0.7),说明聚类结果具有高信度[1]。通过 K-聚类分析,中国 WTO 研究的关键词共现网络被识别为 8 个聚类,具体聚类信息见图 3 右上表格。在 K-聚类信息表中,我们分别给出了各聚类的编号、规模、平均年份以及基于 LLR 算法的前三位聚类标签。

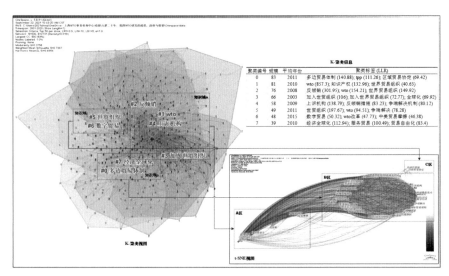

图 3　中国 WTO 研究的关键词聚类分析及 t-SNE 分析匹配

资料来源:作者绘制。

---

① CHEN, C., & SONG, M. Visualizing a field of research: A methodology of systematic scientometric reviews. *PLOS ONE*,2019,Vol.14,10:e0223994.

　　从聚类规模来看,规模最大的聚类为"多边贸易体制"(♯0-83),其关键词出现的平均年份为 2011 年,该聚类主要涉及多边贸易体制、TPP 和区域贸易协定等议题。与本研究主题相一致的"wto"聚类(♯1-81)规模稍小,且其关键词出现的平均年份相近(2010 年),该聚类主要涵盖了 WTO、知识产权和世界贸易组织等议题的探讨。相对而言,规模最小的聚类为"经济全球化"(♯7-39),其规模不到最大规模聚类的一半,但其关键词平均年份相近(2010 年),且涉及领域聚焦于服务贸易和贸易自由化等方面。从出现时间来看,在中国入世两年后(2003 年)便出现的"加入世贸组织"(♯3-66)成为最早形成的聚类,这在一定程度上反映了该时间段中中国学者对于入世前后差异、入世准备以及参与全球化后经贸制度的改变十分关注。随后出现的"反倾销"(♯2-76)和"上诉机构"(♯4-58)聚类证明了学者对中国入世挑战关注的必要性,且这三个聚类均出现在中国入世的前十年。相对来说,形成最晚的聚类是新兴的热点话题"数字贸易"(♯6-48),其主要涉及数字贸易、WTO 改革以及中美贸易摩擦等议题,这与图 2 中的前沿热点(局部 1)保持一致。

　　尽管聚类分析方法可以将关键词共现网络识别为多个聚类,但仍无法体现聚类之间的组别特征。因此,本研究引入 t-分布式随机邻域嵌入算法(t-SNE)进行更高维度的数据挖掘,并将其进行非线性降维和可视化呈现,这有利于我们进一步探索聚类间的关系特征(具体方法解释见表 1)。由 t-SNE 视图可以看出,中国 WTO 研究的关键词共现网络被转换为高维视角,通过非线性降维形成 A、B、C 三个区域。A 区主要包含 WTO、全球化、反倾销、反补贴、贸易摩擦等议题,这与聚类♯1—♯4 所形成的"知识域 a"相匹配,均为中国初入世后学者的关注焦点。C 区主要涉及"全球价值链"和"自由贸易协定"两个新兴议题,我们从颜色、区域和时间三个维度判断其与聚类♯5 和♯6 所形成的"知识域 c"保持一致。除此之外,B 区所涉及话题较为宽泛,且与中国参与经济全球化和实践多边贸易体制密切相关,因此将其与聚类♯0 和♯7 所形成的"知识域 b"相匹配。基于上述分析,我们发现了由 8 个聚类所构成的 3 大知识域,这对于我们深入认识中国 WTO 研究的知识结构和主题相关性具有较大帮助。

四、中国 WTO 研究的发展趋势及主体框架分析

(一) 关键词共现网络的时间线图及主题漂移分析

　　在聚类分析的基础上,本文采用时间线图(Timeline)和时区图(Timezone)两

种视图分析方式来展现中国 WTO 研究的发展趋势和关键节点。时间线视图将属于同一聚类的样本放置在同一条水平线上,并纵向对比和分析不同聚类间的关联性,这可以有效反映出聚类的时间特征和样本时间跨度,可视化结果如图4 所示。时间线图和时区图的 Modularity 值和 Silhouette 值分别为 Q＝0.375 8和 S＝0.731 9,代表其具有显著的网络聚类结构和高信度的聚类结果。由图4 可得,中国 WTO 研究在二十年间呈现出显著的主题漂移现象,即分别在2003—2009 年和 2010—2015 年间分两次由知识域 a 向知识域 b 主题漂移,在2016—2020 年间再次由知识域 b 向知识域 c 主题漂移(如图4 局部 1-3 所示)。在第一次漂移中,中国 WTO 研究由"wto""世界贸易组织""反倾销"和"争端解决机制"等主题向"区域贸易协定""多哈回合""区域经济一体化"和"自由贸易区"等主题漂移(见局部 1)。第二次主题漂移的来源既包含知识域 a 的主题,也有部分第一次漂移后形成的新主题。第二次主题漂移主要涉及"tpp""自由贸易协定""全球经济治理"和"全球价值链"等内容,这与 t-SNE 视图中的 C 区保持一致。最后一次主题漂移主要是由知识域 a 和 b 向知识域 c 转移,其主要涵盖"数字贸易""中美贸易战""单边主义"和"WTO 改革"等内容。由此可见,中国 WTO 研究在二十年间共经历了四个主要阶段,即起步阶段(2001—2002 年)、第一次主题漂移(2003—2009 年)、第二次主题漂移(2010—2015 年)以及第三次主题漂移(2016—2020 年)。上述四阶段与世界经贸领域发生的重大事件以及中国对外贸易政策和措施的重大调整密切相关,这也说明中国学者开展的大量WTO 研究能够紧跟时事且与时俱进。

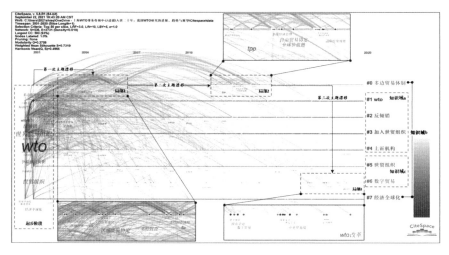

图 4　关键词共现网络的时间线图及主题漂移分析

资料来源:作者绘制。

(二) 关键词共现网络的时区图及热词分析

　　研究进一步采用时区图将同一时间段的节点放在同一时区,继而反映不同时区间研究主题的发展趋势,其可视化分析结果如图 5 所示。由图可见,中国WTO 研究呈现出显著的时区特征,即在不同年份间具有显著的主题差异和演进趋势。首先,我们总结了中国 WTO 研究的关键词词频,见图 5 左上部分。其中,"WTO"一词无疑成为出现频率最高的关键词(3 051),其中文名称"世界贸易组织"(417)和"世贸组织"(341)的出现频次紧随其后。除此之外,"反倾销"(282)成为唯一词频超过 200 的关键词,这证明其为中国 WTO 研究中的核心议题之一。其余热点话题包括,争端解决机制(196)、WTO 规则(155)、经济全球化(150)以及多边贸易体制(138)等,他们共同构成了中国 WTO 研究的主体框架并不断推动相关议题研究范式的形成。

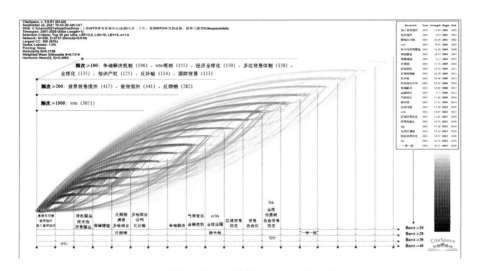

图 5　关键词共现网络的时区图及热词分析

资料来源:作者绘制。

　　其次,我们通过关键词突现的强度(Burst Strength)和时间来分析中国WTO 研究的发展趋势,具体信息见图 5 右上表。"WTO"一词再次成为突现强度最高的关键词(78.41),且其产生突现的年份为 2002—2003 年,这与图 1 中的词频突现保持一致,证明"WTO"议题在中国学界得到广泛认可和大范围探索的年份为入世的第二年。突现强度紧随其后的是出现在 2013 年的"TPP"(37.28),其持续范围为 2013—2018 年。尽管 TPP 早在 2002 年就被发起,但直到2013 年同为东亚重要经济体的日本和韩国相继加入或申请加入,让中国学者更加关注 TPP 对中国参与 WTO 事务的重要影响①,而该关注度持续到 2017 美国退出 TPP 的后一年为止。TPP 也是中国 WTO 研究第二次主题漂移的核心议题之一,其属于知识域 b 的范畴。

　　除此之外,突现强度超过 20 的关键词还有"反倾销"(2005—2010 年,21.71)、"碳关税"(2010—2014 年,21.32)和"一带一路"(2015—2020 年,20.17)三个关键词,三者突现的时间大体相隔 5 年,继而成为判断和分析中国 WTO 研究进展的关键分界点。2005 年左右产生突现的"反倾销""反倾销调查"和"反补贴"等议题成为当年中国学者重点关注的 WTO 研究热点,而以"农业补贴"和"农产品市场准入"为核心谈判议题的"多哈回合"进一步提升了上述议题在中国的关注度②。随后,为承担《京都议定书》所规定的"共同但有区别"的减排责任,主要发达国家(即附录 1 缔约方)尝试通过税收制度和碳交易制度来实现上述减排目标,但与此同时也造成了限排国的"竞争力损失"和潜在的"碳泄漏"问题③。为了弥补全球单边碳减排机制存在的缺陷,以碳关税为代表的"边境调整措施"被尝试采用,并在 2009 年《美国清洁能源和安全法案》提出具体落实步骤后得到国际社会的广泛重视④。在此之后,中国学者开始重视金融危机余波之下的气候议题对全球经贸规则和体系的冲击,这也为中国 WTO 研究广泛关注以区域贸易协定的方式来减少贸易壁垒和推动全球治理提供了契机。基于主题漂移的视角,"碳关税""气候变化"和"全球治理"等主题属于中国 WTO 研究的第二次主题漂移进程,而近期由欧盟提出的碳边境调节机制再次将气候议题推向 WTO 研究的前沿⑤。"一带一路"是由中国于 2013 年提出并在 2015 年得到广泛实践的国家级顶层合作倡议,也是一项维护全球自由贸易体系和开放型世界经济的"中国方案"⑥。"一带一路"议题是中国 WTO 研究近五年唯一产生突现的关键词,其既是上一阶段中国推动全球治理和贸易自由化的继承,又是推动中国深度融入世界经济体系的重要行动和新发展。"一带一路"议题的突现时间因数据获取限制仅持续到 2020 年,目前其正在与"数字贸易""数字经济""跨境数

---

　　① 刘瑞:《日本的广域经济合作战略:新动向、新课题》,《国外理论动态》2019 年第 8 期。

　　② 尚清、刘金艳:《后多哈时代 WTO 农产品贸易规则的改革与完善——基于粮食安全的视角》,《国际经贸探索》2015 年第 9 期。

　　③ 彭水军、张文城:《国际贸易与气候变化问题:一个文献综述》,《世界经济》2016 年第 2 期。

　　④ 李晓玲、陈雨松:《"碳关税"与 WTO 规则相符性研究》,《国际经济合作》2010 年第 3 期。

　　⑤ 张中祥:《碳达峰、碳中和目标下的中国与世界——绿色低碳转型、绿色金融、碳市场与碳边境调节机制》,《人民论坛·学术前沿》2021 年第 14 期。

　　⑥ 彭羽、沈玉良:《"一带一路"沿线自由贸易协定与中国 FTA 网络构建》,《世界经济研究》2017 年第 8 期;张乃根:《"一带一路"倡议下的国际经贸规则之重构》,《法学》2016 年第 5 期。

据流动"以及"自由贸易试验区"等新兴议题广泛结合①,为中国在新时代背景下参与 WTO 改革和推动全球经贸格局重构提供着重要平台。

(三) 中国 WTO 研究的主体框架与知识体系

　　基于上述分析,本文进一步总结了 2001—2020 年中国 WTO 研究的主体框架和知识体系,如图 6 所示。通过突现度和词频分析,我们选取了每一年度最具代表性的主题热点,继而代表该年度中国学者最关注的 WTO 议题。由图 6 可见,除 2015—2016 年的主题热点相同均为"一带一路"之外,每年度的热点议题均不相同,具有明显的时间趋势和时事代表性。在主题热点和关键词共现分析的基础上,研究通过 LLR 算法分析总结出中国 WTO 研究的 8 个聚类,分别为多边贸易体制、WTO、反倾销、加入世贸组织、上诉机构、世贸组织、数字贸易以及经济全球化,其代表着中国学者在 WTO 研究中重点关注的研究领域。为更加清晰地描述中国 WTO 研究的发展趋势和分布特征,我们采用 t-SNE 法对 8 个聚类进行非线性降维分析,结果发现了具有时间趋势的 3 个知识域。通过横向对比各知识域所涵盖的内容和主题,本研究结合时间趋势归纳出了中国 WTO 研究发生的三次明显的主题漂移现象,这些主题漂移也反映在每年度的主题热点中。本文总结的主体框架与知识体系有助于我们以一种系统性视角审视入世二十年间中国学者在 WTO 研究领域所取得的研究成果及其背后的研究导向,继而为中国学者进一步讨论、思考和探索 WTO 相关议题提供一个较为完整的知识基础。

五、研究结论与启示

(一) 研究结论

　　本文基于中国知网 8 862 项文献数据,采用文献计量和知识图谱的方式,对中国入世二十年 WTO 研究的主题热点、知识结构与发展趋势进行了系统性的梳理和总结。这不仅为中国学者继续深入探索 WTO 相关议题提供了一个清晰的知识体系基础和路径选择方案,也为 WTO 议题的本土化实践提供了充实的理论基础。研究采用关键词共现分析、聚类分析、时间线和时区图分析以及热词

---

① 齐鹏:《"一带一路"数字经济数据跨境风险的系统性应对逻辑》,《西安交通大学学报(社会科学版)》2021 年第 5 期。

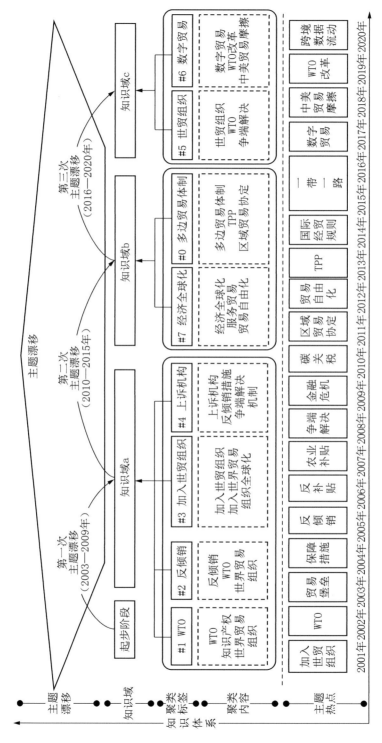

图 6　中国 WTO 研究的主体框架与知识体系（2001—2020 年）

资料来源：作者绘制。

分析等方法对中国 WTO 研究的知识体系和演进趋势进行归纳,初步得出以下四个主要结论:

第一,从年度发文量来看,中国 WTO 研究在二十年间呈现"由热转冷"的趋势,且以 2005 年为界限划分为发文量基本持平的两个阶段。2002 年作为中国入世后的第一年成为 WTO 研究发文量最高的年份,但随后中国的 WTO 研究进入了长期稳定的下降阶段。有趣的是,尽管 2002 年后中国 WTO 研究的关注度整体持续下行,但根据"WTO"关键词产生突现的时间和词频突现曲线可以看出,2002—2003 年间"WTO"开始成为一个新兴的、独立的议题而得到中国学者的广泛认可和学界的深入探讨。

第二,中国 WTO 研究在二十年间形成了以 8 个聚类和 3 个知识域为基础的知识体系。8 个聚类按照规模大小排序分别为多边贸易体制、WTO、反倾销、加入世贸组织、上诉机构、世贸组织、数字贸易和经济全球化。通过 t-SNE 非线性降维分析,这 8 个聚类进一步形成了中国 WTO 研究的三大知识域,即由 wto、反倾销、加入世贸组织、上诉机构四个聚类构成的知识域 a;由多边贸易体制和经济全球化两个聚类构成的知识域 b;以及由世贸组织和数字贸易两个聚类构成的知识域 c。

第三,中国 WTO 研究在二十年间共经历了四个主要阶段和三次主题漂移,即起步阶段(2001—2002 年)、第一次主题漂移(2003—2009 年)、第二次主题漂移(2010—2015 年)以及第三次主题漂移(2016—2020 年)。起步阶段中,中国学者重点关注世界贸易组织的功能介绍、规则分析和入世准备等内容;随后,中国学者的研究方向开始随着多哈回合谈判的进行向区域贸易协定和自由贸易区等议题转变,而金融危机和气候议题又进一步推动中国 WTO 研究向 TPP、全球治理和全球价值链等议题转移;最后,随着中美贸易摩擦、数字贸易、跨境数据流动和 WTO 改革等新兴议题的兴起,中国学者开始持续跟进。

第四,中国 WTO 研究呈现显著的时间结构特征,并与国际经贸体系的变迁和重大事件的产生与时俱进。中国入世伊始,WTO 相关议题(2002 年)便成为学界重点关注的对象,而随着中国遭遇农业补贴和农产品出口等问题,以及随着多哈回合谈判的持续进行,中国学者开始积极探索反倾销、反补贴等相关议题(2005 年)。金融危机和气候议题的持续发酵,推动中国 WTO 研究开始转向全球治理和碳关税等议题(2009—2010 年),而 TPP 和"一带一路"等区域贸易协定的出现,促使中国 WTO 研究重点关注全球价值链、贸易自由化以及单边主义等主题(2013—2015 年)。随后,新兴的数字贸易和愈演愈烈的中美贸易摩擦,推动中国 WTO 研究开始关注中美贸易战、跨境数据流动等热点议题(2017—

2020 年）。

　　上述四点结论表明,中国学者在入世二十年间针对 WTO 相关主题开展了广泛且深入的探索,形成了以 WTO 为中心发散而成的多层次主题热点、以多聚类和多知识域为基础的知识结构,以及具有显著时区特征的发展趋势,其间所取得的大量研究成果成为中国深度参与 WTO 事务的理论基础和决策依据。

(二) 启示和展望

　　基于主要结论,本文总结了以下两点研究启示:第一,在中国入世二十年之际,成立不足三十年的世界贸易组织来到了一个关键节点,即国际经贸规则调解功能的"缺位性"和国际经贸关系沟通平台的"空心化"使 WTO 进入了一个艰难时期,并在新冠疫情对全球贸易的冲击下愈演愈烈。上述现象从中国学者对WTO 研究的关注度和发文量趋势可见一斑。以美国为代表的西方发达国家开始寻找和组建替代性的多边组织来实现 WTO 的本位功能,TPP、CPTPP、TTIP 以及其他区域性贸易合作组织的相继出现在可预见的未来仍将持续。因此,我们应该在坚持 WTO 既有平台和功能的基础上,持续关注"替代性机构"和新兴贸易形式对中国对外贸易以及世界经贸体系重构的冲击影响和作用机制。第二,基于本文的研究结论,中国学者针对 WTO 相关领域开展的研究仍具有较强的"跟随性",即研究热点和发展趋势大体与中国在 WTO 遇到的诸如反倾销调查、碳关税实施、301 调查、中美贸易摩擦等遭遇密切相关。随着中国综合国力、企业竞争力和国际话语权的持续提高,中国学者在 WTO 相关领域开展的研究应该从"条件反射"向"主动出击"转变,积极做到"前瞻性"的研究和探索,继而推动中国在国际经贸舞台的主导权构建以及重要影响力的持续发挥。在此基础上,为中国由被动向主动、由出价者向要价者、由参与者向发起者的转变提供决策依据和理论基础。

　　尽管本文对入世二十年来中国 WTO 研究进行了较为系统的文献梳理和总结,然而仍存在一定的研究局限性。首先,即使本研究所用样本文献已近万篇,但只涉及了中文核心期刊数据(CSSCI),并未涵盖北大核心、CSCD 等其他期刊数据,以及学位论文、会议论文、图书章节、报纸报道等其他文献类型。因此,本文采用的数据范围尚有局限,后续研究应进一步拓展数据的采纳范围。其次,本文以年度视角来分析中国入世二十年的 WTO 主题研究,其视角相对宏观,难以窥见季度或月度的研究变动和进展细节。后续研究中应进一步细化研究节点划分方法以及结合不同研究工具开展多层次多视角的分析,以弥补本文宏观研究视角的不足。最后,本文在绘制和解读知识图谱时具有一定的主观性,尤其是在指标和阈值选取以及图表解读等方面,后续研究应开展不同指标和阈值选择结果的横向对比,以挖掘更多数据背后的规律。

参考文献

[1] 崔鑫生:《"入世"20 年:中国与世界互动的回顾与展望》,《人民论坛》2021 年第 20 期。

[2] 单文华、邓娜:《欧美跨境数据流动规制:冲突、协调与借鉴——基于欧盟法院"隐私盾"无效案的考察》,《西安交通大学学报(社会科学版)》2021 年第 5 期。

[3] 杜声浩:《区域贸易协定深度对全球价值链嵌入模式的影响》,《国际经贸探索》2021 年第 8 期。

[4] 范恒山:《加入世界贸易组织与中国经济体制改革》,《经济研究参考》2012 年第 7 期。

[5] 胡加祥:《上诉机构"停摆"之后的 WTO 争端解决机制何去何从》,《国际经贸探索》2020 年第 1 期。

[6] 李俊、李西林、王拓:《数字贸易概念内涵、发展态势与应对建议》,《国际贸易》2021 年第 5 期。

[7] 李晓玲、陈雨松:《"碳关税"与 WTO 规则相符性研究》,《国际经济合作》2010 年第 3 期。

[8] 刘斌、宫方茗、李川川:《美日欧 WTO 补贴规则改革方案及其对中国的挑战》,《国际贸易》2020 年第 2 期。

[9] 刘乃郗:《全球价值链视角下国际经贸规则面临的挑战与前瞻》,《中国流通经济》2020 年第 12 期。

[10] 刘瑞:《日本的广域经济合作战略:新动向、新课题》,《国外理论动态》2019 年第 8 期。

[11] 刘瑛、刘正洋:《301 条款在 WTO 体制外适用的限制——兼论美国单边制裁措施违反国际法》,《武大国际法评论》2019 年第 3 期。

[12] 潘晓明、郑冰:《全球数字经济发展背景下的国际治理机制构建》,《国际展望》2021 年第 5 期。

[13] 彭水军、张文城:《国际贸易与气候变化问题:一个文献综述》,《世界经济》2016 年第 2 期。

[14] 彭羽、沈玉良:《"一带一路"沿线自由贸易协定与中国 FTA 网络构建》,《世界经济研究》2017 年第 8 期。

[15] 彭岳:《数字贸易治理及其规制路径》,《比较法研究》2021 年第 4 期。

[16] 戚依南、毛志刚:《中国入世 20 年来国内绿色供应链管理研究现状、热点与展望》,《供应链管理》2020 年第 10 期。

[17] 齐鹏:《"一带一路"数字经济数据跨境风险的系统性应对逻辑》,《西安交通大学学报(社会科学版)》2021 年第 5 期。

[18] 尚清、刘金艳：《后多哈时代 WTO 农产品贸易规则的改革与完善——基于粮食安全的视角》，《国际经贸探索》2015 年第 9 期。

[19] 孙南翔：《美国经贸单边主义：形式、动因与法律应对》，《环球法律评论》2019 年第 1 期。

[20] 孙霄兵：《加入 WTO 二十年来中国教育对外开放的发展》，《国家教育行政学院学报》2021 年第 1 期。

[21] 屠新泉：《我国应坚定支持多边贸易体制、积极推进全球贸易治理》，《国际贸易问题》2018 年第 2 期。

[22] 屠新泉、刘洪峰：《WTO 20 年：未来趋势与中国贸易战略选择》，《国际贸易》2015 年第 8 期。

[23] 屠新泉、武赟杰：《入世 20 周年推动中国营商环境持续改善》，《行政管理改革》2021 年第 7 期。

[24] 屠新泉、杨丹宁、李思奇：《加入 WTO 20 年：中国与 WTO 互动关系的演进》，《改革》2020 年第 11 期。

[25] 王琛：《WTO 二十五周年：回顾、评估和未来前景》，《亚太经济》2021 年第 3 期。

[26] 王高阳、鞠欣：《制度环境变迁提升全球价值链参与度——纪念中国加入世贸组织 20 周年》，《国际经济合作》2021 年第 3 期。

[27] 许庆、刘进、杨青：《WTO 规则下的农业补贴改革：逻辑、效果与方向》，《农业经济问题》2020 年第 9 期。

[28] 余敏友、严兴：《WTO 渔业补贴谈判和海洋法的重叠性与兼容性问题研究》，《国际贸易》2020 年第 7 期。

[29] 张乃根：《"一带一路"倡议下的国际经贸规则之重构》，《法学》2016 年第 5 期。

[30] 张亚斌、范子杰：《国际贸易格局分化与国际贸易秩序演变》，《世界经济与政治》2015 年第 3 期。

[31] 张耀元：《WTO 贸易政策审议机制的"软约束"及其强化路径》，《法学》2021 年第 9 期。

[32] 张中祥：《碳达峰、碳中和目标下的中国与世界——绿色低碳转型、绿色金融、碳市场与碳边境调节机制》，《人民论坛·学术前沿》2021 年第 14 期。

[33] ABDELMOULA, W. M., BALLUFF, B., ENGLERT, S., DIJKSTRA, J., RE-INDERS, M. J., WALCH, A., ... LELIEVELDT, B. P.. Data-driven identification of prognostic tumor subpopulations using spatially mapped t-SNE of mass spectrometry imaging data, *Proceedings of the National Academy of Sciences*, 2016, Vol.113, 43:12244-12249.

[34] CHEN, C. Searching for intellectual turning points: Progressive knowledge domain visualization. Proceedings of the National Academy of Sciences of the United States of America, 2004, 101:5303-5310.

[35] CHEN, C. CiteSpace II: Detecting and visualizing emerging trends and transient

patterns in scientific literature. *Journal of the Association for Information Science Technology*, 2006, Vol.57, 3:359-377.

[36] CHEN, C. Science Mapping: A Systematic Review of the Literature. *Journal of Data Information Science*, 2017, Vol.2, 2:1-40.

[37] CHEN, C., & SONG, M. Visualizing a field of research: A methodology of systematic scientometric reviews. *PLOS ONE*, 2019, Vol.14, 10:e0223994.

[38] KLEINBERG, J. Bursty and hierarchical structure in streams. Data mining and knowledge discovery, 2003, Vol.7, 4:373-397.

[39] VAN DER MAATEN, L., & HINTON, G. Visualizing data using t-SNE. *Journal of Machine Learning Research*, 2008, Vol.9, 11:2579-2605.

中美博弈背景下生物产业
形势研判与应对举措

马征远 *

内容摘要：当前，美国通过"小院高墙"等竞争策略针对我国生物产业发展形成了体系化、结构化、精细化的限制框架。回顾近年来中美贸易战略竞争时间线，美国对华科技限制的重点正逐步由芯片领域扩大至生物领域。考虑到生物产业的涉及面更广、安全形势更为复杂，中美在生物经济领域的竞争策略又具有其复杂性、特殊性。本文从美国对华竞争战略最新动向出发，结合中美生物产业竞争态势及产业链关联现状，推演多情景下我国生物产业或将面临的风险趋势，并提出应对建议，供相关决策参考。

关键词：中美博弈；战略竞争；生物产业；打压限制；技术升级

Abstract：At present, the United States has formed a systematic, structured and refined restriction framework for the development of China's biological industry through competitive strategies such as "small courtyard and high wall". Looking back at the time line of Sino-US strategic competition in recent years, the focus of US restrictions on China's science and technology is gradually expanding from the chip field to the biological field. Considering that the biological industry involves a wider range and the security situation is more complicated, the competitive strategies of China and the United States in the field of bioeconomy have their complexity and particularity. This report starts from the latest trend of the United States' competition strategy against China, combines the competition situation and industrial chain correlation between China and the United States, deduces the risk trend that China's biological in-

---

* 马征远，理科博士，中国科学院上海营养与健康研究所副研究员，上海产业安全监测与预警研究中心副主任。

dustry may face under various scenarios，and puts forward countermeasures for relevant decision-making reference.

Key words：Sino-US Rivalry；Strategic Competition；Biological Industry；Suppression Restrictions；Technology Upgrading

回顾近年来中美博弈的重点与时间线,美国对华科技的限制正逐步由芯片领域扩大至生物领域。芯片行业的博弈表明,当符合"战略意义重大、美国对华有较大竞争优势、美方有意阻断中国的技术成长进程"时,美国便很可能对华出台专项限制措施。2019 年美国福布斯网站以"中美贸易摩擦的下一战场:生物科技领域大清洗?"为题发表评论,预测生物领域会成为接下来中美科技对抗的焦点。美国智库信息技术与创新基金会(ITIF)在 2023 年所做的《创新战》评估表明,生物产业是全球高研发支出企业数量最多的领域,也是美方对华优势最明显的领域,还是中国快速成长的领域。[①]从近年来中美两国在生物技术领域的博弈态势看,中美生物竞争逐步由"合作"转向"脱钩",使得我国生物科技发展所面临的外部形势日益严峻。2022 年 9 月,美国拜登政府签署20 亿美元规模的《关于推进生物技术和生物制造创新以建立可持续、安全和有保障的美国生物经济的行政命令》(简称《生物经济行政令》)[②],被视为美国谋划已久的战略举措,或标志着美国以生物产业为重要抓手,强化对华博弈科技制高点的重要里程碑。

一、美国在生物领域对华竞争策略发生显著变化

从中美战略竞争的背景看,当前美国对华战略打压的重心正从"芯片"扩大到"生物"领域,其打压策略呈现一定的规律性,其所使用的政策工具具有相通之处,其限制的逻辑线或具有相似性。

---

① Trelysa Long，"Innovation Wars：How China Is Gaining on the United States in Corporate R&D"，ITIF report，(2023-07)，https://www2.itif.org/2023-us-china-corporate-rd.pdf.

② The White House. Executive Order on Advancing Biotechnology and Biomanufacturing Innovation for a Sustainable，Safe，and Secure American Bioeconomy（2022-09-12），https://www.whitehouse.gov/briefing-room/presidential-actions/2022/09/12/executive-order-on-advancing-biotechnology-and-biomanufacturing-innovation-for-a-sustainable-safe-and-secure-american-bioeconomy.

（一）美国对华生物竞争的策略从"合作"转向"脱钩"

新冠疫情以来，随着生物医药等相关产业在国家安全中的战略保障地位日益凸显，美国对华战略竞争逐步全面化，美国对华生物经济的竞争策略出现显著变化，从最初"合作共赢"逐渐转向"精准脱钩"。以美国国内的测算为例，2019 年美中经济安全审查委员会（USCC）举行"探究美国对中国生物技术和医药产品日益增长的依赖性"听证会，认为快速崛起的中国生物技术及医药产业对美带来重要影响，需引起持续关注。①同年 9 月，美国福布斯网站以"中美贸易摩擦的下一战场：生物科技领域大清洗？"为题发表评论，预测生物科技领域会成为接下来中美科技对抗的焦点；2020 年美国知名智库信息技术与创新基金会（ITIF）指出，美国之所以没有在中美贸易摩擦前期阶段对中国生物经济开展大规模关税打击，主要在于美国生物产业链对中国市场的现实依赖，并在 2021 年的研究中建议白宫吸取芯片领域教训，提早对来自中国生物产业的竞争加以防范。②尤其是近两年来，美国不断围绕中国生物经济实力崛起开展系统评估，并针对中美生物经济上下游产业"脱钩"细节进行测算。③相对于新冠疫情暴发之前，近两年来美国针对生物经济控制力的重视进一步显现。

在上述背景下，2022 年 9 月美国拜登政府签署 20 亿美元规模的《关于推进生物技术和生物制造创新以建立可持续、安全和有保障的美国生物经济的行政命令》（简称《生物经济行政令》），被视为美国谋划已久的战略举措。2023 年 3 月，美国白宫政府公布《美国生物技术与生物制造的明确目标》，进一步强调利用生物技术创新（合成生物学、生物制造、工程化生物方式等）推动跨领域发展，提出在未来 5 年，对 100 万种微生物进行基因测序、解析 80％的新基因功能，20 年内将生物研发速度提高 100 倍等宏大目标。这是美国自 2022 年《生物经济行政令》发布以来，对其"生物技术与生物制造计划"具体目标和优先事项的进一步阐述，也标志着美国以生物技术为重要抓手，强化对华博弈科技制高点。

---

① Robert D. Atkinson, "China's Biopharmaceutical Strategy: Challenge or Complement to U.S. Industry Competitiveness?", ITIF report, （2019-08）, https://www2.itif.org/2019-china-biopharma-strategy.pdf.

② Stephen J. Ezell, "Going, Going, Gone? To Stay Competitive in Biopharmaceuticals, America Must Learn From Its Semiconductor Mistakes", ITIF report,（2021-11）, https://www2.itif.org/2021-biopharmaceuticals-semiconductor.pdf.

③ Rob Carlson, Rik Wehbring, "TWO WORLDS, TWO BIOECONOMIES: The Impacts of Decoupling US-China Trade and Technology Transfer", Applied Physics Laboratory, Jonhs Hopkins,（2021-06）, https://www.jhuapl.edu/assessing-us-china-technology-connections/dist/708755b762440d5a46b9bb-5cbce356d9.pdf.

(二) 美国对华生物竞争的主体从企业转向国家

特朗普上台以前,中美在生物领域的竞争以"竞争博弈"为主,两国间的竞争主要体现在各研发主体之间的合作互补、企业实体间的主体的市场竞争,较少出现国家层面的干涉与引导。依托大量跨国企业在全球建立的紧密分工网络,美国在生物经济领域积累了全产业链的先发优势,其中中国是美国在生物经济下游制造环节的重要加工中心与全球最大的医药利润市场,推动中美合作一度符合美国的生物经济利益。近年来,在美国经济"脱实向虚"的背景下,美国试图推动生物领域的制造业振兴计划,生物产业制造能力提升至事关国家安全的战略地位。尤其是新冠大流行以来,特朗普、拜登两任政府总统多次援引《国防工业生产法》,以紧急动员的方法举全国之力调用医疗物资生产能力,中美之间的生物竞争主体逐渐从企业层面上升至国家高度。2022 年美国《生物经济行政令》发布后,美国国防部、美国农业部、美国国立卫生研究院、美国国家科学基金会、美国总统科技顾问委员会等多部门纷纷根据相关配套措施,围绕生物技术、生物制造、生物数据、生物安全治理等环节的竞争将愈演愈烈,中美生物竞争由市场化行为逐步提升至国家层级。

(三) 中美生物竞争工具从市场竞争转向多组合政策工具箱

近年来,美国在对华竞争工具的选择上,逐步表现出安全泛化的实用主义现象,即以"泛安全"策略在产业、贸易和投资等领域设下诸多壁垒。从传统手段来看,美国惯用"出口管制"的政策工具对我国生物经济核心产品与技术施加限制,质谱仪、一次性生物反应器等上游关键研发及制造设备常年位列对华出口限制的前十位。以《生物经济行政令》的颁布为标志,美国开启了后疫情时代对生物技术全产业链、创新链、价值链的战略竞争框架,并为此设定了规格极高的协调机制,综合多组合的政策工具发起对华生物竞争。根据《生物经济行政令》,要求美国建立总统国家安全事务助理、总统经济政策助理、科技政策办公室主任总协调,建立涵盖国土安全、情报局、商务、卫生、农业、能源、科学基金等部门的系统性协调机制等,力求从生物资源、生物数据、生物制造工具及生物产品等多维度开展竞争与遏制。此外,美国还提出由政府尽快发起生物经济数据计划,要求美国国务院及政府部门酌情对外开展伙伴合作,包括推动生物技术联合研究及监管合作、共同预测对全球生物经济的威胁、共建生物安全保障机制、建立生物医药产品国际分类目录等,或将对全球生物经济生态带来重大影响。

二、中美在生物领域的竞争具有持续性、复杂性

当前美国对华生物领域的竞争策略逐步由"合作共赢"转向"防范遏制",对我国生物产业国际化发展带来了一系列隐患。但结合两国在生物产业的关联现状看,其合作的根基尚未根本瓦解,防范的框架正在加紧形成。此外,相较于其他经济形态,生物产业的涉及面更广、中美在相关技术层面的合作衔接更为紧密,中美在生物领域的竞争态势又具有持续性、复杂性。

(一)中美在生物领域竞争与互补并存,较量进入全产业链阶段

从当前中美生物竞争的基本态势看,两国在生物领域的交互融合注定了中美在生物经济的各竞争环节各具优势。一方面,美国通过高效率的创新转化、高投入的大科学计划牵引、新工具新技术的应用等手段在生物全产业链及前沿技术领域奠定了显著的竞争优势。另一方面,中国作为全球生物资源最丰富的国家之一,庞大的人口规模也带来了显著的数据与市场优势,叠加其在生物制造环节的基础实力,共同构成生物竞争中的非对称性优势。

从中美两国生物产业所处发展阶段看,当前中国生物产业正处于从"第二梯队"向"第一梯队"迈进阶段,但整体实力与美国存在较大差距。首先在产业链起始端的源头创新环节,尽管近年来在生命科学及生物技术领域的整体创新实力显著提升,但在具有全球影响力的顶尖研发机构与权威科学家总量上显著不如美国,现代生命科学基础领域特别是前沿基础理论与技术创新大部分源自美国,核心技术多由美国所主导。此外,从企业竞争层面来看,当前美资企业几乎占据了全球生物领域 500 强企业的近半壁江山,在生物研发及制造仪器、关键生产资源、药物及医疗用具等产品端奠定了全产业链的覆盖优势。在日益严峻的出口管制、投资审查等"脱钩"形势影响下,上述实力差距也成为中国生物产业发展所面临的首要"卡脖子"风险,亟须通过全产业链的系统工程来解决。

从美国对华的生物限制链条看,美国对华生物科技及产业的限制范围也进入了从个别关键技术环节到全产业链条的转换,其限制对象从单一对美出口或投资企业开始转向所有对美业务的生物公司,限制产品从少数"两用产品"到研发、制造及应用中的关键产品,这构成了中国生物产业下阶段发展的首要威胁,同时也揭示了美对华生物竞争进入全面化阶段。参照美国对华在芯片领域的打压历程看,当前美国针对中国的生物竞争策略之变尚处于初始阶段,或具有长期

性、持久性。

（二）生物经济的特殊性决定了中美竞争具备长期性、复杂性

生物经济以保护开发利用生物资源为基础，以生命科学和生物技术的发展进步为动力，以广泛深度融合医药、健康、农业、林业、能源、环保、材料等产业为特征，具有其异于传统经济形态的典型特点。[①]一是其所依赖的生物资源及下游应用场景具有鲜明的地域特征，具有"不可替代性"。与传统经济形态相比，生物产业具有资源密集、知识密集、资金密集等特点，其涉及资源维度广，上下游制造及服务链条长，全球几乎没有一个国家有能力构建完全独立封闭的生物产业链；二是生物技术开发的集成性，决定了生物经济的强"交叉融合性"。从生物技术的开发及利用看，无论是基因测序仪、基因合成仪、生物信息学软件等基础工具的开发，还是应用于医疗、健康、农业、环境等领域的生物技术开发，都涉及生物技术与其他技术的集成或联用。无论是生物子系统层面的单因素研究，还是整个生态系统层面的研究，其研究和分析过程就必然依赖于数学、物理学、化学、信息科学等交叉学科的方法或工具，体现出"大集成"的特点，导致任何国家在生物领域的较量绝不仅仅限于"生物技术"或其关联产品及产业的竞争；三是生物技术的两用性凸显了其在国家竞争中的"安全战略属性"。21世纪以来，以基因编辑为代表的前沿生物技术不断获得重大突破，"两用性"成为将生物技术与国家安全联系起来的一个重要概念。当前百年未有之大变局下，疫情等因素推动生物经济战略属性不断凸显，各国生物安全的战略高度不断拔高，其内涵与外延不断拓展。美国通过不断强调生物技术具有"两用性"，将行政权力渗透到科学研究领域，成为大国间生物防范与遏制的重要议题。

整体来看，生物经济的特殊属性决定了中美在生物领域难以做到完全脱钩。从全球演化态势看，新冠疫情等新发突发传染病使得各国开始将其产业化供给能力视为国家安全的重要保障。与农业经济、工业经济等其他传统经济形态相比，各国在生物经济方面的战略考量更加明显，经济利益或被视为排在安全效能之后的次要因素。[②]上述竞争格局与演变态势构成了中美生物竞争的总基调，未来两国在生物领域或呈现竞相布局、竞相突破的局面，中美生物竞争具有长期性、复杂性。

①　王宏广、朱姝、葛晓月、卢凤英：《国际生物经济回顾与展望》，《世界科技研究与发展》2022年第6期。

②　邓心安、万思捷、朱亚强：《国际生物经济战略政策格局、趋势与中国应对》，《经济纵横》2020年第8期。

（三）美欲构建对华生物限制联盟，但恐难实现对华全面封锁

　　拜登政府历来将美国的盟友、伙伴视为最大的战略资产，并着力通过"阵营化"的方式，在对华长期的战略竞争中发挥集体竞争优势。从近两年内美国战略动向看，围绕合成生物学、基因编辑、生物材料等前沿生物技术及制造能力的主动权竞争将愈演愈烈，美国在相关战略中提出与盟友和伙伴国家加强合作，意图主导该领域的全球合作，强化其在生物经济领域话语权，对我国生物安全形成战略竞争或挤压。除在瓦森纳协定框架下持续纳入新兴生物产品及技术外，近年来拜登政府开始效仿其在芯片领域建立的"半导体联盟"，尝试在生物经济领域建立针对中国的围剿联盟。在2022年发布的《生物经济行政令》中，明确提出与合作伙伴和盟友建立繁荣、安全的全球生物经济，致力于推动国际合作，构建生物经济领域的数字联盟等。但参照美国在芯片等领域的进展来看，美国组建此类联盟的核心思想始终是"美国优先"，其本质是在虹吸盟友国家的优质企业资源以弥补本土产业链短板，而非其所倡导的高度互利互惠统一体，因此并不足以促成各联盟国家的实质性追随。

　　当前，生物安全风险日益凸显，各国纷纷加大对生物技术及产业的支持力度，围绕基因组学、脑与认知科学、合成生物学、精准医疗、高端医疗器械、生物育种、生物质能源、生物安全等领域的技术需求不断延伸，而中国在上述多个领域均构筑了较强的技术根基与产业实力，为全球主要国家开展生物合作提供了巨大契机。总体来看，单纯依靠美国在生物产业的影响力无法满足各盟友国家在该领域的广泛合作需求，追随美国实施针对中国的"全面封锁"，不符合其自身利益。

三、中美在生物领域的竞争态势推演

（一）短期看，美国对华生物打压或为双方制造竞争窗口期

　　短期看，当前美国对华生物经济打压措施可能取得的最直接效果，主要体现在对上游关键研发及生产工具的限制中。美国政府历来十分注重把贸易作为战略性武器来运用。自特朗普政府时期以来，美国不断加紧对敏感的设备、软件及技术实施严格的出口管制，以维护国家安全和技术竞争实力。参考美国打压中国芯片等领域的节奏看，美国在所谓的关键与新兴技术领域，往往遵循先切断中国从外部获取尖端技术及资源的渠道，为中国本土技术的突破制造障碍的策略。具体到生物领域，美国或将对我国生物制造中的高端耗材、生物反应器、连续流制造仪器等关键设备及资源施行更加严格的出口管制策略，以迟滞中国技术及

产业的崛起。

当前，中国在生物创新链上游缺乏关键设备及材料的本土供应商，人血清、细胞、酶等原材料、培养基等耗材和胎牛血清等高端制剂以及质谱仪、细胞分析仪等精密仪器对外依赖度高达80％—90％，且短期内无法进行国产替代。在下游生物医药制造层面，符合《药品生产质量管理规范》(GMP)标准的关键原材料、一次性生产设备、纯化和超滤设备等同样存在较强进口依赖，对跨国公司的依赖度总体达80％以上。在美国"出口禁运"的打压威胁下，上述领域的供应短缺或可在短期内阻碍中国生物产业的升级发展，同时也将为双方带来难得窗口期。对中国而言，如何有效填补因为美国封锁而造成的市场空白，在短暂的非完全竞争环境下快速实现技术迭代，高质量完成"国产替代"将成为破局的关键；对美国而言，其寄希望于通过上述窗口期在下游环节进一步拉大自身原有优势，并追平曾经被超越的部分。综合两国情况，除了围绕关键产品的政策协调外，其关键都在于如何最大限度激发本土企业的创新升级效率。

（二）中长期来看，中美生物竞争的关键在于创新生态之争

纵观美国近年来对主要国家发动的战略竞争框架看，在投资、贸易、技术等方面采取的一系列打压措施，属于其维护本国产业竞争力的惯用手段。结合中美在生物领域所遭受的系列影响来看，未来相当长的时间段内，我国生物产业或将在国际化人才培育及招引、企业跨海合作及投资、国际化业务开展等方面遭受更加严苛的限制。参照美国在打压中国芯片业政策中的反复性来看，决定中美战略竞争节奏的并不在于美国的威慑政策，而在于双方在核心技术环节的综合实力较量。

与半导体相类似，中国同时也是全球高端生物制品及研发制造工具的最重要市场之一，若美国及其盟友企业在遵守对华禁令过程中所遭受的经济损失无法通过有限的政府补贴所弥补，同时也极可能打破美国苦心经营多年的"高投入—高回报"创新壁垒，这一结果或将造成美国及其盟友国家所无法承受的反噬效益。因此，中长期来看，中美在生物经济领域的较量关键还在于两国是否能在全产业链脱钩的压力下持续提升竞争优势，其底层逻辑在于两国的创新生态之争。在此过程中两国必将围绕系统化、工程化、数字化的生物创新生态建设出台系列措施，生物创新战略的价值将达到前所未有高度。

（三）全球视角下，广泛的全球化合作或有望带来破局

生物经济具有可持续发展、绿色低碳、创新驱动等特点，被认为是继农业经

济、工业经济、信息经济之后,推动人类社会永续发展的全新经济形态,因此备受世界各国重视。从技术角度看,生物经济的"交叉融合性"决定了其跨学科、跨领域、跨行业的综合性特征,各国具有推动生物经济跨国合作的根本动力,以促进知识共享、技术交流、资源整合,提高科技创新能力和产业竞争力。此外,从生物经济的"不可替代性"及"强安全属性"来看,生物经济涉及生物资源的开发利用和保护管理,涉及生物安全和伦理等敏感问题,也涉及国家安全和发展利益。推动各国在生物经济领域的合作,既能增进政治互信,促进双边或多边的经贸往来,也有助于构建相互尊重、互利共赢的国际关系。

从当前生物经济全球化分工格局看,中国在生物资源保护与利用、生物数据管理及开发、生物产品制造、医疗服务及推广等方面占据了一定优势。尤其是在新冠疫情中,中国秉持"人类命运共同体"理念,向150多个国家和13个国际组织提供了抗疫物资援助,构建了生物经济领域广泛的合作网络。鉴于近年来全球生物安全风险居高不下,在"人类命运共同体"视角下,全球生物产业的合作驱动力不仅限于经济利益,更在于各国在生命健康、生物安全等关键领域的共识基础。我国有望在全球范围内争取到更广泛的合作战线,或可成为破解美国遏制的重要方向。

四、相关应对建议

(一) 推动前沿领域的战略布局,强化对上游资源的支持力度

当前,我国生物科技创新能力与美国存在较大差距,关键资源的"卡脖子"问题较为突出,受制于人的现象依然较为严重。基于此,建议我国一方面围绕美国在生物产品中的管制及限制清单,针对关键产品建立安全库存清单,做好底线思维下的应对预案。同时也应适时出台针对性措施,强化对生命科学关键核心技术及上游重要工具的支持力度,积极推动国家科技重大试点专项,探索创新研发项目的管理机制,构建生物产业关键环节的内循环替代方案。此外,也要持续优化前沿技术的战略布局,统筹生物学、医学、药学等相关学科背景人才队伍进行联合攻关,集中全国重点实验室等战略科技力量攻关重大原创性研究和尖端设备研发。面对生物技术与信息技术融合发展的新趋势,也要积极推动新技术新方法的应用,通过人工智能、生物大数据算法、药物精准递送等新技术应用,加快相关生物设计流程优化,探索复杂生物体系研究及改造的新模式。

(二) 优化我国生物产业结构,不断完善生物创新生态

　　现阶段,我国生物产业主要集中在生物制药领域,并以仿制药和原料药生产为主,处于整个产业链的底端。为了优化我国生物产业结构,一方面应加强新型药物研发、生物治疗和生物材料等高端医药产业的布局,培育能够与国际巨头抗衡的研发型医药企业。另一方面应持续加强分子技术、细胞工程、生物系统工程、分析表征组学等关键领域的基础研究投入,积极孵化生物材料、生物研发及制造设备、生物育种、合成生物学等领域的技术初创企业,扶持龙头企业,培育创新人才,引导生物配套产业、生物农业、工业生物技术等产业发展壮大。同时,在结构优化的基础上,进一步促进我国生物技术的商业化,应积极推进生物技术监管改革,合理优化审批流程,设立多个区域试验平台设施网络,提高企业采用先进生物技术的积极性,并提供必要的基础保障。

(三) 发挥国内市场规模优势,强化区域性全产业链合作

　　全球化是我国生物产业发展壮大的重要一环,建议依托我国在上游的技术实力及下游的规模优势,不断强化在生物全产业链的跨国合作,提升我国在生物领域的综合影响力。其中一是建议与欧洲和日本等发达地区开展广泛的技术合作,推动共同建立团体标准、区域标准,提升我国在生物经济标准体系中的话语权及主导权;二是主动开展与亚非拉国家的广泛生物合作,为全球生物资源利用及转化贡献力量;三是加快推动"一带一路"沿线国家的医疗合作,鼓励龙头企业开展跨国投资与业务布局,不断促进与全球生物经济体系的链接与融合。

参考文献

　　[1] Trelysa Long, "Innovation Wars: How China Is Gaining on the United States in Corporate R&D", ITIF report,(2023-07), https://www2.itif.org/2023-us-china-corporate-rd.pdf.

　　[2] The White House. Executive Order on Advancing Biotechnology and Biomanufacturing Innovation for a Sustainable, Safe, and Secure American Bioeconomy(2022-09-12), https://www.whitehouse.gov/briefing-room/presidential-actions/2022/09/12/executive-order-on-advancing-biotechnology-and-biomanufacturing-innovation-for-a-sustainable-safe-and-secure-american-bioeconomy.

　　[3] Robert D. Atkinson, "China's Biopharmaceutical Strategy: Challenge or Complement to U.S. Industry Competitiveness?", ITIF report,(2019-08), https://www2.itif.org/2019-china-biopharma-strategy.pdf.

　　[4] Stephen J. Ezell, "Going, Going, Gone? To Stay Competitive in Biopharmaceuticals,

America Must Learn From Its Semiconductor Mistakes", ITIF report, (2021-11), https://www2.itif.org/2021-biopharmaceuticals-semiconductor.pdf.

［5］Rob Carlson, Rik Wehbring, "TWO WORLDS, TWO BIOECONOMIES: The Impacts of Decoupling US-China Trade and Technology Transfer", Applied Physics Laboratory, Jonhs Hopkins, (2021-06), https://www.jhuapl.edu/assessing-us-china-technology-connections/dist/708755b762440d5a46b9bb5cbce356d9.pdf.

［6］王宏广、朱姝、葛晓月、卢凤英:《国际生物经济回顾与展望》,《世界科技研究与发展》2022 年第 6 期。

［7］邓心安、万思捷、朱亚强:《国际生物经济战略政策格局、趋势与中国应对》,《经济纵横》2020 年第 8 期。

中国特色自由贸易港建设的法治互动之维

许梦婧*

内容摘要：当前，多边经贸体制及其法律规则正在进行深度调整。中国通过设立海南自由贸易港，全面推进中国特色自由贸易港建设，开启了迈向制度型开放的新征程。从国际法治与国内法治互动的视角来看，以经贸规则为主要内容的国际法治与国内法治之间存在一种互动关系。国际经贸规则会影响国内自由贸易港规则的制定，而国内自由贸易港规则也会影响国际经贸规则的发展。中国推进海南自由贸易港建设，不仅应当切实遵守已加入的国际经贸协定，积极借鉴国际法治的有益成果，也应当在以推动构建人类命运共同体为导向进行规则创新的基础上，为国际经贸法治的发展作出贡献，从而最终实现国际法治与国内法治的良性互动。

关键词：海南自由贸易港；国际经贸规则；国际法治；国内法治；互动

Abstract：At present，the multilateral economic and trade system and its legal rules are undergoing in-depth adjustment. Through the establishment of Hainan free trade port，China has comprehensively promoted the construction of free trade port with Chinese characteristics and opened a new journey towards institutional opening. From the perspective of the interaction between international rule of law and domestic rule of law，there is an interactive relationship between international rule of law and domestic rule of law with economic and trade rules as the main content. International Economic and trade rules will affect the formulation of domestic free trade port rules，and domestic free trade port rules will also affect the development of international economic and trade rules. To promote the construction of Hainan free trade port，China should not only earnestly abide by the international economic and trade agree-

---

* 许梦婧，法学博士，上海 WTO 事务咨询中心博士后科研工作站与上海社会科学院理论经济学博士后科研流动站联合培养博士后。

ments it has joined and actively learn from the beneficial achievements of the international rule of law, but also contribute to the development of the rule of law in international economy and trade on the basis of rule innovation guided by promoting the construction of a community with a shared future for mankind, so as to finally realize the benign interaction between the international rule of law and the domestic rule of law.

Key words：Hainan Free Trade Port；International Economic Rules；International Rule of Law；Domestic Rule of Law；Interaction

一、引　言

当前，全球经济迎来新一轮变革与调整，逆全球化、单边主义和保护主义对以世界贸易组织（WTO）为核心的多边经贸体制及国际经贸规则体系造成严重冲击。2020 年，突如其来的新冠疫情引发了冷战结束以来最严重的突发性全球危机，进一步加剧了全球经济发展与国际秩序演变面临的风险。在新的历史条件下，推动经济全球化和构建更加公正合理的国际经济秩序是中国作为新兴大国所应当回应的现实命题，对于中国提出了通过国内制度改革推动更高水平对外开放的时代要求。2018 年，中国正式决定建设海南自由贸易港，开启了迈向制度型开放和加快建设高水平的中国特色自由贸易港的新征程。①2021 年 6 月 10 日，《中华人民共和国海南自由贸易港法》（以下简称《海南自由贸易港法》）正式通过，为海南自由贸易港在法治轨道上有序运行提供了坚实的保障。从中国特色自由贸易港建设的高度出发，海南自由贸易港涉及贸易、投资、税收等一系列事项，其开放范围、程度、领域均远远超过了中国目前直接承担的与国际贸易相关的国际条约及国际协定的义务，在贯彻"重大改革于法有据"理念的基础上，《海南自由贸易港法》仅是在总体上进行了立法授权，贸易、投资及相关管理活动具体法规仍然有待于海南省后续结合实际情况加以充实和完善。②

目前学界对于海南自由贸易港立法的研究主要集中于：第一，关于自由贸易港立法理念的研究，主要集中于对于认为自由贸易港立法应遵循制度开放的核

---

① 2020 年 6 月 1 日，中共中央、国务院印发《海南自由贸易港建设总体方案》（以下简称《总体方案》），对海南自贸港的总体要求、制度设计、分步骤分阶段安排和组织实施等方面进行了全面部署。

② 参见《海南自由贸易港法》第 10 条、第 14 条、第 20 条、第 21 条、第 24 条、第 49 条。

心。①第二,关于自由贸易港立法路径的研究,这一类文章有的集中于探讨立法的具体模式,更多集中在一些专门领域,例如金融、投资等方面,散见于具体问题的研究之中。②第三,关于立法与改革的关系讨论,此类讨论集中于将自贸港的立法工作定位为国内法将其进行法治与改革之间的讨论。③这些研究为本文提供了重要的参考价值,特别是有研究从构建双循环的视角出发,对海南自由贸易港的特殊定位与实现路径进行了研究。④但是,现有研究在一定程度上忽视了国内法治与国际法治之间的互动,因而也就只能孤立、静态地讨论相关立法问题,不利于为当前我国在统筹国内国际两个大局,协调国内治理与国际治理的背景下,促进海南自由贸易港立法的完善。习近平总书记强调:"我们观察和规划改革发展,必须统筹考虑和综合运用国际国内两个市场、国际国内两种资源、国际国内两类规则。"⑤因此,在海南自由贸易港后续规则完善的过程中,应当特别注意国际规则与国内规则的良性互动,一方面,海南自由贸易港规则代表了国内规则创新的最新实践,不仅构成国际经贸规则的发展和完善的重要基础,也构成国际经贸规则在国内落实的必要保障;另一方面,国际经贸规则的新发展对海南自由贸易港规则的完善有着重要的示范作用。二者存在持续且双向的互动关系,并在这个过程中不断发展和完善。因此,促进海南自由贸易港规则与国际经贸规则的互动,对于我国建设中国特色自由贸易港和深度参与国际经贸秩序变革,无疑都具有重要的理论价值与现实意义。

二、国际经贸规则的变革趋势

(一) 多边层面

　　近年来,以 WTO 为核心的多边经贸体制面临上诉机构停摆、数字经济、跨境电商等新规则的谈判进展缓慢等诸多困境和改革压力。美国联合欧盟、日本、加拿大、韩国等盟友推动 WTO 规则体系的改革,发表了多份针对 WTO 改革的

---

① 龚柏华:《中国自贸试验区到自由贸易港法治理念的转变》,《政法论丛》2019 年第 3 期。

② 刘云亮:《中国特色自由贸易港授权立法研究》,《政法论丛》2019 年第 3 期。

③ 王淑敏、朱晓晗:《建设中国自由贸易港的立法必要性及可行性研究》,《中国海商法研究》2018 年第 2 期。

④ 徐则林:《"双循环"下海南自由贸易港的特殊定位与实现路径》,《中国流通经济》2021 年第 11 期。

⑤ 《中央外事工作会议在京举行》,《人民日报》(2006-08-24)。

提案和声明,发展中国家对 WTO 改革也提出了自己的方案。虽然各国在继续推动多边体制的发展的必要性上达成了一致,但是在具体议题上仍存在较大分歧。发达国家对于 WTO 改革的意见主要集中于以下几个方面:其一,对争端解决机制的改革。虽然欧盟与中国等 WTO 成员方提出了促使争端解决机制重回正轨的改革方案,但是美国认为这些方案无法解决其关心的系统性问题,从而大力阻挠对争端解决机制进行改革;①其二,在规则的制定方面,针对国际贸易新形态新模式下产生的重点议题,制定适应经济全球化需求的新规则;其三,认为现有的规则并没有得到各成员国的遵守,例如在发展中国家的待遇问题上,发达国家认为一些发展较快的发展中国家利用其发展中国家地位,削弱了现有规则的效力。

　　究其原因,世界贸易组织遵循全体协商一致的基本原则,而随着成员方不断增多且利益分化日益严重,"协商一致"往往难以达成,从很大程度上造成了以 WTO 为核心的多边贸易体制逐渐无法满足国际贸易的新变化和新需求,也催生出了由少数具有共同利益的成员方参与的"诸边体系谈判"这一新模式②。虽然近年来多边体系仍存在对于新议题的兼容性不够强的境况,但与此同时多边体制仍可能就部分议题在某些成员方之间率先达成协议,如 WTO 项下的电子商务谈判等,因此多边机制的存在对于未来全球经贸规则变革中仍具有必要性。若多边体系下达成关于电子商务谈判的若干规则,面对数字经济正在成为驱动世界经济发展的核心力量这一局面,不难期待电子商务谈判将对 WTO 多边贸易规则格局产生重大影响。这也从侧面印证 WTO 为使其规则现代化与满足当前国际经贸格局的新需求所做出的巨大努力。

(二) 区域层面

　　区域规则的兴起不仅进一步满足了经济一体化的需要,也在一定程度上弥补了多边层面规则的供给不足。当前,以《全面与进步跨太平洋伙伴关系协定》(CPTPP)、《美墨加协定》(USMCA)、《区域全面经济伙伴关系协定》(RCEP)为代表的大型区域经贸协定蓬勃兴起,表现出国际经贸治理框架的区域化发展趋势。这背后的根本原因在于经济全球化模式及其引发的利益分配关系的调整。③新兴市场国家和发展中国家的经济实力快速增长,经济总量与综合国力显

---

　　① 张玉环:《WTO 争端解决机制危机:美国立场与改革前景》,载于王缉思:《中国国际战略评论2019(下)》,世界知识出版社 2019 年版。

　　② 都亳:《开放的诸边主义:世界贸易组织谈判改革的路径》,《太平洋学报》2019 年第 9 期。

　　③ 东艳:《国际经贸规则重塑与中国参与路径研究》,《中国特色社会主义研究》2021 年第 3 期。

著增强,日渐在促进国际经济发展中发挥出重要作用,而此前在西方发达国家主导下制定的国际经贸规则已经无法满足全球经济数字化转型的要求,国际经贸规则客观上面临供给不足的处境。

在美欧等发达国家的推动下,谈判规模更大与规则标准更高的区域贸易协定相继成型,比如《跨太平洋伙伴关系协定》(TPP)(因美国政府退出而演变为CPTPP)、USMCA、《欧日经济伙伴关系协定》(欧日 EPA)、《欧加全面经济贸易协定》(CETA)等。这些在美国等发达国家主导下制定的区域经贸协定规定了较高水平的市场自由化和投资保护标准,为发展中国家参与全球价值链设定了难以达到的门槛。①例如,CPTPP 在要求全面开放货物与服务市场的同时,也从知识产权、电子商务、政府采购、环境、劳工保护、国有企业等领域都进行了严格界定。在重点议题如数字贸易和服务贸易中,区域协定也不仅限于用专章规定,而是在其余章节中都有所体现,各领域的重叠性不断加强。在 CPTPP与 USMCA 中服务领域和投资领域都采取了负面清单的模式,从而使规则的理念逐渐由追求贸易自由向维护贸易公平演进。②对于发展中国家来说,国际经贸规则变革可以提供了经济发展的机遇,同时也对国内的经济改革带来了压力和挑战。只有积极参与国际经贸新规则的制定,不断争取规则制定的话语权和增强自身影响力,才能避免在新一轮国际经贸规则变革的趋势中被边缘化。③

三、国内自由贸易港规则与国际经贸规则的互动

在国际法与国内法的关系上,存在"一元论"和"二元论"两种不同的观点,前者认为国际法与国内法属于同一个法律体系,两套法律体系之间存在效力优先顺序;后者则根本上认为两者是两个不同的法律体系并且存在着平行关系,国际法只有经由转化成国内法才能在国内适用。④实际上,随着全球化的深入发展,国际法与国内法之间的联系日益密切,国际法与国内法之间呈现出一种相互区别而又相互联系的辩证关系,⑤国际法与国内法不是相互对立的,而是相互联系

---

① 竺彩华、刘让群:《中美博弈对国际经贸规则体系重构的影响》,《太平洋学报》2021 年第 4 期。

② 尹政平:《国际金融危机以来国际经贸规则演变新趋势与我国对策》,《经济纵横》2015 年第11 期。

③ 刘志中:《国际经贸规则重构与中国话语权的提升》,《现代经济探讨》2016 年第 5 期。

④ Antonio Cassese, *International Law*, Second Edition, Oxford University Press, 2001:213-218.

⑤ 邵沙平:《国际法(第三版)》,高等教育出版社 2017 年版。

的。①国际法与国内法相互渗透、互相补充,并可以在一定条件下相互转化。②这主要表现为国际法的国内化和国内法的国际化。③因此,对于国际经贸规则与国际法之间的关系而言,二者同样存在循环往复的互动。不论是参与国际经贸规则的制定,还是推进国内立法,都需要努力推动国际规则与国内规则的良性互动,避免二者的相互限制与掣肘。④

(一) 国际经贸规则对国内立法的影响

法治不仅具有国内属性,同时也具有国际属性。虽然自由贸易港规则由于属于一国国内的制度安排而应当归为国内法治的组成部分,但是自贸港立法为了促进国家之间的自由贸易和进一步提升本国国际竞争力,必然需要重点考量、借鉴和引用国际通行规则和国际先进制度。⑤具体而言,国际经贸规则可能会从以下几个方面,对国内立法产生重要影响。

第一,国际经贸规则构成各国在国内层面进行遵守的对象。例如,国际条约作为最主要的国际法渊源,其在调整国际法律关系方面发挥着最为重要的作用。对于那些加入相关条约的国家来说,根据"条约必须遵守"原则,不仅需要在国际层面遵守条约,也需要通过国内立法的方式履行所承担的国际法义务。例如,为了实施 WTO《反倾销协定》,中国在加入 WTO 之前制定了核心内容与《反倾销协定》完全一致的《反倾销条例》,并且为了与 WTO 相应的贸易规则相衔接,中国大幅度修改了《对外贸易法》。

第二,国际经贸规则对国内规则产生积极的示范作用。在国际层面,相关经贸协定的产生基本反映了经济全球化深入发展的最新需求,凝结了有关国家的智慧与经验,可以为其他国家制定国内法提供借鉴。例如,CPTPP 等自由贸易协定通过增加透明度、促进监管一致性等方式进行规制,⑥以确保边境后措施的公平和合理。当前,我国强调服务贸易政策的透明度、加大对知识产权的保护、

① 周鲠生:《国际法》,商务印书馆 1983 年版。

② 曹建明等:《国际公法学》,法律出版社 1998 年版。

③ 高长富:《浅议法律全球化——兼论国际法和国内法的互动》,《吉首大学学报(社会科学版)》2008 年第 3 期。

④ 赵骏、孟令浩:《我国碳排放权交易规则体系的构建与完善——基于国际法治与国内法治互动的视野》,《湖北大学学报(哲学社会科学版)》2021 年第 5 期。

⑤ 范健、徐璟航:《论自由贸易港制度的法律属性——兼论"中国海南自由贸易港法"创制的本土化与国际化》,《南京大学学报(哲学·人文科学·社会科学)》2019 年第 6 期。

⑥ Bhala R. Trans-Pacific partnership or trampling poor partners: a tentative critical review, *Manchester Journal of International Economic Law*,2014,11:2.

国内实施市场准入的内外资一致的市场准入负面清单、内外资一致适用服务贸易标准等措施,就是从制度层面更多地关注边境后措施。又如,负面清单模式则是最早在《北美自由贸易协定》(NAFTA)关于服务自由化承诺中出现,目前超过一半的区域自由贸易协定(RTA)采取负面清单方式,[①]代表一种国际经贸规则的发展趋势。2019 年 6 月 30 日发布的《外商投资准入特别管理措施(负面清单)》,这种负面清单管理模式最初诞生自上海自贸区的实践探索,其代表着更高水平的市场开放程度,恰好与 CPTPP 等新一代大型自由贸易协定中的先进规则实现了有效衔接。此外,在 CPTPP 和 USMCA 中就有专章规定关于各国进行监管合作的内容,其中透明度要求对各国相关信息的公布与交流进行了严格的规定,从而可以为国内立法保障公众参与,及时准确地将各类经济贸易法规、政策措施以公众易于获得的渠道公开发布提供了借鉴。[②]可见,国内立法不可避免地受到国际经贸规则的影响。在此基础上,国内立法应当注意国际法与国内法的协调,尽量避免国际法与国内法的冲突,实现良法之治。

(二) 国内立法对国际经贸规则的影响

　　国内法对国际法的重要影响主要体现在国内法的概念、规则和原则上升为国际法的内容,最终为国际社会共同接受,成为国际法的原则、规定或制度。历史上,国际法上的许多原则、规则或制度都是由国内法发展而来。在国际经贸领域,有许多规则是经由国内经贸领域的先进规则上升成为创新性国际规则或理念,为全球经贸治理作出贡献。例如,竞争中立规则最早发源于澳大利亚1995 年发起的"全国竞争政策",具体是澳大利亚联邦政府与地方政府签署的关于《竞争原则协议》等三项政府间的协议。[③]通过澳大利亚国内经济改革和美国近年来的大力推行,竞争中立原则已经走向国际化,CPTPP 中有关竞争中立条款的出现标志着竞争中立正式成为国际经贸领域的新规则。[④]又如,在 WTO 对于跨境电子商务迟迟未能达成协定的背景下,美国借助自由贸易协定(FTA)的形式输出其对于电子商务规则的立法模式和立法取向,使得电子商务条款近年来频繁出现在一些区域或双边国际经贸协定中,表现出美国试图在国际范围内

　　① Latrille P. Services Rules in Regional Trade Agreements: How Diverse or Creative Are They Compared to the Multilateral Rules, Regional Trade Agreements and the Multilateral Trading System, 2016:421-493.

　　② 徐泉、耿旭洋:《边境后措施国际监管合作发展趋向与问题阐释》,《上海对外经贸大学学报》2021 年第 5 期。

　　③ 陈德铭:《经济危机与规则重构》,商务印书馆 2014 年版。

　　④ 刘笋、许皓:《竞争中立的规则及其引入》,《政法论丛》2018 年第 5 期。

引领和主导电子商务条款的制定。①在国际投资法领域,现有的国际投资法律秩序主要由发达国家塑造。在这方面,美国采取或推动采取的双边或区域性投资造法产生了非常广泛的影响,通过美国提供的双边投资协定(BIT)范本,使得其他一些发达国家接受了美国的投资法律政策,并据此进行投资条约谈判实践,从而扩大了双边化/区域化投资造法的效果。②

　　由上可见,国内立法对国际规则具有重要影响,国内立法在实践中不断完善后,各国的国内立法,在与其他国家缔结双边、区域、多边自由贸易协定等的过程中,国内立法构成其参与国际规则制定的重要基础。这不仅要求国内规则本身具有前瞻性、合理性、有效性等优点,涵盖现有国际规则尚未涉及或无法解决的问题,还要求参与国际规则制定的国家具有一定的国际影响力和规则制定话语权。在国内规则国际化的过程中,国家只有在国内层面积累了丰富的立法经验之后,才可以更好地提出有针对性的建议,从而一方面可以维护自身的利益,另一方面也可以真正对国际规则的发展作出贡献。目前,国际社会正处在新一轮的国际规则制定中,只有将本国的利益和理念贯彻到新规则中,才能避免被动接受,积极主动地将国内先进规则扩散至国际社会,进而减少被动接受和适应他国制定规则的成本,使得本国在规则制定的过程中充分获益。③

四、促进海南自由贸易港立法与国际经贸规则的良性互动

　　建设中国特色自由贸易港是党中央着眼国内国际两个大局,推进高水平开放、深化市场化改革、贯彻新发展理念和支持经济全球化的重要战略决策。④《总体方案》对海南自由贸易港立法与国际经贸规则的关系,提出了明确的要求,即海南自由贸易港要主动适应国际经贸规则重构新趋势,促进海南自贸港规则与国际经贸规则良性互动。一方面,我国在进一步制定和完善海南自由贸易港相关立法时,必须积极遵守和借鉴国际经贸规则,相关制度的制定与完善必须既符合中国特色的需要,又要符合公认的国际法治原则、规则和制度,使自由贸易港

---

①　赵骏、干燕嫣:《变革中的国际经贸规则与跨境电商立法的良性互动》,《浙江大学学报(人文社会科学版)》2017 年第 6 期。

②　蔡从燕:《中国与国际投资规则制定中的法律话语权》,《上海政法学院学报(法治论丛)》2022 年第 1 期。

③　李明月:《国内规则与国际规则互动论析》,《国际观察》2018 年第 4 期。

④　徐则林:《"双循环"下海南自由贸易港的特殊定位与实现路径》,《中国流通经济》2021 年第 11 期。

法治体系的建设适应国际法治的要求。另一方面,海南自由贸易港作为我国制度型开放的先行者,应在内部治理机制上取得良好进展,然后才有可能为参与国际规则的制定提供中国方案。《总体方案》明确要求"进一步研究改进补贴政策框架,为我国参与补贴领域国际规则制定提供参考","积极参与跨境数据流动国际规则制定"。因此,海南自由贸易港的规则完善也需要以促进国际法治为导向。

(一) 海南自由贸易港立法应当充分遵守国际经贸规则

海南自由贸易港后续立法应当遵守以 WTO 为代表的国际经贸法治。作为世界贸易组织的成员方,中国主动对接国际法治,切实履行加入世贸组织承诺,履行货物贸易领域开放承诺、服务贸易领域开放承诺、履行知识产权保护承诺并且遵守透明度义务,建立了与 WTO 规则相接轨的中国经贸体制,使得社会主义市场经济体制逐步完善,激发了市场与企业的活力。例如,中国大规模开展法律法规清理修订工作,中央政府清理法律法规和部门规章 2 300 多件,地方政府清理地方性政策法规 19 万多件,覆盖贸易、投资和知识产权保护等各个方面。[①]又如,《立法法》《行政法》《规章制定程序条例》等相关法律都进行了配套修改以满足 WTO 关于透明度义务的要求,即所有法律法规和规章草案须按有关规定公开征求公众意见,以此明确提供法律制度保障。[②]

历史证明,中国对外开放四十多年来取得的成就得益于国际法治,遵守和维护国际法治是成功建设中国特色自由贸易港不可或缺的重要条件。尽管设立自由贸易港完全是一个国家主权范围内自主决定的事项,但是从国际法治角度来看,自由贸易港的性质属于世界海关组织定义下的境内关外自由贸易区,必须要遵守中国已经缔结的国际经贸规则。WTO 的规定和中国的承诺为我国特殊经济区的法治化提出了要求,中国特殊经济区的发展政策与措施必须根据 WTO 的规定和中国的承诺进行相应调整。

首先,"海南自由贸易港原产地规则"应当符合 WTO 规则与《中华人民共和国加入 WTO 议定书》(以下简称《入世议定书》)的规定。从《入世议定书》和《中国加入工作组报告书》的内容来看,中国特殊经济区是指在关税、国内税和法规方面已建立特殊制度的地区。中国在加入 WTO 议定书和加入工作组报告书中

---

① 国务院新闻办公室:《中国与世界贸易组织》,人民出版社 2018 年版。
② 屠新泉、武赟杰:《入世 20 周年推动中国营商环境持续改善》,《行政管理改革》2021 年第 7 期。

对特殊经济区作出了一定承诺。①《总体方案》和《海南自由贸易港法》中明确规定了"海南原产地规则",即对鼓励类产业企业生产的不含进口料件或者含进口料件在海南自由贸易港加工增值达到一定比例的货物,免征关税。然而,上述"海南原产地规则"却面临着违反 WTO 规则的风险。这背后的主要原因在于,其一,海南境内企业产品进入内地免征关税,而其他国家产品进入内地则需缴纳关税,可能会违反 WTO 中的最惠国待遇原则;其二,即使在海南境内企业之间,某些企业的某些产品可以免征关税进入内地,而其他企业(包括外资企业)的其他产品进入内地则需缴纳关税,同样会产生上述问题;其三,鉴于中国在《入世议定书》中对"统一实施"贸易规则作出了明确承诺:"《WTO 协定》和本议定书的规定应适用于中国的全部关税领土",而自贸港采取同国内其他地区不同的贸易和投资政策,也可能会违反《关税与贸易总协定》(GATT)第二十四条第 12 款的规定。②对照中国在 WTO 下的义务,"海南原产地规则"需要满足上述条件,才能符合 WTO 规则与中国"入世"议定书的规定。质言之,海南自贸港后续立法不仅应当对自海南自由贸易港输入"二线"的进口产品与从其他地方进口的相同产品征收相同的税费和采取相同的措施,而且也应当在对海南自由贸易港企业提供优惠安排时,遵守 WTO 的非歧视待遇原则。

其次,海南自贸港的税收优惠设计也要注意不违反最惠国待遇原则。许多国家都将本国的特定区域划出,采取相对开放的政策,实行特殊的管理办法以吸引外资和技术。然而,那些吸引外资的优惠措施可能会因为存在财政优惠和税收优惠从而具有补贴性质。海南自由贸易港同样需要从税收政策方面入手,加大税收优惠力度,以提高全球竞争力,《方案》明确要求:"按照海南自由贸易港建设的不同阶段,分步骤实施零关税、低税率、简税制的安排,最终形成具有国际竞争力的税收制度。"然而,海南自由贸易港提供更多优惠的税收和贸易激励措施,这可能会产生规则是否与 WTO 规则相符的担忧,③自贸港在规则设计上更应

---

① 总体来说体现在三方面:其一,增强法律的透明度以及及时向 WTO 通知在特殊经济区法律、法规及其他措施运行的相关信息情况;其二,中国将落实税收领域规定的统一,无论在特殊经济区还是其他关税领土上;其三,对在特殊经济区中的外商投资企业提供的任何优惠安排均将在非歧视基础上提供。参见唐永红:《试论加入 WTO 后我国特殊经济区发展的规范性问题》,《特区经济》2003 年第 1 期。

② "每一缔约方应采取其可采取的合理措施,保证其领土内的地区和地方政府和主管机关遵守本协定的规定"。

③ Zhaokang Jiang, China's massive Hainan free-trade port plan raises questions over global trading rules compliance, experts say(2020-06-11)［2021-11-04］, https://sg.news.yahoo.com/china-massive-hainan-free-trade-071128687.html.

该注意补贴规则的国际合规性。①因此,海南自贸港在进行税收设计中应当特别注意《SCM 协定》的规定:"有资格的各级政府确定和改变普遍适用税率,不得被视为专项性补贴"。由此可得,区域性的税收优惠是否构成专项性补贴的关键在于相关政府的层级。因此,我国应当将所得税的税收立法权从中央下放到海南自贸港,授权海南自行确定自贸港的优惠税率,以便符合《SCM 协定》的上述要求。②

最后,海南自由贸易港立法也要遵守中国加入的其他国际经贸协定。2022 年 1 月 1 日,《区域全面经济伙伴关系协定》(RCEP)对我国正式生效,其将自然人流动作为单独章节,规定对于区域内各国的投资者等各类商业人员,在符合条件的情况下,可获入境许可,获得居留期限,享受签证便利,以开展各种贸易投资活动。RCEP 将承诺适用范围扩展至所有可能跨境流动的自然人类别,对海南自由贸易港而言,签证便利、入境居留等自然人流动规则是企业的重点关切。近期,经国务院审定,商务部发布了《海南自由贸易港跨境服务贸易特别管理措施(负面清单)(2021 年版)》,其中包括了 11 类 70 项特别管理措施。然而,负面清单将大力提升海南自然人流动三种模式的开放程度和便利化水平,但也更加需要注意对中国加入国际条约的相关义务的遵守。

因此,海南自由贸易港相关法律制度不仅要坚持符合中国特色的需要,又要严格依照公认的国际法治原则、规则和制度,确保海南自由贸易港法治体系与国际法治的要求相一致。

(二) 海南自由贸易港立法应当积极借鉴国际经贸规则

中国在积极参与国际法治的过程中,也依靠自身实践积极探索。中国的自贸区建设在国际经贸投资规则方面作出大胆探索,顺应国际经贸规则的发展趋势,及时将先进的国际经贸规则纳入国内相关法律法规之中。海南自由贸易港应当借鉴国际法治的有益成果和高标准的国际经贸规则,结合中国实际和国内自贸区建设的法治经验,打造对外开放新高地。

海南自由贸易港立法不同于简单的国内法治建设,而是需要统筹国内与国际两个大局、两个市场、两种资源和两类规则。国际法在我国推动科学立法、严格执法、公正司法和全民守法的过程中发挥了不可或缺的作用,并将发

① 张军旗:《WTO 补贴规则背景下我国产业补贴政策的变革》,《上海政法学院学报(法治论丛)》2019 年第 3 期。

② 韩龙、戚红梅:《〈海南自由贸易港法(草案)〉的三维透视与修改建议》,《海南大学学报(人文社会科学版)》2021 年第 2 期。

挥更大的作用。①所以,海南自由贸易港不仅要在立法时主动适应国际法治,也要在执法中主动衔接国际法治和在司法中主动借鉴国际法治,这样才能综合运用国际法治更好地全面推动海南自由贸易港的法治建设。

第一,在服务贸易领域,我国应当在借鉴相关国际规则的基础上,推动海南自由贸易港的跨境数据流动规则的形成。数字服务贸易发展迅速,在推动世界经济复苏的过程中将扮演越来越重要的角色,美国、欧盟等在数字服务贸易的规则制定中,展开激烈的主导权与话语权博弈。在我国已经制定海南自由贸易港跨境服务贸易负面清单,给予境外服务提供者国民待遇。负面清单承诺模式被认为是对正面清单承诺模式的重构,是国际社会追求服务贸易自由的重要标志。在负面清单承诺模式中,除了已经明确规定不向其他缔约方开放的服务领域外,其他领域必须充分开放,并享有准入前国民待遇。这体现了更加开放的理念,同时具有更高的透明度。②在此背景下,推进海南自由贸易港的服务贸易开放,更加需要完善的跨境数据流动管理规则予以支撑。作为发展数字服务贸易的核心基础,跨境数据流动规则需要平衡数据安全与数据自由流动之间的关系。《海南自贸港法》第42条提出了建立安全有序自由便利的数据流动管理制度的要求,从总体上也认可需要对安全与自由两方面的价值进行平衡。对于跨境数据流动规则的制定而言,我国采取怎样的应对模式关乎我国未来在数字经济一体化中的地位,同时也考验着我国参与全球数字经济治理的能力。③目前而言,尽管国际社会并没有形成统一的跨境数据流动规则,但是存在一些双边或区域的跨境数据流动规则,可以为我国海南自由贸易港逐步探索建立完善的跨境数据流动管理制度提供有价值的参考。因我国可以选取重要行业,在海南自由贸易港试点开放跨境电子商务和数字贸易,探索形成高水平的跨境数据流动开放体系。

第二,在投资领域,与全国版的负面清单相比,适用于海南自由贸易港的负面清单没有凸显出其对外开放的特殊功能。例如,负面清单对海南自贸港强调建设的教育与医疗领域没有给予更大的开放程度,而对于海南自由贸易港强调的自由贸易,负面清单也并没有进一步提供保障,其在货物贸易领域的禁止类和限制类的条目中就与全国版的负面清单差别很小,相对于国内统一的负面清单,海南自贸港特殊的定位并不清晰。我国现行的外商投资准入的负面清单限制范围狭窄于国民待遇例外的规定,仅仅是包含股权比例与高管限制的负面清单。

————————

　　① 肖永平:《全面依法治国的新阶段:统筹推进国内法治与国际法治建设》,《武大国际法评论》2018年第1期。

　　② 石静霞:《国际服务贸易规则的重构与我国服务贸易的发展》,《中国法律评论》2018年第5期。

　　③ 柯静:《WTO电子商务谈判与全球数字贸易规则走向》,《国际展望》2020年第3期。

除上述两点以外的,目前的负面清单范围并不包括内外资不一致的管理措施。①因此,我国应当在对接国际通行投资规则中的负面清单的基础上,推进创新以国民待遇例外为主要特征的海南自由贸易港外商投资准入负面清单。

第三,在国有企业改革领域,海南自由贸易港应当充分利用自身特殊政策,为推动和深化国有企业改革提供法治保障。国有企业问题日益成为国际经贸规则改革中的重点问题,无论是 WTO 现代化改革阶段,还是各类型的经贸协定中,均将制定国有企业规则列为重点。与此同时,伴随着国企问题日益成为中美经贸关系的焦点问题,中国更应当将国企改革视为中国经济改革的核心问题。在国际经贸规则变革的过程中,新型国有企业的规则设计将竞争中立作为主要内容,②如何将竞争规则与国有企业改革有机结合成为我国国有企业对接国际化规则的重要门槛。党的十九大报告中提出的"使市场在资源配置中起决定性作用、更好发挥政府作用"的目标和"营造各种所有制主体依法平等使用资源要素、公开公平公正参与竞争、同等受到法律保护的市场环境"的要求③,这些与竞争中立规则所期待的方向相契合。竞争中立制度是一种新的模式,并不是单纯排斥政府介入市场的模式,而是对全球化和市场经济条件下的政府角色提出了更综合、更高级的要求。④因此,海南自由贸易港应当按照竞争中立制度的标准对国有企业进行制度性改革,以努力营造更加公平的市场竞争环境。

第四,海南自由贸易港立法应当充分顺应新一代国际经贸规则的国内监管方面的更高要求。海南自由贸易港立法承担着引领国内改革与发展的重任,党的十八届四中全会指出建设中国特色社会主义法制体系,必须坚持立法先行,发挥立法的引领和推动作用。⑤这要求海南自由贸易港的立法创新应当借鉴国际法治的先进理念和模式,从而积极应对新形势下自贸区在建设过程中所面临的产业开放、规则衔接及对外开放体系完善等众多困难。⑥这些困难与挑战既暴露出我国目前经济发展的短板,也为我国在深化改革开放的过程中进行自我更新

---

① 贺小勇:《〈海南自由贸易港法(草案)〉修改的七大建议》,《上海对外经贸大学学报》2021 年第 2 期。

② 刘雪红:《国有企业的商业化塑造——由欧美新区域贸易协定竞争中立规则引发的思考》,《法商研究》2019 年第 2 期。

③ 习近平:《决胜全面建成小康社会　夺取新时代中国特色社会主义伟大胜利》,《人民日报》(2017-10-28)。

④ 冯辉:《竞争中立:国企改革、贸易投资新规则与国家间制度竞争》,《环球法律评论》2016 年第 2 期。

⑤ 《学习贯彻党的十八届四中全会精神　运用法治思维和法治方式推进改革》,《人民日报》(2014-10-28)。

⑥ 李光辉、袁波、王蕊:《加快实施自贸区战略的困难及对策》,《国际经济合作》2014 年第 11 期。

指明了方向。例如,长期以来在国际经贸规则中为推动自由化而签订协定所重点解决的问题主要是边境措施,譬如通过削减关税等措施促进国际经贸的自由化。但随着经济全球化程度不断加深,交叉议题的产生,新一代国际经贸规则产生了由"边境措施"向"边境后规则"转换的明显特征。[①]因此,海南自由贸易港立法应当充分借鉴国际经贸规则的发展趋势,进一步发挥引领国内改革与发展的作用。

(三) 海南自由贸易港立法应当努力推动国际经贸规则创新

作为具有全球影响力的新兴大国,法治中国建设无疑与国际法治的基本理念和核心要素具有高度的一致性,并与国际法治同步推进。[②]中国始终是国际法治忠实的拥护者,对国际法治作出了重要贡献。历史上,中国提出了和平共处五项原则、三个世界理论、和谐世界理念、构建人类命运共同体理念等一系列国际法治原则、理论和理念。当前,经济全球化遭遇逆流,中国特色自由贸易港建设彰显了中国以实际行动支持经济全球化和推动构建人类命运共同体的使命担当。海南自贸港作为对外开放的新高地,不仅通过扩大开放,推动国内政策改革与经济发展,还应当为参与国际规则的制定积极探索中国方案。在具体制度的变革上,中国不应大而化之地讨论"制度之争",而应将重心放在提供解决方案上,通过不断加深对于制度的认识与理解来推进制度的创新与变革。具体而言,海南自由贸易港应当在以下几个方面进行立法创新:

第一,海南自由贸易港规则创新应当惠及国际经贸规则重构。当前,在各主要成员方关于 WTO 改革提案中,有关数字贸易、补贴、国有企业等议题受到高度关注,而在这些领域,中国具有明显的利益诉求,中国应当积极参与,对这些议题持开放态度。《总体方案》明确要求"进一步研究改进补贴政策框架,为我国参与补贴领域国际规则制定提供参考","积极参与跨境数据流动国际规则制定"。因此,海南自由贸易港制度设计可以在补贴、数字贸易(电子商务)、国有企业等领域贡献中国方案,为促进国际法治迈向更高层次作出贡献。例如,在补贴领域,可参考欧盟"国家援助审查制度"严格反补贴调查纪律,尝试提出共同但有差别的补贴框架:如对于基础设施的补贴,或者实施更具针对性的引导和激励政策,制定关于技术研发补贴、中小企业补贴、偏远落后地区补贴、环保与节能补贴

①　白洁、苏庆义:《CPTPP 的规则、影响及中国对策:基于和 TPP 对比的分析》,《国际经济评论》2019 年第 1 期。

②　曾令良:《国际法治与中国法治建设》,《中国社会科学》2015 年第 10 期。

的框架等,并制定符合多边规则和国内现状的有效补贴政策。

第二,海南自由贸易港规则创新应当解决经济全球化的负面影响。经济全球化是一把"双刃剑",①其虽然一定程度上使得世界经济获得显著的增长趋势,但也导致了当今世界愈发严重的发展不均衡和社会极化问题。从解决全球化负面效应来看,新的经济全球化模式应当以公平为导向,促进经济发展成果更多地惠及普通民众。《海南自由贸易港总体方案》明确海南自由贸易港应当秉持着坚定不移落实以人民为中心的发展思想,让改革成果更多更公平惠及人民,推动实现共同富裕。②这意味着海南自贸港要以解决经济全球化的负面影响为目标进行规则设计,不断保障和改善民生、增进人民福祉,为逐步实现全体人民共同富裕提供法治保障。首先,促进海南经济高质量发展是实现共同富裕的重要物质基础。③海南自由贸易港立法应当在调整产业结构,促进现代服务业和高新技术产业等方面进行规则创新。其次,海南自由贸易港立法应当不断完善税收制度,不断释放自贸港在这方面的政策红利。最后,海南自贸港立法不仅应当重视促进经济发展,同时也应当从民众的日常生活、基础设施建设等方面进行规则创新。因此,通过切实把人民群众的利益追求作为经济社会发展的立足点和出发点,海南自由贸易港的立法创新能够为有效解决经济全球化负面影响作出贡献。

第三,海南自由贸易港立法创新应当推动构建人与自然生命共同体。当前,新冠肺炎疫情给全球发展蒙上阴影,生物多样性丧失速度前所未有,气候变化挑战不容忽视,人类正面临日益严重的环境问题。习近平主席在出席领导人气候峰会时呼吁国际社会要共同构建人与自然生命共同体。④这既是推动构建人类命运共同体的应有之义,也是推进全球可持续发展的必然要求。作为负责任的大国和全球环境治理的重要参与者,海南自由贸易港的建设为中国通过国内规则创新促进国际法治的发展提供了重要契机。海南自由贸易港立法应当在积极总结相关经验的基础上推进国内生态环境立法的创新,在注重规则的创新性的同时兼顾规则的"共通性",为促进国内生态环境规则的国际化打下坚实基础,从而为国际社会应对气候和环境挑战提供中国方案,助力全球实现"绿色发展"。例如,海南自由贸易港立法应当积极推进面向国际的碳排放权交易规则的创新,《关于支持海南全面深化改革开放的指导意见》明确指出"支持依法合规在海南

---

① 习近平:《共担时代责任　共促全球发展》,《人民日报》(2017-01-18)。
② 2021年4月12日国务院新闻办公室(2021-04-12)[2021-11-04],http://www.scio.gov.cn/xwf-bh/xwbfbh/wqfbh/44687/45259/index.htm。
③ 王惠平:《探索自贸港背景下共同富裕的有效途径》,《海南日报数字报》(2021-10-20)。
④ 习近平:《共同构建人与自然生命共同体》,《人民日报》(2021-04-23)。

设立国际能源、航运、大宗商品、产权、股权、碳排放权等交易场所",为此,可以从碳排放权交易机制的覆盖范围、配额分配、存储与借贷、市场稳定等方面积极探索出一套既具有中国特色的又可以满足国际需求的碳排放权交易规则。又如,海南自由贸易港立法应当积极推进绿色航运规则的创新,为国际航运的低碳化转型提供中国贡献。航运业不仅是全球贸易的命脉,也是海南自由贸易港的重要依托。然而,航运业占全球二氧化碳总排放量的 3% 左右,在不加控制的情况下其碳排放量到 2050 年可能会增加一半,目前相关国际规则仍处于发展形成之中。①《海南自由贸易港法》第 33 条明确规定应当加强海洋生态环境的保护,建立健全相关机制。为此,海南自由贸易港可以通过后续立法继续推进绿色航运的相关规则创新。

五、结　　语

中国特色自由贸易港在中国改革开放史与中国法治史上都是一项伟大创举,国际法治与国内法治互动的基本理论对于中国特色自由贸易港法治建设具有重要意义。一方面,在全面依法治国的新时代,中国特色自由贸易港离不开国际法治的引领,其必须充分遵守和积极借鉴国际法治的有益成果。另一方面,在逆全球化和单边主义、贸易保护主义盛行的背景之下,中国特色自由贸易港的法治建设作为我国新一轮扩大对外开放的重大战略举措,还应当积极将海南自由贸易港建设中形成的成功经验上升为法律规则,使之成为创新性国际法规则,为国际法治的变革与发展作出贡献。这不仅是中国负责任大国的使命担当,也是推动构建人类命运共同体的必然要求。因此,国内法治与国际法治的互动为中国特色自由贸易港法治建设提供了机遇与挑战,只有积极促进国内法治与国际法治的良性互动,才能使中国特色自由贸易港的建设既得到国际法治的有力支撑,又能进一步推动国际法治的发展。在此基础上,中国特色自由贸易港法治可以在逐步定型与成熟之后,从整体上为我国国内法治的完善提供实践经验,从而真正使中国特色自由贸易港建设成为推动高水平对外开放与引领新一轮经济全球化的典范。

参考文献

[1] 龚柏华:《中国自贸试验区到自由贸易港法治理念的转变》,《政法论丛》2019 年第

---

① IMO，Fourth IMO GHG Study 2020 Executive Summary，2020.

3 期。

　　［2］刘云亮：《中国特色自由贸易港授权立法研究》，《政法论丛》2019 年第 3 期。

　　［3］王淑敏、朱晓晗：《建设中国自由贸易港的立法必要性及可行性研究》，《中国海商法研究》2018 年第 2 期。

　　［4］徐则林：《"双循环"下海南自由贸易港的特殊定位与实现路径》，《中国流通经济》2021 年第 11 期。

　　［5］都亳：《开放的诸边主义：世界贸易组织谈判改革的路径》，《太平洋学报》2019 年第 9 期。

　　［6］东艳：《国际经贸规则重塑与中国参与路径研究》，《中国特色社会主义研究》2021 年第 3 期。

　　［7］竺彩华、刘让群：《中美博弈对国际经贸规则体系重构的影响》，《太平洋学报》2021 年第 4 期。

　　［8］尹政平：《国际金融危机以来国际经贸规则演变新趋势与我国对策》，《经济纵横》2015 年第 11 期。

　　［9］刘志中：《国际经贸规则重构与中国话语权的提升》，《现代经济探讨》2016 年第 5 期。

　　［10］Antonio Cassese，*International Law*，Second Edition，Oxford University Press，pp.213-218.

　　［11］邵沙平：《国际法（第三版）》，高等教育出版社 2017 年版。

　　［12］周鲠生：《国际法》，商务印书馆 1983 年版。

　　［13］曹建明等：《国际公法学》，法律出版社 1998 年版。

　　［14］高长富：《浅议法律全球化──兼论国际法和国内法的互动》，《吉首大学学报（社会科学版）》2008 年第 3 期。

　　［15］赵骏、孟令浩：《我国碳排放权交易规则体系的构建与完善──基于国际法治与国内法治互动的视野》，《湖北大学学报（哲学社会科学版）》2021 年第 5 期。

　　［16］范健、徐璟航：《论自由贸易港制度的法律属性──兼论"中国海南自由贸易港法"创制的本土化与国际化》，《南京大学学报（哲学・人文科学・社会科学）》2019 年第 6 期。

　　［17］Bhala R. Trans-Pacific partnership or trampling poor partners：a tentative critical review，*Manchester Journal of International Economic Law*，2014，11：2.

　　［18］Latrille P. Services Rules in Regional Trade Agreements：How Diverse or Creative Are They Compared to the Multilateral Rules，*Regional Trade Agreements and the Multilateral Trading System*，2016：421-493.

　　［19］徐泉、耿旭洋：《边境后措施国际监管合作发展趋向与问题阐释》，《上海对外经贸大学学报》2021 年第 5 期。

　　［20］陈德铭：《经济危机与规则重构》，商务印书馆 2014 年版。

　　［21］刘笋、许皓：《竞争中立的规则及其引入》，《政法论丛》2018 年第 5 期。

　　［22］赵骏、干燕嫣：《变革中的国际经贸规则与跨境电商立法的良性互动》，《浙江大学学

报(人文社会科学版)》2017 年第 6 期。

　　〔23〕蔡从燕:《中国与国际投资规则制定中的法律话语权》,《上海政法学院学报(法治论丛)》2022 年第 1 期。

　　〔24〕李明月:《国内规则与国际规则互动论析》,《国际观察》2018 年第 4 期。

　　〔25〕徐则林:《"双循环"下海南自由贸易港的特殊定位与实现路径》,《中国流通经济》2021 年第 11 期。

　　〔26〕国务院新闻办公室:《中国与世界贸易组织》,人民出版社 2018 年版。

　　〔27〕屠新泉、武赟杰:《入世 20 周年推动中国营商环境持续改善》,《行政管理改革》2021 年第 7 期。

　　〔28〕Zhaokang Jiang，China's massive Hainan free-trade port plan raises questions over global trading rules compliance，experts say(2020-06-11)〔2021-11-04〕,https://sg.news.ya-hoo.com/china-massive-hainan-free-trade-071128687.html.

　　〔29〕张军旗:《WTO 补贴规则背景下我国产业补贴政策的变革》,《上海政法学院学报(法治论丛)》2019 年第 3 期。

　　〔30〕韩龙、戚红梅:《〈海南自由贸易港法(草案)〉的三维透视与修改建议》,《海南大学学报(人文社会科学版)》2021 年第 2 期。

　　〔31〕肖永平:《全面依法治国的新阶段:统筹推进国内法治与国际法治建设》,《武大国际法评论》2018 年第 1 期。

　　〔32〕石静霞:《国际服务贸易规则的重构与我国服务贸易的发展》,《中国法律评论》2018 年第 5 期。

　　〔33〕柯静:《WTO 电子商务谈判与全球数字贸易规则走向》,《国际展望》2020 年第 3 期。

　　〔34〕贺小勇:《〈海南自由贸易港法(草案)〉修改的七大建议》,《上海对外经贸大学学报》2021 年第 2 期。

　　〔35〕刘雪红:《国有企业的商业化塑造——由欧美新区域贸易协定竞争中立规则引发的思考》,《法商研究》2019 年第 2 期。

美国的新贸易政策范式和我国的应对

——基于美欧 TTC 和 IPEF 框架内容的对比研究

刘　慧*

内容摘要：在经历了特朗普主义对全球贸易体系的冲击之后，拜登政府进一步从底层逻辑上重构了美国的对外贸易政策，重塑后的美国对外贸易政策由追求"成本效率优先"转变为追求"安全优先"。美欧贸易技术委员会（TTC）和印度—太平洋经济繁荣框架（IPEF）是美国新贸易政策范式的典型表现，二者战略目标不同，在美国对外贸易政策转变中的地位亦有所不同。内容上，美欧 TTC 和 IPEF 在数字经济、供应链和清洁经济议题上存在高度重叠，显示出拜登政府的新贸易政策倡议旨在新兴技术、供应链韧性以及环境标准的规则制定方面，与成员方取得共识与合作。相关谈判也将对中国在全球供应链中的地位和参与区域经贸规则治理产生影响，为此要顺应全球经贸治理体系变革加快推进制度型开放，发挥国内自贸区试验田作用助力国内规则与国际规则的融合，推进内外贸一体化鼓励中国企业走向更大市场，针对谈判特点更加关注供应链议题的进展与应对。

关键词：美欧 TTC；印太经济框架；新贸易政策范式；供应链韧性

Abstract：After experiencing the impact of Trumpism on the global trade system, the Biden administration further reshaped the US foreign trade policy from the fundamental logic, changing the purpose from "cost efficiency priority" to "security priority". The US-Europe Trade Technology Commission (TTC) and the Indo-Pacific Economic Framework(IPEF) are typical manifestations of the new trade policy paradigm in the United States. They have different strategic goals and different positions in the new US foreign trade policy. The high degree of overlap between the TTC and IPEF on digital economy, supply chain, and clean economy issues shows that the Biden

---

* 刘慧，上海 WTO 事务咨询中心信息部咨询师。

administration's new trade policy initiative aims to build consensus and cooperation with partners on rule-making of emerging technologies, supply chain resilience, and environmental standards. The relevant negotiations will also have an impact on China's position in the global supply chain and its participation in the governance of regional economic and trade rules. To this end, it is necessary to adapt to the reform of the global economic and trade governance system, accelerate the institutional openness, give full play to the role of domestic free trade zones as experimental fields, assist in the integration of domestic and international rules, promote the integration of domestic and foreign trade, encourage Chinese enterprises to enter larger markets, and pay more attention to the progress of supply chain issues based on the characteristics of negotiations.

Key words: US-EU Trade Technical Committee; the Indo-Pacific Economic Framework; the New Model of Trade Policy; Supply Chain Resilience

一、美国对外贸易政策思维演变

21 世纪以来,全球价值链分工的快速演进推动了经济全球化高速扩张,全球经济由此实现了持续几十年的繁荣发展,但与此同时国际政治经济格局加速演变,全球发展深层次矛盾日益突出。①西方世界内部区域民族国家的政治利益与资本全球化的经济利益之间的冲突引发的矛盾,发达经济体与发展中经济体之间因经济全球化不均衡发展导致各国在利益分配上的矛盾,以及不同所有制性质的市场主体之间竞争引起的矛盾,均日益尖锐,从而导致全球范围内的贸易保护主义抬头。②特朗普上任后,一直以"美国优先"为核心理念,在多个领域实行保护主义政策。在经历了特朗普主义对全球贸易体系的冲击之后,美国两党开始重新思考美国对外贸易政策,拜登政府上台之后,进一步从底层逻辑上重构了其对外贸易政策的新思路。③

---

① 戴翔、张雨:《全球价值链重构趋势下中国面临的挑战、机遇及对策》,*China Economist* 2021 年第 5 期。

② 王新奎主编:《2022 年全球贸易投资与产业运行监控报告》,上海人民出版社 2022 年版。

③ 陈靓:《美国贸易政策新思维映射下的"印太经济框架"》,《国际展望》2022 年第 6 期。

（一）美国对外贸易政策演变的背后逻辑

近年来，跨国公司通过供应链网络和服务外包等多样化渠道来推进全球化生产，从而优化全球资源配置，实现产业的全球布局。在此背景下，跨国公司在全球范围内追求效率优先和成本最低化的配置推动了上一轮经济全球化和全球价值链的深入发展。①然而，以跨国公司效率优先和成本最低化的全球价值链分工体系导致全球生产和供应链布局的失衡不断加剧，区域民族国家与跨国资本之间的利益冲突日益尖锐。拜登政府上台之后，从美国国家利益的角度重新梳理了其面临的基本挑战。

美国国家安全顾问沙利文明确指出，当前美国面临四个方面的问题与挑战。首先，美国的工业基础被掏空，美国曾拥有全球第一的制造业现在已经空心化。其次，过去几十年，在自由化全球化过程中形成的经济依赖性，让美国在地缘政治与安全竞争上面临新的国际形势。再次，气候危机和清洁能源转型，在市场化及全球化的大环境下，气候友好型经济增长面临挑战。最后，不平等日趋普遍及严重，从而对美国的民主及政治发展构成了新挑战。②

拜登政府认为，产生这些挑战的一个重要因素是过去几十年美国信奉自由贸易和放任经济自由的经贸政策，因为这些经贸政策假设市场总是能有效地分配资本，但事实上正是以跨国公司为代表的资本在全球范围内追求效率优先和成本最低化将制造业转移出美国，带来了这一系列问题。这些问题对美国造成了严重的经济风险和国家安全脆弱性，拜登政府深刻认识到，"将经济问题与包括国家安全在内的更广泛的国家利益考虑分开，将越来越困难"美国的目标应该是"实现自由但安全的贸易"。③因此，其对外贸易政策在底层逻辑上放弃了"二战"以来推动的自由贸易政策，要求贸易政策必须服务于国家安全，由"安全优先"替代"成本效率优先"。

（二）美国对外贸易政策演变的表现

为推动安全优先并提升美国国内制造业竞争力，美国总统拜登自上任以来，

---

① 张茉楠：《整合全球价值链为世界经济注入动力》，《上海证券报》（2016 年 5 月 10 日）。

② Remarks by National Security Advisor Jake Sullivan on Renewing American Economic Leadership at the Brookings Institution(2023-04-27), https://www.whitehouse.gov/briefing-room/speeches-remarks/2023/04/27/remarks-by-national-security-advisor-jake-sullivan-on-renewing-american-economic-leadership-at-the-brookings-institution/.

③ Olson S. Yellen, Lagarde, and the death of the global trade system. Hinrich foundation(2022-05-04), https://www.hinrichfoundation.com/research/article/trade-and-geopolitics/yellen-lagarde-global-trade-system/.

在聚焦"以工人为中心"的基础之上,充分吸收了特朗普经贸政策的核心理念(以美国单边力量为基础)与贸易政策遗产(维持对华 301 关税、阻挠 WTO 争端解决机制恢复正常)①,将美国经济转型、重振美国制造业视为重要任务,采取了一系列的经济政策。拜登政府的经济政策分为对内的产业支持政策和对外的经济联盟外交政策。②在产业政策方面,美国通过了包括《基础设施投资与就业法案》《芯片与科学法案》和《通胀削减法案》在内的一系列法案,有意将"关键产业"迁回美国③。同时,拜登政府还在其产业政策中嵌入"护栏条款",为鼓励传统盟友和第三方伙伴加入美国主导的产业链供应链协调机制奠定基础。

在对外的经济联盟方面,拜登政府的"协调单边主义"议程和行动框架逐步形成,"协调单边主义"是以其国内单边政策为基础,开展与共同价值观的贸易伙伴或盟友之间的协调,统一各方对产业技术标准和未来国际经贸规则重构立场的战略与做法④。其中最具代表性的"协调单边"行动是美欧贸易技术委员会(TTC)和印度—太平洋经济繁荣框架(IPEF)。作为美国新贸易政策在协调单边领域的战略映射,TTC 和 IPEF,与传统的贸易协定不同,不是"自由贸易协定"(FTA),而是"框架"性质的协议。⑤在内容上,他们忽略了传统贸易协定中通过关税谈判获得市场准入或执行协定的机制,包含了供应链韧性等传统贸易协定中不存在的条款。⑥

(三) 拜登政府贸易政策所涉议题及未来经贸治理体系

为了构建安全的对外贸易体系,拜登政府通过美欧 TTC 和 IPEF 在多个议题上与传统盟友和第三方合作伙伴展开协调。在具体议题上,美欧 TTC 协调的范围广泛,涵盖了产业政策与避免补贴竞赛,以价值观规制新兴产业技术,加强在投资安全审查、出口管制、人工智能、半导体供应链、数字基础设施和数字贸

① Olson S. It's time to start listening to Katherine Tai. Hinrich foundation(2022-09-20),https://www.hinrichfoundation.com/research/article/sustainable/listen-to-us-trade-representative-katherine-tai/.

② 李巍、王丽:《拜登政府"供应链韧性"战略探析》,《当代美国评论》2022 年第 2 期。

③ Goger A., Pan B. O. The CHIPS and Science Act won't build inclusive innovation ecosystems on its own, Brookings Institution. May 3, 2023.

④ 王新奎主编:《2022 年全球贸易投资与产业运行监控报告》,上海人民出版社 2022 年版。

⑤ Bown C. P. and Malmström C. What is the US-EU Trade and Technology Council? Five things you need to know. Peterson Institute(2021-09-24),https://www.piie.com/blogs/trade-and-investment-policy-watch/what-us-eu-trade-and-technology-council-five-things-you.

⑥ Willems C., Niels G. TTC, IPEF, and the Road to an Indo-Pacific Trade Deal, Atlantic Council Publishing,2022.

易方面的合作等议题①。IPEF 广泛囊括供应链安全与韧性、数字监管、与贸易有关的环境与气候、公平贸易与补贴等领域②。内容上,美欧 TTC 和 IPEF 所涉及的议题存在一定的重叠,与特朗普政府一样,拜登政府的对外贸易政策方向也显示出强烈的保护主义色彩,如重组以美国为中心的全球供应链。③

　　拜登政府将供应链韧性视作国家安全问题④,并利用各国对地缘政治不确定性的担忧,促成美国与盟友间达成重构供应链的共识。这必然会导致中国在全球供应链中的重要地位面临挑战,对中国将产生多重影响。此外,从 2008 年奥巴马政府加入 TPP 谈判,到 2021 年拜登政府开始启动美欧 TTC 和提出 IPEF 这一概念的 13 年中,以美国为首,联合各主要发达经济体的"协调单边主义"全球经贸治理体系逐步形成。中国作为最大的发展中国家和世界第二大经济体,在全球经贸治理体系变革的进程中,将扮演怎样的角色,面临什么样的问题值得关注。⑤

　　因此,本文通过对美国对外贸易政策演变的底层逻辑进行梳理,介绍美国对外贸易政策转变的载体——美欧 TTC 和 IPEF 的谈判目标和所涉及的议题内容,重点分析美欧 TTC 和 IPEF 在内容上涉及的共同议题和特点,理清美国对外贸易政策转变中的利益诉求。从美国的利益诉求出发,判断我国未来在全球贸易和全球供应链中可能面临的挑战,并提出我们的应对建议。

二、TTC 与 IPEF 的目标和主要内容

　　美欧贸易技术委员会(TTC)和印度—太平洋经济繁荣框架(IPEF)的设计与出台,是美国新贸易政策范式转变的典型表现。自启动以来,美国和欧盟以及

---

① Office of the United States Trade Representative. U.S. -EU Trade and Technology Council Inaugural Joint Statement(2021-09-29), https://ustr.gov/about-us/policy-offices/press-office/press-releases/2021/september/us-eu-trade-and-technology-council-inaugural-joint-statement.

② Office of the United States Trade Representative. United States and Indo-Pacific Economic Framework Partners Announce Negotiation Objectives(2022-09-09), https://ustr.gov/about-us/policy-offices/press-office/press-releases/2022/september/united-states-and-indo-pacific-economic-framework-partners-announce-negotiation-objectives.

③ Kang G. S. Analysis of U. S. International Economic Policies and its Implications, *World Economy Brief*, 2022, 22(18):22-34.

④ 史沛然:《"韧性供应链"战略与中国在全球价值链中的角色再定位》,《太平洋学报》2022 年第 9 期。

⑤ 卢静:《全球经济治理体系变革与中国的角色》,《当代世界》2019 年第 4 期。

IPEF 合作伙伴,均举行了一系列利益相关方的会议,不难看出美国推动 TTC和 IPEF 的决心和进展迅猛的前进势头,参与各方都致力于推动谈判中所达成的共识。

(一) TTC 的目标和主要内容

1. TTC 的核心目标

为了构建安全的对外贸易体系,与传统盟友欧盟在贸易和技术方面进行合作和协调,拜登政府启动了 TTC,它被视为接替《跨大西洋贸易与投资伙伴关系协定》(TTIP),协调跨大西洋经贸关系的重要机制。TTC 自成立时就明确其目标[①]:

第一,深化跨大西洋贸易和经济关系,并将政策建立在共同的民主价值观之上。美欧计划通过合作深化跨大西洋贸易和投资,以促进双方共同的经济增长,使大西洋两岸的工人受益。为了刺激贸易和投资,加强双方在技术和工业上的领导地位,美欧同意在全球范围内设定高标准,这些标准的制定需建立在共同的民主价值观之上,包括尊重普遍人权、鼓励兼容的标准和法规。也就是说,TTC的合作和交流不应损害美国和欧盟的监管自主权,而应尊重两个司法辖区的不同法律体系。

第二,协调处理关键的全球技术、经济和贸易问题的方法。新冠疫情的暴发造成全球生产能力不足和运输能力下降,这种国际生产组织形式彻底暴露了全球供应链的脆弱性。美欧希望在建立有弹性的供应链以及关键和新兴技术方面展开合作,通过制定一个共同的政策来解决供应链问题和技术滥用的问题,以加强各自的供应链安全,并保护双方的社会免受信息操纵和干扰、促进安全和可持续的国际数字连接。

2. TTC 的主要内容及取得的进展

从具体内容上看,TTC 每次会议谈判的内容都是在首届部长级会议设立的10 个工作组下进行,这 10 个工作组根据议题内容可分为两类:一类针对美欧之间急需解决的贸易和技术分歧,如技术标准、气候和清洁技术、供应链安全、信息与通信技术、数据治理、中小企业获取和使用数字技术工作组;另一类则是美欧为应对所谓中国挑战而设,如出口管制、投资审查、防止滥用技术威胁安全和人权以及全

---

① 　Office of the United States Trade Representative. U. S. -EU Joint Statement of the Trade and Technology Council (2021-09-29). https://ustr. gov/about-us/policy-offices/press-office/press-releases/2021/september/us-eu-trade-and-technology-council-inaugural-joint-statement.

球贸易挑战工作组。截至2023年7月,美欧TTC已举行四次会议谈判,从四次会议谈判的成果看,TTC已在以下几个议题上取得了一些实质性的进展。

进展一:建立战略标准化信息机制。

美欧双方同意建立标准合作的启动平台"战略标准化信息机制(SSI)"[①],以实现美欧在国际标准制定上的信息共享,确保标准制定权不落旁手。该机制将促进深化合作,帮助制定国际电信联盟(ITU)等国际机构的全球标准。目前,电动汽车充电基础设施是该机制关注的第一个重点领域,也是TTC框架下的"第一个具体可交付成果"的领域,美欧达成共识,为电动汽车充电基础设施制定标准,并企图在2024年前将这一标准转化为国际标准,以促使所有电动汽车配备相同的充电端口。

进展二:建立早期供应链风险预警机制。

美欧双方同意通过信息共享的方式,建立一个早期预警机制[②],以预测和解决潜在的半导体供应链中断风险。由于美欧的私营企业一直不愿和政府以及行业竞争对手共享采购信息,因此提高供应链的透明度,尤其在半导体行业,一直是一个挑战。此外,对于半导体,美国和欧盟均采取了激进的产业政策,美国国会和欧盟议会分别通过《芯片和科学法案》(*Chips and Science Act*)和《芯片法案》(*European Chips Act*),而建立预警机制要求美欧共享公共部门对半导体产业支持的信息,以促进透明化。总体来看,美欧希望通过掌握全球需求、信息共享和合作应对潜在的供应链中断危机,避免各自在建立半导体产业链时陷入争取晶圆厂的"补贴竞赛"。

进展三:美欧发布首个人工智能路线图。

美欧发布了第一个人工智能(AI)路线图[③],旨在建立衡量人工智能风险的共享指标库,并试图通过支持国际标准机构的工作推广可信人工智能标准。美欧双方通过启动三个专家组来推进其联合AI路线图的实施,该专家组已经发布了一份包含65个关键人工智能术语的清单[④],这些术语是判别风险类人工智能的基础,专家组还对它们在美国和欧盟的定义做了解释。此外,专家组进一步

①②　The White House. U.S. -EU Joint Statement of the Trade and Technology Council(2022-05-16), https://www.whitehouse.gov/wp-content/uploads/2022/05/TTC-US-text-Final-May-14.pdf.

③　Office of the United States Trade Representative. U.S. -EU Joint Statement of the Trade and Technology Council (2022-12-05), https://ustr.gov/about-us/policy-offices/press-office/press-releases/2022/december/us-eu-joint-statement-trade-and-technology-council.

④　Office of the United States Trade Representative. U.S. -EU Joint Statement of the Trade and Technology Council (2023-05-31), https://www.whitehouse.gov/briefing-room/statements-releases/2023/05/31/u-s-eu-joint-statement-of-the-trade-and-technology-council-2/.

绘制了美国和欧盟参与标准化制定的情况,以确定共同关心的人工智能标准。若美欧抢先制定人工智能可信度的国际标准,那么在人工智能领域美欧将具有更多的话语权。

进展四:美欧启动清洁能源激励措施对话。

美欧将脱碳工作置于贸易政策的核心,通过跨大西洋可持续贸易倡议,加强双方对跨大西洋清洁能源市场的参与。鉴于需要在大西洋两岸增加投资以建立清洁能源经济和工业基地,美欧双方于2023年3月启动了清洁能源激励措施对话,作为TTC的一部分,以确保分享大西洋两岸清洁能源激励计划的信息,对市场动态形成共同的理解。同时,双方同意采取措施以避免各自的激励措施可能引起的跨大西洋贸易和投资流动的任何中断。除此之外,清洁能源激励措施对话还将解决未来激励项目的设计和效果的系统性问题,并促进第三方非市场政策和措施的信息共享。

(二) IPEF的目标和主要内容

1. IPEF的核心目标

自特朗普政府宣布退出TPP以来,美国一直在努力构建面向亚太地区的经济贸易新秩序。特别是在2022年拜登访问日韩期间正式提出了"印太经济繁荣框架"(IPEF),并吸引了包括越南、马来西亚和新加坡等东盟成员在内的其他13个印太地区经济体的积极响应,这必将从地缘政治格局、国际经贸规则重构和全球供应链调整等多个层面影响亚太地区的经贸环境。IPEF的战略目标可以概括为:

第一,构建面向亚太地区的经济贸易新秩序,恢复美国在印太地区的"经济领导地位"。亚太地区是全球经济中最具增长活力、发展潜力和经济韧性的区域,美国一直怀揣着构建亚太经济贸易新秩序的"宏愿"。从奥巴马政府时期的《跨太平洋伙伴关系协定》(TPP),到特朗普政府时期的"印太战略",再到拜登政府的"印太经济框架"(IPEF),一系列经济框架虽然在更新迭代,但地缘政治色彩有增无减。"印太战略"最初以安全议程为重心,拜登政府上台后,在深化安全议题合作的基础上补强经贸层面的短板,印太经济框架正是这一动机的产物。在印太经济框架这件经济外衣的掩护下,美国将多个亚太国家纳入了"印太战略"的圈子,可以预见,美国将利用该框架逐步把政治安全与经济议题进行捆绑和渗透,从而达到构建面向亚太地区的经济贸易新秩序,恢复美国在印太地区的"经济领导地位"的目的。

第二,美国试图推动全球供应链"去中国化",提高供应链的安全与韧性。亚太地区地理位置优越，人口规模庞大，云集了众多制造业和贸易大国，在全球价值链和供应链中的地位至关重要。亚太各国在国际产业分工和贸易投资领域的相互依存度很高，并形成了利益共享、风险共担的互惠经贸关系。疫情后，亚太各国对于共同抵御系统性风险，加强供应链合作的共识进一步提高。而疫情反复冲击之下，美国将经济安全问题政治化，提出依靠"值得信赖的合作伙伴"，建设"更为可靠和有弹性的供应链"①。在印太经济框架下，美国欲利用自身在市场、投资和技术上的优势，和其盟友打造排除中国的产业链和供应链布局。

2. IPEF 的主要内容及取得的进展

从具体内容上看，IPEF 主要包括以下四个支柱：贸易、供应链、清洁经济和公平经济。截至 2023 年 7 月，围绕四大支柱的谈判目标，IPEF 成员国共进行了三轮谈判。经过三轮正式谈判，成员国在确定的四大关键支柱的细节方面均取得了一定的进展，其中在供应链支柱方面的进展最为突出。

进展一：供应链支柱。

IPEF 成员国在供应链支柱领域已达成实质性协议②，这份由美国主导的拟议协议是拜登政府提出 IPEF 一年来讨论的首个实际成果，旨在建立排华供应链。内容上，协议将在监测关键物项的供应链、改善危机期间的协调和应对方式、加强供应链物流、提高工人的地位、促进劳动力发展，确定技术援助和能力建设等方面，提供一个可持续合作的框架。此外，为了执行该供应链协议，成员国考虑建立三个新的 IPEF 供应链机构，以促进 IPEF 合作伙伴之间在供应链问题上的合作：第一，IPEF 供应链理事会，共同制定针对关键部门和关键货物的具体行动计划，以提高 IPEF 成员国供应链的韧性。第二，IPEF 供应链危机应对网络，针对可能发生的供应中断，向成员国发出早期预警，以进行更密切的协调，最大限度减少对经济的负面影响。第二，IPEF 劳工权利咨询委员会，委员会由政府、工人和雇主代表组成，以促进可持续贸易和投资，并为尊重劳工权利的企业提供投资机会。

进展二：贸易支柱。

贸易支柱的谈判目标是在有弹性、可持续和包容性经济增长的基础领域寻

---

① The White House. Building Resilient Supply Chains, Revitalizing American Manufacturing, and Fostering Broad-Based Growth: 100-Day Reviews Under Executive Order 14017(2021-06-08), https://www.whitehouse.gov/wp-content/uploads/2021/06/100-day-supply-chain-review-report.pdf.

② U.S. Department of Commerce Press Statement on the Substantial Conclusion of IPEF Supply Chain Agreement Negotiations (2023-05-27), https://www.commerce.gov/news/press-releases/2023/05/press-statement-substantial-conclusion-ipef-supply-chain-agreement.

求高标准条款。在原框架内容的基础上，美国贸易代表办公室（USTR）于2023年5月份公布了IPEF贸易支柱各项议题的谈判文本概要①，包含了农业、服务业国内监管、海关和贸易便利化、良好监管实践、数字贸易、劳工、环境、技术援助、包容性等议题。其中在技术援助方面，已取得实质性进展。一方面，该议题重申了旨在促进以需求为导向的技术援助的规定。另外，成员国同意建立一个经济合作委员会，其核心职能是支持发展中国家成员确定相关的能力建设需求。最后，为了提高透明度和鼓励利益相关者的投入，成员方考虑将在发展和经济合作委员会下设立一个工作组，由政府和非政府代表组成，有权就国家行动计划提出建议。

进展三：清洁经济支柱。

清洁经济支柱的谈判目标是深化各成员国在推进清洁能源和气候友好型技术方面的合作，以及寻求通过发展基础设施和提供技术援助来提高成员国竞争力并加强连通性。本着这一目标，IPEF合作伙伴正在引入一项区域性的氢气倡议②，以鼓励在该地区广泛部署低碳和可再生的氢气及其衍生物。有意引入该倡议的IPEF成员国，期望通过利用公共和私营部门的专业知识，扩大新的投资，增加就业机会，并刺激创新和生产力增长，以规划各自的净零排放经济之路。其他暂未引入该倡议的IPEF成员国，将可以在准备好的时候再加入该倡议。

进展四：公平经济支柱。

公平经济支柱的谈判目标是致力于促进公平竞争，根据现有的多边义务、标准和协议，制定和实施有效和强有力的税收、反洗钱和反贿赂制度，以遏制印太地区的逃税和腐败。该支柱的谈判重点包含反腐败，税收，能力建设和创新，以及包容性协作和透明度四个方面。目前，仅在加强实施有效的反腐败和税收措施，以促进IPEF经济体之间的商业、贸易和投资方面取得了一定的进展。

三、TTC 和 IPEF 内容的比较

（一）目标比较

拜登政府执政以来，在对外经贸谈判方面的工作重点主要是围绕供应链安

---

① Office of the United States Trade Representative. Trade Pillar（2023-04），https://ustr.gov/trade-agreements/agreements-under-negotiation/indo-pacific-economic-framework-prosperity-ipef/trade-pillar.

② U.S. Department of Commerce. Press Statement for the Trade Pillar，Clean Economy Pillar，and Fair Economy Pillar（2023-05-27），https://www.commerce.gov/news/press-releases/2023/05/press-statement-trade-pillar-clean-economy-pillar-and-fair-economy.

全与弹性、劳工与人权、气候议程与可持续发展等与其国内优先事项相关的议程,并将美国欧盟贸易和技术委员会(TTC)和印太经济繁荣框架(IPEF)作为其主要推动路径。但美国在跨大西洋关系中的目标不同于其在亚太地区的目标,目前来看,美国尚未将有约束力的规则摆在 TTC 的谈判桌上,其目的是在美欧可以协调的技术、经济和贸易问题上取得进展,促进在应对第三国技术挑战方面的合作。而美国在印太地区推动"经济安全"概念,其目标是削弱区域国家与中国的经济合作纽带,塑造新的国际经贸秩序。因此,TTC 和 IPEF 的战略目标不同,在美国对外贸易政策转变中的地位亦有所不同。

(二) 涉及行业比较

美国和欧盟致力于深化在技术问题上的合作,以及协商如何解决双边贸易纠纷和应对来自中国的挑战等问题。从 TTC 已举行的四次部长级会议来看,TTC 谈判的内容涉及行业主要包括半导体、人工智能、信息和通信技术行业、量子科技、增材制造(3D 打印)、电动汽车充电、数字贸易、关键矿产、清洁能源等技术行业。IPEF 作为针对印太地区的区域框架协议,涉及行业较为宽泛,既包括亚太地区的关键制造业,如半导体、电子、传统汽车、电动汽车电池,还包括农业、服务业、数字经济相关产业、关键矿物和清洁能源等。相比而言,二者均涉及半导体,电动汽车、关键矿产、清洁能源和数字经济相关产业,但具体细则和侧重点会有所不同。表明美国在跨大西洋地区侧重于新兴技术等高端制造业的合作,而在印太地区侧重于中低端制造业。

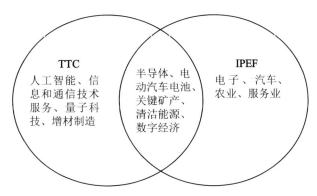

图 1　美欧 TTC 和 IPEF 涉及行业

资料来源:根据 TTC 四次会议成果和 IPEF 三次会议成果整理。

（三）具体议题的内容比较

根据美国贸易代表办公室公布的美欧 TTC 和 IPEF 协议内容所涉及的领域，我们将其分为有交叉部分和无交叉部分，从表 1 可以看出，在数字经济、供应链和清洁技术领域，二者在具体议题的内容上存在明显的交叉重叠，而在其他领域基本无交叉。表明内容上两者都希望在新兴技术、供应链韧性以及环境标准的规则制定方面，与成员国取得共识与合作。

表 1　TTC 和 IPEF 内容的比较

共同领域	TTC	IPEF
数字经济	第 1 工作组—技术标准 第 4 工作组—信息通信技术安全和竞争力 第 5 工作组—数据治理和技术平台 第 9 工作组—促进中小企业获得和使用数字技术	贸易支柱—数字经济议题
供应链	第 3 工作组—供应链安全	供应链支柱
气候与清洁技术	第 2 工作组—气候与清洁技术	清洁经济支柱
无	无	公平经济支柱
无	第 6 工作组—滥用技术威胁安全和人权	无
无	第 7 工作组—出口管制	无
无	第 8 工作组—投资审查	无
无	第 10 工作组—全球贸易挑战	无

资料来源：根据 TTC 四次会议成果和 IPEF 三次会议成果整理。

1. 数字经济

在数字经济方面，TTC 中涉及新兴技术议题的四个工作组与 IPEF 贸易支柱下的数字经济议题相呼应。具体内容上主要体现在四个方面：一是目前 TTC 和 IPEF 的谈判目标中均已提出要在数字问题和新兴技术标准制定上进行协调。TTC 第一工作组技术标准寻求就包括人工智能在内的关键和新兴技术的标准制定进行协调，其目标是确定美欧双方在这一领域的合作，并在关键和新兴技术的国际标准活动中捍卫美欧共同利益。IPEF 则进一步细化为可信和安全的跨境数据流动，数字技术标准和国际规则的制定是跨境数据可信流通的轨道。TTC 和 IPEF 关于标准制定的谈判目标一旦达成，将为国际标准机构提供信息，推进国际通行方法制定，对未来数字经济和新兴技术的国际贸易规则和技术标准产生深远影响。

二是 TTC 和 IPEF 都强调数字基础设施建设，TTC 第四工作组信息通信技术和安全竞争力提出要确保整个信息与通信技术供应链安全性、多样性与互通性，尤其是在 5G、海底电缆、数据中心和云基础设施等敏感领域。IPEF 也提出数字经济的包容性和可持续增长，使数字基础设施作为可持续的、具有经济影响的数字服务基础。

三是 TTC 和 IPEF 均重视数据治理问题，TTC 第五工作组数据治理和技术平台明确表示美欧将就数据治理和技术平台治理进行信息交流，在尊重双方监管自主权的同时，有效解决二者共同关心的问题。而 IPEF 进一步细化了规范，提出负责任地开发和使用新兴技术，不同数字资产的技术架构对隐私、国家安全、行使人权的能力以及其他国家目标具有重大影响，需做好技术与伦理的平衡。

四是 TTC 和 IPEF 均强调中小企业在国际标准化组织中的参与度以及数字技术的可获得性。TTC 第九工作组促进中小企业获得和使用数字技术，要求为美欧政策制定者提供建议，以帮助中小企业有效获取或加速获取数字工具和技术。IPEF 也提出在商业促进、标准以及中小企业等问题上进行美印合作，以确保中小企业能够从印太地区快速增长的电子商务部门中受益。

表 2　数字经济议题的相关内容

共同领域	TTC	IPEF
数字经济	第 1 工作组—技术标准：就人工智能等关键和新兴技术的标准制定进行协调； 第 4 工作组—信息通信技术安全和竞争力：确保整个信息与通信技术供应链的安全性与多样性，尤其是在 5G 和云基础设施等敏感领域； 第 5 工作组—数据治理和技术平台：就数据治理和技术平台进行信息交流，在尊重美欧监管主权的同时有效解决两者共同关心的问题； 第 9 工作组—促进中小企业获得和使用数字技术：为美欧政策制定者提供政策建议，以帮助中小企业有效获取或加速获取数字工具和技术	贸易支柱—数字经济议题： (1) 可信和安全的跨境数据流动； (2) 数字经济的包容性和可持续增长； (3) 负责任地开发和使用新兴技术； (4) 在商业促进、标准以及中小微企业等问题上进行合作

资料来源：根据 TTC 首次会议成果和 IPEF 谈判目标整理。

2. 供应链

近年来，供应链中断事件频发（如：个人防护用品和汽车行业传统芯片的短缺），各国政府不得不迅速动员起来应对危机，但没有一个国家能够单独预防或应对此类供应链中断事件，集体性处理方法可以大大提高供应链的韧性和安全性，特别是在志同道合的国家之间采用此种方法效果更佳。考虑到供应链问题的紧迫性,需要一种更及时的方法,TTC和IPEF应运而生。相较于IPEF下供应链议题所涉行业的宽泛性,TTC框架下对于供应链议题的讨论则侧重于在半导体领域的合作。从美国已经及正在讨论采取的加强半导体供应链安全的行动来看,既包括了刺激和鼓励扩大美国本土产能,也包括了加强协调盟友之间的分工合作,从而实现半导体供应链的多样化和韧性。

就具体内容而言,在供应链领域,TTC供应链安全工作组与IPEF供应链支柱的内容高度一致,TTC下供应链议题所涉内容在IPEF中均有提及,但也有部分议题仅在IPEF下讨论,相比而言,IPEF供应链支柱探讨的内容更加全面和详实。这里我们仅对二者内容上高度重叠的部分进行比较与分析,供应链议题下主要表现为三个方面:一是TTC和IPEF均重视在关键货物的供应上开展合作。TTC供应链安全工作组指出对于关键矿物、金属和材料,美国和欧盟都严重依赖进口,且来源国较为单一,这种依赖使美欧关键矿产的供应链很容易受到地缘政治的冲击和自然灾害的干扰。因此,美欧希望通过TTC供应链安全工作组的谈判,就共同关心的关键矿物、金属和材料投入的供应链进行合作。而IPEF供应链支柱下针对关键部门和货物,进一步细化为在成员国之间建立统一的定义标准,以及加强在关键部门和货物的贸易和投资。当一个或多个IPEF成员发生重大供应链中断时,共同制定的关键部门和货物的标准将有助于IPEF成员之间确保在关键货物供应上的合作,并可帮助政府做好紧急有效应对供应链中断的准备。

二是TTC和IPEF均强调建立信息共享和供应链中断的危机应对机制,以提高供应链的多样化和韧性。但侧重点有所不同,TTC突出在半导体供应链领域的合作,而IPEF未指出具体针对某个行业的供应链,对于印太地区的关键制造业如半导体、电子和汽车等行业都适用。半导体行业作为引领科技创新的核心力量,美欧双方都非常重视建立有弹性的半导体供应链。在TTC的第四次部长级会议上,双方同意通过信息共享的方式,建立一个针对半导体供应链中断的联合预警机制,以提高供应链的韧性。对于预警机制,美欧不仅概述了在未来发生中断时应采取的具体措施,还分享了他们对半导体供应链现状的评估。IPEF也非常重视供应链中断的应对机制,IPEF成员国同意建立一个紧急通信渠道,以便在供应链中断期间寻求支持,并在危机期间促进IPEF成员国之间的信息共享和合作,从而能够做出更快、更有效的反应,最大限度地减少供应链中断对其经济的负面影响。

三是TTC和IPEF均提出尊重和促进劳工权利,承认工人在实现更大的供应链复原力中的重要作用。TTC中,双方同意继续促进可持续和负责任的供应链,并对劳工权利提供强有力的保护。在 TTC 第四次部长级会议中,美欧双方就贸易和劳工问题专门进行了对话,讨论在全球供应链中消除强迫劳动的问题。IPEF 供应链议题也很重视对劳动权利的保护,在拟议协议中,IPEF 成员方同意新建一个劳工权利咨询委员会,由政府、工人和雇主代表组成,以支持 IPEF 成员国在其供应链中保护劳工权利,促进可持续贸易和投资,并增加对尊重劳工权利的企业的投资机会。

表 3　供应链议题的相关内容

共同领域	TTC	IPEF
供应链	第 3 工作组——供应链安全: (1) 就关键矿物、金属和材料投入的供应链进行合作; (2) 建立半导体供应链中断预警机制,提高半导体供应链的韧性; (3) 保护劳工权利,促进可持续和负责任的供应链	供应链支柱: (1) 制定关键部门和货物的标准; (2) 支持对提高关键部门和货物供应链韧性的投资; (3) 建立信息共享和供应链中断的危机应对机制; (4) 促进劳工权利,确保工人共享提高供应链韧性的好处; (5) 加强供应链物流; (6) 提高供应链透明度

资料来源:根据 TTC 第四次会议成果和 IPEF 第三次会议成果整理。

3. 气候与清洁技术

气候治理作为美国发挥其在全球气候方面领导地位的重要举措,TTC 气候与清洁技术工作组明确提出双方应在绿色技术方面进行合作,支持气候中性技术的跨大西洋贸易和投资。为了增加大西洋两岸的投资以建立清洁能源经济和工业基地,美欧双方已启动清洁能源激励措施对话,通过协调的方式进行合作,以确保各自的激励方案是相互加强的,这无疑会增强跨大西洋绿色联盟协调的常态化。而 IPEF 成员国中由于有较多发展中国家且彼此清洁技术差异较大,

表 4　气候议题的相关内容

共同领域	TTC	IPEF
气候与清洁技术	第 3 工作组——气候与清洁技术: (1) 技术合作; (2) 气候中性技术方面的贸易和投资	清洁经济支柱: (1) 能源安全和转型; (2) 重点部门的温室气体减排; (3) 可持续的土地、水和海洋解决方案; (4) 温室气体清除的创新技术; (5) 促进清洁经济转型的激励措施

资料来源:根据 TTC 第四次会议成果和 IPEF 谈判目标内容整理。

因此提出了相对灵活的要求,强调成员国在清洁能源和重点部门的脱碳技术上开展合作。比较而言,TTC 和 IPEF 谈判目标均涉及气候与清洁技术议题,随着谈判的推进,"跨大西洋绿色联盟"和"印太战略绿色联盟"两大板块逐渐成形,美国将主导全球气候治理规则体系。

四、我国应对美国新贸易政策范式

TTC 和 IPEF 框架是拜登政府新贸易政策范式的重要抓手,二者战略目标不同,在美国对外政策转变中的地位亦有所不同。但二者的形成与推进,始终绕不开一个重大问题,即与中国之间的经济关系问题。中美经贸关系是美国新贸易政策的重要考量因素,同时美国新贸易政策也承担着美国对华经贸关系的战略定位,美国新贸易政策可以概括为"战略性贸易政策"。这一战略通过美国贸易政策新范式映射在跨大西洋地区和印太地区,主要表现在两个方面,一是与传统盟友欧盟就技术问题进行合作,以应对所谓的中国挑战。二是与印太地区的第三方合作伙伴展开协调,使全球供应链和产业链"去中国化"。

因此,长远看,如果 TTC 和 IPEF 各具体议题得以通过与实施,跨国公司将以更快的节奏通过本土采购和投资布局等方式调整其供应链体系,从而加速全球贸易投资生产布局的调整进程。我国作为上一轮全球价值链分工体系下生产制造端的主要集中地,在此过程中必然承受更大的调整压力,在全球供应链中的重要地位也将面临挑战,这必然会对我国经贸发展产生长远影响。对此,应积极应对。

(一) 应对全球经贸治理体系变革,加快推进制度型开放

当今世界正面临百年未有之大变局,全球经贸格局的不确定性和复杂性,加速了新一轮经贸规则的重构与大国之间的利益博弈。作为全球最重要的经济体之一,中国要积极应对全球经贸治理体系变革的趋势,积极应对国际经贸规则重构。党的二十大报告特别指出,要"稳步扩入规则、规制、管理、标准等制度型开放",把推进高水平对外开放作为加快构建新发展格局,推动高质量发展的重要内容。当前,高标准的国际经贸规则以"边境内"措施规则融合为特征,这要求中国的对外开放由过去的强调市场准入,转变为重视国内制度改革创新的制度型开放上。[1]

---

[1] 盛斌、黎峰:《以制度型开放为核心推进高水平对外开放》,《开放导报》2022 年第 4 期。

　　未来中国参与双边或区域自贸协定谈判时,应以"促谈、促合、促成"的精神推动解决谈判中的难点问题,在削减关税、电子商务合作,贸易投资便利化、负面清单制度和基础设施互联互通等领域,中国应以积极的态度主动推进制度型开放,构建与高标准国际经贸规则相衔接的国内规则,这既是推动国内国际规制相融合的重要途径,也是深化国内制度体系改革的需要。而对于知识产权、服务贸易、跨境数据安全流动、气候变化、高科技产业供应链安全等存在较强的国际性制度竞争的领域,应与伙伴国积极开展对话,提高中国参与全球经济治理的制度性话语权。

(二) 充分发挥国内自贸区试验田作用,助力国内规则与国际规则的融合

　　自 2013 年 9 月在上海建立首个自由贸易试验区以来,我国正式开启自贸试验区建设,截至目前,全国已建设了 21 个自贸试验区及海南自由贸易港,形成了覆盖东西南北中的改革开放新格局,在贸易投资便利化、金融开放创新、事中事后监管等多个领域进行了大胆探索,累计形成近 278 项制度创新成果。自贸试验区不仅承担着对外实行高水平开放,对内打造世界级产业集群的支撑作用,而且也承载着对制度创新的先导示范重任。自贸试验区建设把制度创新摆在核心位置,更加注重制度创新的系统集成性,旨在建立一套与国际接轨的监管标准和制度体系,其途径主要包括完善外资准入负面清单制度、构建数字经济规则、强化知识产权保护、扩大服务业开放综合试点范围等。

　　自贸试验区在国内层面侧重于制度创新、服务实体经济,克服国家在经济发展中的结构性障碍;在国际层面承担着对外开放压力测试的任务,为区域自贸协定谈判提供制度性保障。加快自贸区建设不仅是我国全面深化改革开放的内在要求,也是应对全球经济贸易环境更趋复杂严峻的必然选择,更是我国参与全球经贸规则重构、提升制度性话语权的重要路径。[①]中国可以通过自贸试验区的制度型开放实现国内制度与国际规则的对接,同时还可以通过自身发展,依据国内的成功经验,推广形成国际制度,借助自贸协定谈判中成员国就规则和标准的谈判互认实现制度的外溢。充分发挥国内自贸区试验田作用,是助力国内规则与国际规则融合的有效选择。

(三) 加快推进内外贸一体化,鼓励中国企业走向更大市场

　　全球贸易政策趋势的变化,给中国企业带来了很大的挑战。在这种变局下,

---

① 　岳文、韩剑:《我国高标准自由贸易区建设:动因、现状及路径》,《经济学家》2021 年第 7 期。

中国企业一方面需要寻找新的合作,稳步提高国际市场份额;另一方面,需要深入本土市场,进入新兴市场发展,尤其是电商领域,以更快地占领市场份额。长期以来,我国内外贸企业经营指向相对分割,内贸企业专注国内市场经营主要依赖内销,外贸企业专注国际市场开拓主要依赖出口,且存在"重外轻内"的现象。此外,虽然存在一些企业既生产外销产品也生产内销产品,但由于国外国内标准不同,在技术、质量上也存在差异,这也造成了内外贸市场的分割。

当前,由于贸易保护主义抬头、地缘政治风险上升、外部市场不确定性加强,使得全球经济复苏面临巨大挑战和压力,中国迫切需要通过内外贸一体化,使广大企业更加自如地在国内、国际两个市场中提升竞争力、拓展销售渠道。为此,我国应构建国内外标准和认证体系,解决外贸企业转内销时,国内外产品标准存在明显差异的问题。另外,还应积极培养专业人才,内外贸一体化推进需要熟悉国内外法律、规则和市场环境的人才,目前,相关专业化人才仍相对不足。熟练运作外贸全流程的人员,不一定能适应内贸销售运营过程。同样,内销针对不同的市场主体和商品品种,也有非常详细具体的要求,与外贸截然不同。随着内外贸一体化发展,势必需要从业人员同时熟悉两个市场的工作模式和方法,当前需积极培养这类专业人才。

(四) 关注 TTC 和 IPEF 下供应链议题的进展,建立我国供应链安全评估与监测机制

根据目前 TTC 和 IPEF 谈判的内容和进展来看,拜登政府在 TTC 和 IPEF 供应链议题下计划在成员国的政府之间建立关于供应链韧性和中断的协调机制,建立多方合作的跨区域供应链监控预警机制和信息共享机制,收集和利用供应链物流的相关数据等等。这些倡议具体将如何推进,未来会如何操作和协调,目前都还没有更多的信息可以给出明确的答案,但这种供应链监控和信息共享机制一定会对中国参与全球供应链的商业环境构成制约。而且 TTC 和 IPEF 关于供应链议题的内容高度一致,美国企图通过制定严格的贸易规则,鼓励多元化的供应来源,以减少对中国供应链依赖的目的越来越明显。因此,有必要对这些涉及供应链的问题保持敏感性,积极跟踪相关进展,为未来我国依托印太地区供应链服务国内市场以及依托国内要素服务印太地区奠定基础。

党的二十大报告提出"着力提升产业链供应链韧性和安全水平",这对于推动高质量发展,维护国家产业安全具有重要指导意义。通过研究 TTC 和 IPEF 关于供应链议题的谈判进展来看,以美国为首的发达国家在管控供应链风险时采取的做法是,首先建立有关供应链安全的监测机制,及时发现供应链风险点和

薄弱环节点,然后建立供应链韧性的预警机制,最后通过信息共享机制达到避免潜在的供应链中断危机。借鉴发达国家经验,为了提升我国产业链供应链韧性和安全水平,我国应尽快创建全国性的产业链和供应链安全评估体系,建立产业链供应链安全评估与监测机制,科学评估供应链的安全性和韧性,以构建供应链风险预警的常态化机制。[①]重点途径包括利用海关贸易数据库与全球投资数据库构建产业链和供应链的监测预警平台,定期发布预警简报,提示风险隐患,最大限度降低外部经贸环境恶化对我国供应链安全的消极影响。

参考文献

[1] 戴翔、张雨:《全球价值链重构趋势下中国面临的挑战、机遇及对策》,*China Economist* 2021 年第 5 期。

[2] 王新奎主编:《2022 年全球贸易投资与产业运行监控报告》,上海人民出版社 2022 年版。

[3] 陈靓:《美国贸易政策新思维映射下的"印太经济框架"》,《国际展望》2022 年第 6 期。

[4] 张茉楠:《整合全球价值链为世界经济注入动力》,《上海证券报》(2016 年 5 月 10 日)。

[5] Remarks by National Security Advisor Jake Sullivan on Renewing American Economic Leadership at the Brookings Institution(2023-04-27),https://www. whitehouse. gov/briefing-room/speeches-remarks/2023/04/27/remarks-by-national-security-advisor-jake-sullivan-on-renewing-american-economic-leadership-at-the-brookings-institution/.

[6] Olson S. Yellen, Lagarde, and the death of the global trade system. Hinrich foundation (2022-05-04), https://www. hinrichfoundation. com/research/article/trade-and-geopolitics/yellen-lagarde-global-trade-system/.

[7] Olson S. It's time to start listening to Katherine Tai. Hinrich foundation(2022-09-20),https://www.hinrichfoundation.com/research/article/sustainable/listen-to-us-trade-representative-katherine-tai/.

[8] 李巍、王丽:《拜登政府"供应链韧性"战略探析》,《当代美国评论》2022 年第 2 期。

[9] Goger A., Pan B. O. The CHIPS and Science Act won't build inclusive innovation ecosystems on its own, *Brookings Institution*, May 3, 2023.

[10] Bown C. P. and Malmström C. What is the US-EU Trade and Technology Council? Five things you need to know. Peterson Institute(2021-09-24), https://www.piie.com/blogs/trade-and-investment-policy-watch/what-us-eu-trade-and-technology-council-five-things-you.

[11] Willems C., Niels G. TTC, IPEF, and the Road to an Indo-Pacific Trade Deal. *At-*

---

① 周维富、陈文静:《发达国家维护产业链供应链安全的主要做法与启示.中国经济报告》2023 年第 2 期。

lantic Council Publishing. 2022.

[12] Office of the United States Trade Representative. U.S. -EU Trade and Technology Council Inaugural Joint Statement(2021-09-29)，https://ustr.gov/about-us/policy-offices/press-office/press-releases/2021/september/us-eu-trade-and-technology-council-inaugural-joint-statement.

[13] Office of the United States Trade Representative. United States and Indo-Pacific Economic Framework Partners Announce Negotiation Objectives(2022-09-09)，https://ustr.gov/about-us/policy-offices/press-office/press-releases/2022/september/united-states-and-indo-pacific-economic-framework-partners-announce-negotiation-objectives.

[14] Kang G. S. Analysis of U.S. International Economic Policies and its Implications，*World Economy Brief*，2022，22(18):22-34.

[15] 史沛然:《"韧性供应链"战略与中国在全球价值链中的角色再定位》,《太平洋学报》2022 年第 9 期。

[16] 卢静:《全球经济治理体系变革与中国的角色》,《当代世界》2019 年第 4 期。

[17] The White House. U.S. -EU Joint Statement of the Trade and Technology Council(2022-05-16)，https://www.whitehouse.gov/wp-content/uploads/2022/05/TTC-US-text-Final-May-14.pdf.

[18] Office of the United States Trade Representative. U.S. -EU Joint Statement of the Trade and Technology Council(2022-12-05)，https://ustr.gov/about-us/policy-offices/press-office/press-releases/2022/december/us-eu-joint-statement-trade-and-technology-council.

[19] Office of the United States Trade Representative. U.S. -EU Joint Statement of the Trade and Technology Council(2023-05-31)，https://www.whitehouse.gov/briefing-room/statements-releases/2023/05/31/u-s-eu-joint-statement-of-the-trade-and-technology-council-2/.

[20] The White House. Building Resilient Supply Chains，Revitalizing American Manufacturing，and Fostering Broad-Based Growth:100-Day Reviews Under Executive Order 14017(2021-06-08)，https://www.whitehouse.gov/wp-content/uploads/2021/06/100-day-supply-chain-review-report.pdf.

[21] U.S. Department of Commerce Press Statement on the Substantial Conclusion of IPEF Supply Chain Agreement Negotiations(2023-05-27)，https://www.commerce.gov/news/press-releases/2023/05/press-statement-substantial-conclusion-ipef-supply-chain-agreement.

[22] Office of the United States Trade Representative. Trade Pillar(2023-04)，https://ustr.gov/trade-agreements/agreements-under-negotiation/indo-pacific-economic-framework-prosperity-ipef/trade-pillar.

[23] U.S. Department of Commerce. Press Statement for the Trade Pillar，Clean Economy Pillar，and Fair Economy Pillar(2023-05-27)，https://www.commerce.gov/news/press-

releases/2023/05/press-statement-trade-pillar-clean-economy-pillar-and-fair-economy.

［24］盛斌、黎峰：《以制度型开放为核心推进高水平对外开放》，《开放导报》2022 年第 4 期。

［25］岳文、韩剑：《我国高标准自由贸易区建设：动因、现状及路径》，《经济学家》2021 年第 7 期。

［26］周维富、陈文静：《发达国家维护产业链供应链安全的主要做法与启示》，《中国经济报告》2023 年第 2 期。

劳动密集型产业贸易观测

——以制鞋行业为例

霍晓璐　张　颖*

内容摘要：通过分析中国制鞋行业进出口贸易流量变化情况，评估制鞋业产业链转移的影响。随着产业政策，技术革新，成本变动的发生，产业链的转移，贸易流量有明显的变化。中国的出口由单一趋向多元。跨国企业产业链继续向东盟和东南亚地区转移，中国设备出口明显增加。中国制鞋行业产业升级不明显，与东盟(越南)同质化竞争加剧，在美欧份额被明显替代。对于制鞋业这样明显依靠大量劳动力的行业来说明确市场情况，分析不同区域的优劣势，掌握产业链条上下端，对提升贸易可控能力、降低交易风险具有重要意义。本文希望通过以全球制鞋行业的贸易流量变化为表象，阐述制鞋行业外贸模式的改变和对上下游行业产生的后续影响。

关键词：贸易流量；产业链；制鞋行业

Abstract：By analyzing the change of import and export trade flow of China's shoe industry, the impact of the transfer of shoe industry chain is evaluated. With the industrial policy, technological innovation, cost changes, the transfer of industrial chain, trade flows have significant changes. China's exports are shifting from single to multiple. The industrial chain of multinational enterprises continues to transfer to ASEAN and Southeast Asia, and China's equipment exports have increased significantly. The industrial upgrading of China's shoe industry is not obvious, and the homogenization competition with ASEAN has intensified, and the share in the United States and Europe has been significantly replaced. For industries such as the footwear industry, which obviously relies on labor forces, it is of great significance to clarify the market

---

＊ 霍晓璐，上海WTO事务咨询中心产业分析部咨询师；张颖，上海WTO事务咨询中心统计分析部咨询师。

situation, analyze the advantages and disadvantages of different regions, and master the upper and lower ends of the industrial chain to improve the controllable ability of trade and reduce transaction risks. Based on the change of trade flow of the global shoe industry, this paper aims to explain the change of foreign trade mode of the shoe industry and the subsequent impact on the upstream and downstream industries.

Key words: Trade Flow; Industrial Chain; Shoe Industry

劳动密集型产业是指进行生产主要依靠大量使用劳动力,而对技术和设备的依赖程度低的产业。其衡量的标准是在生产成本中工资与设备折旧和研究开发支出相比所占比重较大。劳动密集型产业是一个相对范畴,在不同的社会经济发展阶段上有不同的标准。一般来说,劳动密集型产业主要指农业、林业及纺织、服装、玩具、皮革、家具等吸纳劳动力相对较多的制造业。

改革开放初期,我国工业以劳动密集型的一般加工制造为主。随着工业化快速发展,工业结构调整取得明显成效,逐步从结构简单到门类齐全、从劳动密集型工业主导向劳动资本技术密集型工业共同发展转变。[①]多年来,劳动密集型制造业在吸纳和转移农村剩余劳动力、提升工人的劳动技能、构建完整的产业链制造体系等方面发挥了重要作用。

新一轮科技革命和产业变革方兴未艾,全球科技创新呈现出新的发展态势和特征,新技术替代旧技术、智能型技术替代劳动密集型技术的趋势日益明显,我国传统劳动密集型制造业生产要素成本低的竞争优势正不断减退,亟待实现转型升级、塑造新的竞争优势。但由于劳动密集型产业对经济增长的贡献和潜能尚未完全释放,中国以劳动密集型产业为主导的工业化阶段还将持续较长时期,根据国家统计局年度数据显示,2021 年我国纺织业、纺织服装鞋帽制造业其规模以上工业企业个数为 41 250 家,占规模以上工业企业单位总数的 9.3%。[②]

作为劳动密集型产业之一的制鞋行业是一类历史悠久的行业,2022 年全球鞋类贸易金额规模已经超过 1 200 亿美元,是服装行业的一大重要组成部分。

制鞋行业上下游关联密切,包括:皮革原料、皮革化工、制鞋、鞋革器械等行业。

近年来,我国制鞋行业面临的发展环境更为复杂严峻,受疫情影响,进出口

---

① 国家发展和改革委员会:《"十四五"时期我国产业结构变动特征及趋势展望》,https://www.ndrc.gov.cn/wsdwhfz/202110/t20211012_1299485.html。

② 国家统计局年度数据,https://data.stats.gov.cn/easyquery.htm?cn=C01。

贸易整个流程受到大幅限制,加之地缘政治冲突加剧、全球供应链矛盾升级等超预期因素相互交织,影响经济,制鞋行业的产业链也随之变化。

一、制鞋行业世界贸易现状

我国制鞋业贸易体量逐年增大,是世界第一大鞋业供应方,第四大进口方。

(一) 出口情况

制鞋行业是典型的劳动密集型行业,从全球化的视野来看,这个行业的产能总是向着劳动力成本低廉的国家和地区迁移。从历史上看,世界制鞋业的重心从意大利、西班牙转移到日本、韩国,再转移到中国。

从较长的时间跨度来看,中国、欧盟和东盟国家是主要的全球鞋类出口供应市场。进入 21 世纪后,中国在制鞋产业蓬勃发展,出口体量连年增长,是世界第一大成品鞋类产品供应方,且在出口市场中占据越来越重要的地位。2004 年中国成品鞋类向全球出口金额为 146.2 亿美元,占整体出口市场的 37.5%,至 2012 年,中国成品鞋类向全球出口金额增长至 443.7 亿美元,在全球成品鞋类出口市场占有率迅速增长至 53.8%,而后出口金额继续保持增长,份额维持稳定,在 2015 年开始中国的出口金额略有回落后保持稳定,出口份额则逐步下降并被

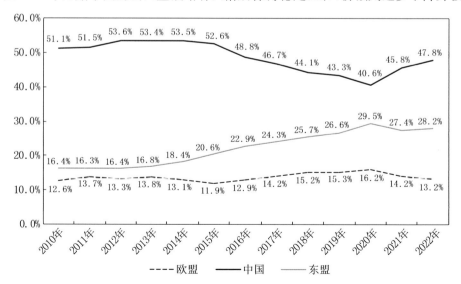

图 1　2004—2022 年成品鞋类主要出口经济体金额在世界市场的占比趋势

数据来源:GTAS, S&P Global。

表1　2004—2022年鞋类出口主要地区出口金额　　（单位:亿美元）

年份	中国	东盟	欧盟
2004	146.3	64.1	73.7
2005	184.3	68.7	72.2
2006	210.1	76.0	78.7
2007	241.4	82.4	90.5
2008	280.5	94.8	97.1
2009	265.7	84.6	76.7
2010	336.5	102.7	83.0
2011	393.7	121.4	104.8
2012	443.7	132.4	110.0
2013	481.5	148.6	124.7
2014	538.5	181.7	131.7
2015	511.9	195.8	116.4
2016	460.9	211.8	122.2
2017	460.5	235.0	140.3
2018	447.9	257.9	154.2
2019	450.5	274.9	158.7
2020	354.8	259.8	141.3
2021	479.6	289.6	149.0
2022	577.6	384.4	160.9

数据来源:GTAS，S&P Global。

东盟国家取代（主要为越南和印尼）。2021年、2022年中国成品鞋类恢复快速增长,2022年出口金额达577.5亿美元,为历史最高值,份额占整体出口市场的45.9%。

东盟国家在2012年之后成品鞋类对外出口份额持续上升,在2021年受疫情影响稍波动,占世界出口份额从2012年占比16.1%至2022年增长到30.5%。2022年出口金额为384.4亿美元,是世界第二大供应方。

欧盟的出口金额保持稳定上升的趋势,2022年出口金额为160.9亿美元,是世界第三大成品鞋出口供应方,但份额呈现缓慢下降。

(二) 进口情况

从进口市场来看,成品鞋类的主要进口市场主要集中在美国、欧盟、英国、中国、日本和东盟国家,上述六个地区占据超过七成的进口市场。

其中美国和欧盟国家是最主要的进口市场,且长期保持市场约五成及以上的份额。2022 年美国进口金额为 355.3 亿美元,在世界成品鞋类进口市场内所占份额为 31.5%,欧盟的进口金额为 259.9 亿美元,份额为 23%。

日本和英国的份额则逐年缓慢下降,而中国和东盟国家的进口增长十分明显。从金额上来看,英国和日本的进口金额增长缓慢,分别从 2004 年的 44.4 亿美元和 30 亿美元,至 2022 年为 63.7 亿美元和 50.2 亿美元,份额则分别从 2004 年的 9.9% 和 6.7% 降至 2022 年的 5.6% 和 4.4%。

中国成品鞋进口金额在总体上占比远不及美国和欧盟,但是长年持续快速增长势头,从 2004 年的 1.6 亿美元增至 2022 年的 59 亿美元,成为世界成品鞋类第四大进口市场,在 2020 年之后在进口市场上所占的份额有所下降,且在总体占比上也远不及美国和欧盟。

表 2　2004—2022 年鞋类进口主要地区进口金额　　　（单位:亿美元）

年份	美国	欧盟	英国	中国	日本	东盟
2004	161.9	88.5	44.4	1.6	30.0	5.8
2005	175.9	104.1	47.1	2.2	33.1	5.1
2006	188.1	118.7	49.4	2.8	35.1	6.0
2007	190.6	137.9	52.7	4.3	37.4	7.8
2008	191.7	155.2	52.9	7.3	41.2	8.7
2009	172.0	141.3	47.7	6.3	40.6	8.2
2010	205.2	160.5	55.4	8.5	44.6	11.3
2011	222.7	176.3	58.7	12.9	50.6	14.0
2012	234.4	166.4	60.6	15.2	55.2	14.8
2013	243.6	174.6	63.2	17.1	56.0	17.7
2014	255.9	196.5	71.5	20.5	54.7	20.8
2015	272.4	189.0	72.7	24.6	51.6	24.4
2016	252.5	193.9	64.6	27.3	51.5	25.4
2017	252.8	209.5	64.6	32.4	50.6	27.8
2018	261.8	221.2	66.4	41.5	52.5	35.6

（续表）

年份	美国	欧盟	英国	中国	日本	东盟
2019	265.3	222.6	66.5	50.5	51.4	35.7
2020	199.7	192.1	55.9	55.5	42.6	31.0
2021	266.0	193.0	50.1	61.3	44.0	29.0
2022	355.3	259.9	63.7	59.0	50.2	42.5

数据来源：GTAS，S&P Global。

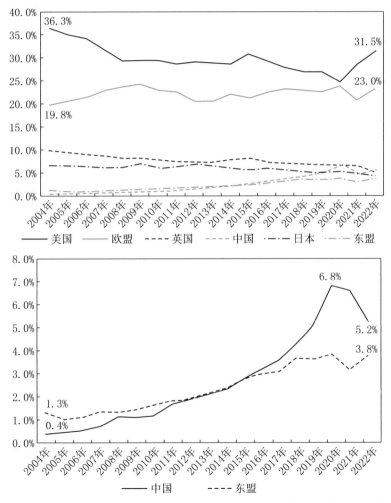

图 2　2004—2022 年成品鞋类主要进口经济体金额在世界市场的占比趋势

数据来源：GTAS，S&P Global。

二、中国鞋类进出口变化

中国鞋类出口呈现出贸易多边化的局面,其中发达国家尤为明显。"一带一路"促进了亚非发展中国家经济发展。近年来,因"一带一路"政策红利,欧洲和非洲市场不断上升,东盟市场大幅增长,在这些区域的经济活动,进一步拉动了鞋类外贸的增长。东盟国家在中国鞋类出口市场中占比逐年增加,占据越来越重要的贸易地位。

随着东盟(越南、柬埔寨)快速成长为全球主要鞋靴产品供应来源,产业链下游持续转移使得中国制鞋产业生产资本品和中间品出口增长,中国成为全球供应制鞋机器的主力国家,东盟和孟加拉国等为主要增长方向。产业对外转移越来越多元化。

中国国内成品鞋需求保持旺盛,进口进一步扩大,在世界进口市场越来越重要地位,鞋靴零件的采购转向东盟地区。

(一) 中国鞋类出口方向变化

1. 中国成品鞋类对外出口方向变化

中国成品鞋类产品的主要出口方向为美国、欧盟和东盟,2022 年中国成品鞋类产品整体出口 577.6 亿美元,其中,对美出口 130.9 亿美元,对欧盟出口 108.6 亿美元,对东盟出口 73.5 亿美元,上述三个方向合计占中国出口的五成以上。从长期来看,中国对美国出口占比逐年下降,从 2010 年 32.3％至 2022 年的 22.7％,下降了 10 个百分点。对欧盟出口基本保持稳定。对东盟出口逐年上升,特别是 2022 年份额提升明显。

至 2023 年 5 月,中国向美欧出口进一步下滑,2023 年 1—5 月,中国对美国出口金额仅为 37.7 亿美元,同比下降 33.1％,份额下降了 8.7 个百分点,对欧盟出口金额为 34.4 亿美元,同比下降 15.5％,份额下降了 2.9 个百分点,同期对东盟的出口明显增长,出口金额为 28.6 亿美元,同比增长 25.3％,份额上升了 2.8个百分点,此外,对俄罗斯、阿联酋、吉尔吉斯斯坦、哈萨克斯坦等"一带一路"沿线国家的出口明显增加,出口方向呈现多元化。

2. 中国成品鞋类对外出口产品结构变化

从鞋靴商品的具体分类来看,中国出口主要以纺织面料鞋靴,塑料鞋面鞋靴为主,运动鞋不是中国出口的主要商品。

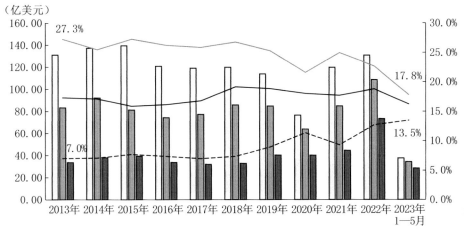

图 3　2013—2022 年中国鞋类产品主要出口结构

数据来源：GTAS，S&P Global。

从主要商品出口方向结构来看，美国是我国最主要的出口方向，鞋类商品中最主要的商品是纺织材料制鞋面胶底的其他鞋靴（如休闲鞋、布面短靴），2022 年出口额为 37.5 亿美元，占鞋类产品出口额的 28.7%，其次是除运动鞋外的其他塑料制鞋面的鞋靴（如凉鞋、拖鞋），2022 年出口额为 30 亿美元，占鞋类产品出口额的 22.9%，以上两项占了中国出口美国鞋类产品的五成以上。2023 年 1—5 月由于整体向美出口下降，该两类商品出口金额下降明显，尤其是纺织材料制鞋面胶底的其他鞋靴（如休闲鞋、布面短靴），2023 年 1—5 月累计出口金额为 9.6 亿美元，较上年同期下降了 40.7%。

欧盟在我国出口结构中长期维持稳定，鞋类商品中最主要的商品是纺织材料制鞋面胶底的其他鞋靴（如休闲鞋、布面短靴），2022 年出口额为 30.2 亿美元，占鞋类产品出口额的 27.8%，其次是除运动鞋外的其他塑料制鞋面的鞋靴（如凉鞋、拖鞋），2022 年出口额为 26.4 亿美元，占鞋类产品出口额的 24.3%，以上两项占了中国出口欧盟鞋类产品的五成以上。同样，在 2023 年 1—5 月纺织材料制鞋面胶底的其他鞋靴（如休闲鞋、布面短靴）明显下降，累计出口金额为 9.2 亿美元，同比下降 21.1%。由此趋势可以发现中国出口欧美产品的相似度很高，消费习惯类似。

东盟是我国鞋类出口增长的主要动力，鞋类商品中最主要的商品是除运动鞋外的其他塑料制鞋面的鞋靴（如凉鞋、拖鞋），2022 年出口额为 32.5 亿美元，占鞋类产品出口额的 44.2%，至 2023 年 5 月累计出口 4 亿美元，同比增长 17.2%，是对东盟出口成品鞋增长的新动力。

表 3　向世界及主要地区出口鞋类和主要商品金额　　（单位:亿美元）

	2016 年	2017 年	2018 年	2019 年	2020 年	2021 年	2022 年	2023 年 1—5 月
向世界出口鞋类产品金额	**460.9**	**460.5**	**447.9**	**450.5**	**354.8**	**479.6**	**577.6**	**211.7**
凉鞋、拖鞋	148.2	148.2	133.5	137.0	107.1	149.0	195.5	85.2
休闲鞋、布面短靴	110.6	118.4	118.4	115.5	84.0	111.1	131.4	44.9
向美国出口鞋类产品金额	**120.9**	**119.2**	**120.0**	**113.9**	**76.6**	**119.8**	**130.9**	**37.7**
休闲鞋、布面短靴	32.8	36.8	35.5	33.1	22.7	35.5	37.5	9.6
凉鞋、拖鞋	20.4	19.9	21.2	20.3	13.7	26.2	30.0	11.4
向欧盟出口鞋类产品金额	**74.5**	**77.4**	**85.9**	**84.9**	**64.0**	**85.0**	**108.6**	**34.4**
休闲鞋、布面短靴	23.2	25.2	27.0	26.8	19.2	23.6	30.2	9.2
凉鞋、拖鞋	18.7	19.2	22.2	21.5	15.6	20.6	26.4	10.3
向东盟出口鞋类产品金额	**33.9**	**32.2**	**33.0**	**40.3**	**40.3**	**44.6**	**73.5**	**28.6**
休闲鞋、布面短靴	14.1	13.1	12.6	14.5	14.3	16.9	32.5	12.6
凉鞋、拖鞋	5.4	5.8	7.8	7.6	6.5	6.1	11.3	4.0

数据来源:GTAS，S&P Global。

3. 中国制鞋机器和鞋靴零件对外出口产品结构变化

随着东盟(越南、柬埔寨)快速成长为全球主要鞋靴产品供应来源,产业链下游持续转移使得中国制鞋产业生产资本品和中间品出口增长,东盟和孟加拉国等为主要增长方向。产业对外转移越来越多元化。

中国制鞋机器(HS845320)出口持续增加,自 2013 年以来的十年间,中国制鞋机器出口金额快速增长,至 2022 年中国制鞋机器出口金额为 4.2 亿美元,年均增速 11%,占世界制鞋机器出口市场的 73.8%。

中国的主要出口方向是东盟,近五年来在中国出口该类产品中份额超过六成。其中越南、印尼和柬埔寨是出口的主要方向。其次,向印度和孟加拉的出口金额也有明显的提升。

但是可以看到在 2019 年之后对东盟的增速有所放缓,市场份额也略有下降,2023 年 1—5 月,中国对东盟累计出口金额为 4 605.1 万美元,同比大幅下降了 65.4%,同时,对墨西哥的出口金额为 330 万美元,同比上升 38.6%。

表4　2013—2023 年(1—5 月)中国制鞋机器出口金额及份额

(单位:百万美元)

	中国制鞋机器出口金额						主要经济体所占份额				
	全球	东盟	印度	孟加拉	欧盟	墨西哥	东盟	印度	孟加拉	欧盟	墨西哥
2013 年	164.6	62.0	13.8	2.0	22.7	3.7	37.7%	8.4%	1.2%	13.8%	2.3%
2014 年	192.9	61.0	13.4	4.7	18.1	3.5	31.6%	6.9%	2.4%	9.4%	1.8%
2015 年	223.0	104.8	18.1	8.7	14.6	4.2	47.0%	8.1%	3.9%	6.5%	1.9%
2016 年	228.8	125.3	15.1	5.1	10.5	5.1	54.8%	6.6%	2.2%	4.6%	2.2%
2017 年	151.7	78.8	9.9	5.1	11.5	4.2	52.0%	6.5%	3.4%	7.6%	2.8%
2018 年	214.2	131.1	12.7	6.6	16.2	5.0	61.2%	5.9%	3.1%	7.6%	2.3%
2019 年	395.6	291.4	16.1	10.8	14.3	4.6	73.6%	4.1%	2.7%	3.6%	1.2%
2020 年	263.0	189.4	11.6	7.2	8.7	2.3	72.0%	4.4%	2.8%	3.3%	0.9%
2021 年	358.0	254.3	22.1	17.5	9.2	4.1	71.0%	6.2%	4.9%	2.6%	1.1%
2022 年	420.8	285.3	33.3	26.1	13.3	9.5	67.8%	7.9%	6.2%	3.2%	2.3%
2023 年 (1—5 月)	85.9	46.1	7.5	4.0	4.6	3.3	53.6%	8.8%	4.7%	5.4%	3.8%

数据来源:GTAS, S&P Global。

　　鞋靴零件作为鞋类制造的中间品随着产业链的转移也随之呈现出变化态势,2022 年中国出口鞋靴零件(HS 6406)44.7 亿美元,近十年来年均增速 6.1%,占世界鞋靴零件出口市场的五成以上。

　　中国对东盟出口金额和份额持续增长,从 2013 年的 21.2% 增至 2022 年48.2%,东盟(尤其是越南和柬埔寨)是中国该产品出口的主要方向。值得注意的是中国对越南出口自 2019 年后比重趋于稳定,新的出口增长方向开始出现,如柬埔寨和孟加拉。2013 年中国向柬埔寨出口鞋靴零件仅为 2 301.7 万美元,占比不足 0.9%,2021 年后出口增加迅速,至 2022 年,中国向柬埔寨出口鞋靴零件增至 3 亿美元,占中国出口鞋靴零件金额的 6.7%。同样情况,孟加拉作为一个新的增长点也在持续增加所占的出口份额,从 2013 年的 2 950.2 万美元增加到 2022 年的 2.6 亿美元,占比增加了 5.5 个百分点。

(二) 中国鞋类进口来源变化

　　中国成品鞋进口出现快速增长的态势,成为全球成品鞋第四大进口市场,虽然欧盟在中国进口成品鞋中占有不可替代的地位,但是低价位鞋类市场逐渐被

表5　2013—2023年(1—5月)中国鞋靴零件出口金额及份额

（单位:百万美元）

	中国鞋靴零件出口金额						主要经济体所占份额				
	全球	东盟	孟加拉	俄罗斯	欧盟	美国	东盟	孟加拉	俄罗斯	欧盟	美国
2013年	2 618.1	554.2	29.5	613.4	175.4	133.5	21.2%	1.1%	23.4%	6.7%	5.1%
2014年	2 412.4	535.4	49.6	436.7	173.4	115.1	22.2%	2.1%	18.1%	7.2%	4.8%
2015年	2 415.8	713.9	64.0	219.1	161.2	128.1	29.6%	2.6%	9.1%	6.7%	5.3%
2016年	2 435.5	735.6	65.6	244.9	159.1	112.8	30.2%	2.7%	10.1%	6.5%	4.6%
2017年	2 554.4	889.9	89.0	228.8	153.0	120.4	34.8%	3.5%	9.0%	6.0%	4.7%
2018年	2 468.7	962.4	100.9	183.8	161.0	121.0	39.0%	4.1%	7.4%	6.5%	4.9%
2019年	2 755.0	1 207.3	126.0	172.3	158.5	117.5	43.8%	4.6%	6.3%	5.8%	4.3%
2020年	2 686.0	1 247.4	126.2	143.5	134.6	88.5	46.4%	4.7%	5.3%	5.3%	3.3%
2021年	3 748.8	1 773.9	232.0	200.0	192.1	147.4	47.3%	6.2%	5.3%	5.1%	3.9%
2022年	4 465.4	2 152.5	261.3	235.7	233.2	154.5	48.2%	5.9%	5.3%	5.2%	3.5%
2023年 (1—5月)	1 587.8	694.5	104.3	113.1	82.9	55.0	43.7%	6.6%	7.1%	5.2%	3.5%

数据来源:GTAS，S&P Global。

东盟替代。在资本品和中间品的进口上,中国在制鞋机器的研制和生产上已经成为世界的主力供应国,进口进一步减少,鞋靴零件的采购逐步由美国转向东盟。

1. 中国成品鞋类进口来源变化

中国进口成品鞋常年持续快速增长势头,从2004年的1.6亿美元增至2022年的59亿美元,是世界成品鞋类第四大进口市场。

中国主要从欧盟和东盟进口成品鞋,两大经济体占据中国进口市场近九成的份额,中国从东盟进口逐年增加,东盟的成品鞋对欧盟产品有明显的替代。

中国成品鞋类产品的主要进口来源为欧盟和东盟,2022年中国成品鞋类产品整体进口59亿美元,其中,自东盟进口37亿美元,自欧盟进口16.3亿美元,上述两个来源方合计占中国进口的近九成。

2013年欧盟和东盟是中国成品鞋的主要进口来源,各占中国进口份额的四成,此后欧盟占比逐年下降,至2020年在中国市场的份额降至20.8%,下降了近20个百分点。与此同时中国从东盟进口则逐年上升,至2020年进口金额份额提升至69.9%,份额增长了近30个百分点,而后中国进口金额保持稳定,东盟份额略有回落,至六成左右,欧盟份额则回升至近三成。

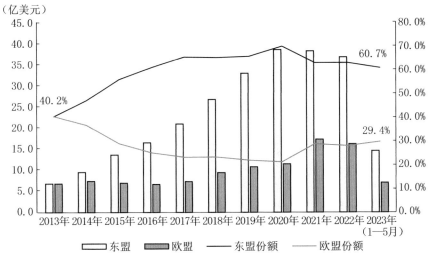

图 4　2013—2022 年中国鞋类产品进口结构

数据来源:GTAS,S&P Global。

2. 中国成品鞋类进口产品结构变化

从鞋靴商品的具体分类来看,中国进口主要以皮鞋和纺织面料鞋靴为主。

从主要商品进口方向结构来看,东盟是我国最主要的进口来源,鞋类商品中最主要的商品是其他皮革制面鞋靴(皮鞋),2022 年进口额为 19.4 亿美元,占鞋类产品进口额的 32.9%,其次是纺织材料制鞋面胶底的其他鞋靴(如休闲鞋、布面短靴),2022 年进口额为 17.5 亿美元,占鞋类产品出口额的 29.7%,以上两项占了中国出口美国鞋类产品的六成以上。2023 年 1—5 月其他皮革制面鞋靴(皮鞋)保持增长,尤其是从欧盟进口的皮鞋保持上升态势,1—5 月累计进口接近 3 亿美元,同比增长 13.6%。

表 6　从世界及主要地区进口鞋类和主要商品金额　　(单位:亿美元)

	2016 年	2017 年	2018 年	2019 年	2020 年	2021 年	2022 年	2023 年(1—5 月)
从世界进口鞋类产品金额	**27.3**	**32.4**	**41.5**	**50.5**	**55.5**	**61.3**	**59.0**	**24.2**
皮鞋	8.7	9.0	11.7	14.7	15.5	18.6	19.4	8.4
休闲鞋、布面短靴	9.6	13.1	16.0	17.7	17.6	19.3	17.5	7.2
从东盟进口鞋类产品金额	**16.6**	**21.1**	**27.0**	**33.2**	**38.8**	**38.5**	**37.0**	**14.7**
皮鞋	4.1	4.7	6.6	8.6	9.7	10.4	10.7	4.5
休闲鞋、布面短靴	8.2	11.3	13.6	14.6	13.9	14.4	13.0	5.3

	2016 年	2017 年	2018 年	2019 年	2020 年	2021 年	2022 年	2023 年(1—5 月)
从欧盟进口鞋类产品金额	**6.7**	**7.4**	**9.5**	**10.9**	**11.6**	**17.4**	**16.3**	**7.1**
皮鞋	3.1	3.1	3.7	4.1	4.3	6.5	6.7	3.0
休闲鞋、布面短靴	0.5	0.6	1.1	1.7	2.3	3.8	3.3	1.5

数据来源：GTAS，S&P Global。

从进口价格上来看，中国从欧盟进口的价格远高于东盟，属于不同档次的产品，具有不可替代性。

3. 中国制鞋机器和鞋靴零件进口变化

根据数据显示，中国进口制鞋机器近十年来一直处于下降态势，从 2013 年的 1 092.9 万美元降至 2022 年的 287.5 万美元，制鞋机器的主要来源是欧盟等地区，鉴于中国成品鞋出口和制鞋机器的出口发展，可以看出中国在制鞋机器的研制和生产上已经成为世界的主力供应国。

中国进口鞋靴零件在 2019 年后呈现下降态势，主要来源从美国转向东盟（主要是越南），至 2022 年中国从东盟进口鞋靴零件 1.4 亿美元，占中国进口该类产品总额的 42.6%。

三、美欧成品鞋进口变化

作为全球最大的也是中国最主要的出口市场，美欧的进口至关重要。中国和东盟是美欧鞋类产品的主要进口来源。2022 年，美国整体进口鞋类产品355.3 亿美元，其中从中国进口 136.4 亿美元，从东盟进口 154.1 亿美元，美国从上述两来源方进口占其鞋类总进口的八成以上；欧盟整体进口鞋类产品255.6亿美元，其中从中国进口 109.8 亿美元，从东盟进口 94.8 亿美元，从上述两来源方进口占其鞋类总进口接近八成。

从长期来看，美欧鞋类产品从中国进口比重逐年降低，从东盟进口比重则逐年上升，有明显替代趋势。且从同比来看长期以来美欧从东盟的进口增幅在大多数年份均高于从中国进口增幅。至 2023 年最近可获得数据，差距进一步扩大。

（一）美国成品鞋进口变化

从美国的鞋类产品进口情况来看,2013 年美国从中国进口额为 167.7 亿美元,占美国鞋类总进口的 68.8%,而从东盟国家进口额为 42.2 亿美元,占鞋类总进口的 17.3%,至 2022 年,美国从中国进口额为 136.3 亿美元,减少了近 30 亿美元,占比降至 38.4%,而从东盟国家的进口金额增至 154.0 亿美元,增长了 264.9%,占美国鞋类总进口的 43.4%,东盟超越中国成为美国第一大鞋类产品进口来源。

表 7　2013—2023 年(1—5 月)美国从中国和东盟进口成品鞋金额及份额

(单位:亿美元)

	2013 年	2014 年	2015 年	2016 年	2017 年	2018 年	2019 年	2020 年	2021 年	2022 年	2023 年 (1—5 月)
全球金额	243.6	255.9	272.4	252.5	252.8	261.8	265.3	199.6	266.0	355.0	104.9
东盟金额	42.2	50.6	62.0	67.2	74.1	82.3	93.5	85.8	104.7	154.0	43.2
中国金额	167.7	168.4	170.7	146.2	140.8	138.6	130.6	81.6	111.0	136.3	38.9
东盟份额	17.3%	19.8%	22.8%	26.6%	29.3%	31.4%	35.3%	43.0%	39.4%	43.4%	41.2%
中国份额	68.8%	65.8%	62.7%	57.9%	55.7%	52.9%	49.2%	40.9%	41.7%	38.4%	37.1%

数据来源:GTAS, S&P Global。

（二）美国进口产品情况

从具体商品来看,由于消费习惯改变,舒适性更强的运动鞋和休闲鞋需求增长,美国从东盟进口的主要鞋类为运动鞋、其他皮革制鞋靴、休闲鞋、凉鞋或拖鞋。从中国进口的主要鞋类为休闲鞋、凉鞋和其他皮革制鞋靴。

美国从东盟国家进口的运动鞋增长迅速,2022 年美国从东盟进口运动鞋 45.2 亿美元,同比增长 53.7%,占美国从东盟进口鞋类产品的 29.3%。

美国从中国进口的休闲鞋持续增长,2022 年美国从中国进口休闲鞋 33.1 亿美元,同比增长 14.3%,占美国从中国进口鞋类产品的 24.2%。

越南作为东盟最主要的鞋类生产国和美国的主要进口来源,我们将美国从其鞋类进口价格与中国作比较。从整体价格上来看,中国鞋类产品价格整体低于越南同类产品水平,特别是休闲鞋、凉鞋的价格仅为越南同类产品的一半,在美国进口中国鞋类产品金额稳定的前提下,中国出口产品仍处于低端水平,需要警惕出现产业逐底竞争。

此外,我们可以发现美国从越南进口其他皮革制鞋靴与我国同类产品的价格水平相近,可替代性强,从贸易数据上可以发现东盟国家尤其是越南正在快速增长挤占了从中国进口的份额。

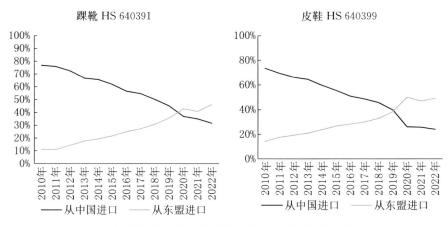

图 5　美国从中国和东盟进口其他皮革制鞋靴占比

数据来源:GTAS, S&P Global。

(三) 欧盟成品鞋进口变化

　　欧盟的鞋类产品进口情况较为稳定,2013 年欧盟从中国进口额为 82.9 亿美元,占欧盟鞋类总进口的 47.5%,从东盟国家进口额为 43.3 亿美元,占鞋类总进口的 24.8%,至 2022 年,欧盟从中国进口额增至 109.8 亿美元,占比下降了 5 个百分点至 42.5%。而从东盟国家的进口金额增至 94.8 亿美元,占比上升了 12.9 个百分点,占鞋类总进口的 37.7%,中国和东盟的占比不断接近。至 2023 年 1—4 月,东盟累计进口额超过了中国,成为欧盟第一大进口来源。

表 8　2013—2023 年(1—4 月)欧盟从中国和东盟进口成品鞋金额及份额

(单位:亿美元)

	2013 年	2014 年	2015 年	2016 年	2017 年	2018 年	2019 年	2020 年	2021 年	2022 年	2023 年 (1—4 月)
全球金额	174.6	196.5	189.0	193.9	209.5	221.2	222.6	192.1	193.0	260.0	80.0
中国金额	82.9	89.1	82.2	79.0	80.7	87.2	86.0	70.3	82.3	110.4	29.8
东盟金额	43.3	50.9	53.9	57.6	65.6	66.6	71.0	64.0	65.1	98.0	32.7
中国份额	47.5%	45.4%	43.5%	40.8%	38.5%	39.4%	38.6%	36.6%	42.6%	42.5%	37.3%
东盟份额	24.8%	25.9%	28.5%	29.7%	31.3%	30.1%	31.9%	33.3%	33.7%	37.7%	40.8%

数据来源:GTAS, S&P Global。

四、结　　论

　　跨国公司在劳动密集型行业的生产布局和供应链调整仍持续进行。东盟在低成本、区域优势及地缘政治等因素的共同影响下,持续成为跨国公司供应链调整重点区域。

　　中国鞋靴零件和制鞋机器出口变化趋势显示出中国制鞋产业链下游正在加速外移,可能面临产业链收缩困境。但是值得注意的亮点是制鞋机器方面,中国成为世界主要出口供应国,同时也从侧面证明了产业链转移方向。

　　中国制鞋行业产业升级不明显,与东盟(越南)同质化竞争加剧,在美欧份额被明显替代。

美国对中国加征关税影响评估

张　颖　林乔影[*]

内容摘要：本文通过分析美国对中国 301 调查 5 500 亿美元加征关税措施后的贸易流量和产业情况,评估其实施效果及对供应链的影响。研究发现,美国加征关税措施实施效果明显,美国自中国进口不仅加征关税产品受影响显著,中美整体的贸易也受其影响,其中,全球创新型和劳动密集型商品受冲击最大,美国在关键产品中的进口供应链向近岸及友岸伙伴转移。

关键词：加征关税;301 调查;供应链

Abstract：This paper analyzes the trade flow and industry situation after the US imposed US $550 billion tariff on China under Section 301 investigation, and assesses its implementation effect and impact on the supply chain. The study found that the effect of implementation of the US tariff measures is obvious, and not only the US imports from China are significantly affected by the tariffs, but also the overall trade between the US and China. Among them, the global innovative and labor-intensive goods are the most affected, and the US import supply chain of key products is transferred to nearshore and friendly partners.

Key words：Imposition of Tariffs; Section 301 Investigation; Supply Chain

一、美国对中国加征关税措施发展进程

2017 年 8 月,美国贸易代表莱特希泽宣布对中国在涉及技术转让、知识产权和创新领域启动"301 调查"。随后在 2018—2019 年,美国对中国进口产品加

---

　* 张颖,上海 WTO 事务咨询中心统计分析部咨询师;林乔影,上海 WTO 事务咨询中心统计分析部咨询师。

征三轮关税,平均税率从 3.2% 提高到 19.3%,远高于对全球其他国家 3.0% 的税率,覆盖 66.4% 自中国进口的产品。

第一轮加征关税针对 500 亿美元的中国进口产品,分别在 2018 年 7 月和 8 月,实施 340 亿美元和 160 亿美元,对这批商品的税率提高至 25%。至此,美国对中国进口产品的综合平均税率从 3.2% 提高到 8.4%,关税影响 9.8% 的中国进口产品。

第二轮加征关税范围进一步扩大,2018 年 9 月对 2 000 亿美元中国进口产品加征 10% 关税,对中国进口产品的平均税率也从 8.4% 提高到 12%,关税影响范围从 9.8% 扩大至 46.9%,近半的自中国进口商品受到影响。2019 年 5 月 10 日,又将这批 2 000 亿美元产品的关税税率从 10% 提高至 25%,对中国进口的平均税率达到 17.3%。

第三轮继续扩大范围,2019 年 8 月列出 3 000 亿美元的加税产品清单,分为 1 200 亿美元和 1 800 亿美元两批次,第一批 1 200 亿美元加征 15% 关税 9 月生效,1 800 亿美元则在 12 月生效(后因双方贸易协定而暂缓)。至此,美国自中国进口的平均税率达到 21%[①],加税影响范围也扩大至三分之二的进口产品。

2020 年 1 月,中美签订第一阶段贸易协议后,美国将此前的 1 200 亿美元产品税率从 15% 下调至 7.5%,后续的 1 800 亿美元继续暂缓,美国自中国进口平均税率从 21% 降至 19.3%。

2022 年 5 月 3 日,美国贸易代表办公室(USTR)宣布,2018 年对华关税的 340 亿美元和 160 亿美元两批清单将于今年 7 月 6 日和 8 月 22 日结束,USTR 将启动审查,以决定是否延续。此外,2 000 亿美元和 3 000 亿美元清单也将分别于今年 9 月、明年 8 月到期,届时将决定关税是否继续。

2018 年至今,美国对中国产品加征了三轮关税,这三轮关税在此期间曾经历不同批次的关税豁免和原豁免清单的继续延长。现在美国针对前三轮加征清单的多批豁免已经陆续到期,截至目前,尚处于豁免有效期内的商品清单仅余两大项豁免:一是疫情相关的医疗防疫用品豁免清单(2023 年 5 月 12 日,美国贸易代表宣布,2023 年 5 月 31 日之后,原 81 项排除加征产品中,有 4 项将恢复加征 301 税,77 项继续豁免加征至 2023 年 9 月 30 日);二是 2022 年 3 月份通过的 352 项豁免清单(2022 年 12 月 16 日,美国贸易代表发表声明,原定于年底到期适用于 352 项中国商品的关税豁免将延长九个月,至 2023 年 9 月 30 日)。

---

① 三轮加征关税平均税率来源:https://www.piie.com/。

二、美国自中国进口加征关税产品影响评估

美国对中国加征关税的进口产品清单共约 5 500 亿美元,其中 3 700 亿美元已执行,剩余 1 800 亿美元未执行。这 3 700 亿美元产品占美国自中国进口产品的三分之二,也使得对中国关税税率达到 19.3%,远高于美国对全球其他国家 3.0% 的平均税率。

2022 年美国自中国进口加征关税商品涉及金额 2 896.5 亿美元,占美国进口中国贸易总额的 54%,较 2017 年中美贸易摩擦前下降 13.9%,且进口中国加征关税产品占全球份额较 2017 年下降 6.5 个百分点。

(一) 加征关税后,美国自中国进口规模显著下滑,一阶段协议后,自中国进口有所反弹,但仍低于全球水平

2018 年加征关税后,美国自中国进口加征关税产品出现显著下滑,2020 年美国自中国进口加征关税产品贸易为 2 475.9 亿美元,较 2017 年同期下降 26.4%,中国在美国的市场份额也从 2017 年的 17.6% 降至 2020 年的 13.7%。随着中美一阶段协议的实施,美国降低对中国新征关税,尽管受全球疫情影响,但美国自中国进口加征关税产品自 2020 年二季度起出现明显恢复,截至 2022 年进口加征关税产品 2 896.5 亿美元,较 2020 年增长 420.7 亿美元。

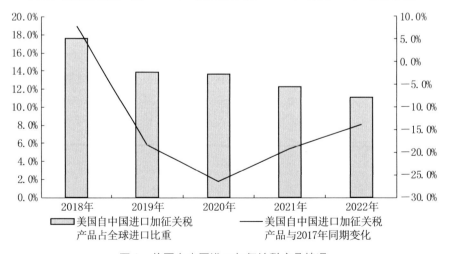

图 1 美国自中国进口加征关税产品情况

数据来源:GTAS, S&P Global。

（二）美国进口加征关税产品的供应链重心开始向除中国以外的其他地区转移

2018 年至今，美国进口加征关税产品区域结构相对稳定，亚洲、欧洲和北美三大区域是美国进口加征关税产品的主要来源，2022 年合计占全球进口份额的 97.2%，较 2017 年上升了 3.6 个百分点，其中，亚洲地区是美国进口加征关税产品的中心，2022 年占全球进口份额的 48.7%，其次是北美和欧洲。

亚洲地区中，美国自中国、东盟和日韩的进口份额较高，但由于中国受加征关税的影响，美国自中国的进口加征关税产品贸易呈明显下降态势，2022 年较 2017 年同比下降 13.9%，占美国自全球进口市场份额减少 6.5 个百分点。但作为美国友岸伙伴的东盟，美国自其进口加征关税产品规模出现快速增长，占自全球进口该产品份额从 2017 年的 7.8% 提升至 2022 年的 11.1%，但自日韩两国进口份额呈下滑趋势，从 2017 年的 10% 降至 2022 年的 9.3%，由此可见，东盟在亚洲地区的地位更加凸显。

从欧洲来看，美国自欧洲大部分国家进口加征关税产品规模均呈平稳的增长态势，而德国也一直是美国在欧洲市场中最大的贸易伙伴，此外，美国自意大利的进口增幅也较为显著，2022 年进口额达 590.8 亿美元，较 2017 年同比增长 44%，市场份额从 2017 年的 2.15% 提升至 2022 年的 2.27%。

北美地区中，加拿大和墨西哥是美国主要进口来源，作为美国近岸伙伴，美国加征关税产品自加拿大和墨西哥进口呈现快速增长，2022 年美国自加拿大和墨西哥分别进口 4 040 亿美元和 4 299.1 亿美元，较 2017 年同比增长 48.5% 和 46.1%，市场份额提升 1.2 个百分点左右。

表 1　美国加征关税产品进口情况　　　　　　（单位：亿美元）

地区	2022 年美国进口金额	2022 年占全球的市场份额	2022 年/2017 年同比变化	2022 年/2017 年份额变化
北美	8 339	32.1%	加拿大（48.5%）、墨西哥（46.1%）	加拿大（1.27）、墨西哥（1.1）
欧洲	4 284	16.5%	欧盟（35.8%）、英国（21.5%）	欧盟（−0.07）、英国（−0.23）
亚洲	12 661	48.7%	中国（−13.9%）、印度（78.9%）、日本（5.2%）、韩国（74.8%）、东盟（95.5%）、越南（160.1%）等	中国（−6.49）、印度（0.65）、日本（−1.54）、韩国（0.91）、东盟（3.37）、越南（1.87）等

数据来源：GTAS，S&P Global。

综上所述,美国进口加征关税产品的供应链重心仍然以亚洲地区和北美地区为主,其间拜登政府对中国推行"选择性脱钩"的"小院高墙"战略,以及"近岸外包"和"友岸外包"等一系列供应链措施,中国市场正被逐步挤占,而东盟、加拿大和墨西哥的地位迅速提升。

(三) 美国自中国进口加征关税产品中,全球创新型项下的资本品和劳动密集型项下的消费品受影响最为显著

根据 ISIC 分类,2017—2022 年,美国自中国进口加征关税产品涉及全球创新、劳动密集型、区域加工和资源密集型四类产品,除区域加工在 2022 年进口额较 2017 年同期水平略有提升外,其余三类产品均较 2017 年未加征关税前出现明显下滑,但近两年下降趋势有所缓解,且较 2020 年均有所提升,但占自全球进口市场份额仍呈逐年下降趋势。具体如下:

全球创新型产品,美国自中国进口占了一半以上,其中,中间品进口是全球创新最主要的分类,2022 年美国自中国进口中间品金额 869.4 亿美元,占全球创新的 53.3%,较 2017 年同比增长了 0.4%。其次资本品进口 493.2 亿美元,占全球创新 30.2%,消费品进口 269.9 亿美元,占全球创新的 16.5%。这三种经济分类所占的市场份额均存在不同程度的减少,而资本品受影响最为显著,2022 年进口额较 2017 年同比下降 26.4%,市场份额减少了 9.8 个百分点。

劳动密集型产品,2019 年起美国自中国进口就持续大幅下滑,截至 2022 年进口额达 691.3 亿美元,较 2017 年同期下跌 19.4%,占自全球进口该产品份额从 2017 年的 32.5% 下降至 2022 年的 19.2%。其中,消费品是劳动密集型商品主要分类,2022 年美国自中国进口 533.1 亿美元,占劳动密集型商品的近八成,较 2017 年同期下跌 20.9%,市场份额下降 14.9 个百分点。

区域加工型产品,2022 年美国自中国进口金额 514.2 亿美元,略高于 2017 年同期水平,其中,中间品进口是区域加工主要分类,2022 年中间品进口金额 379.1 亿美元,占区域加工的 73.7%,但较 2017 年同期下降了 3.3%,而消费品和资本品的进口较 2017 年均有提升,但市场份额均出现下降。

资源密集型商品,近两年美国自中国进口明显增长,2022 年美国自中国进口金额 58.5 亿美元,较 2020 年同期增幅 83.6%,其中,中间品进口占比达 91.2%。资源密集型商品中,主要进口以钢铝为主,其中,2022 年美国自中国进口钢铁产品 23.1 亿美元,且已超过 2017 年的同期水平,同比增长 22.2%,但市场份额较 2017 年下降 0.9 个百分点。

表 2　美国自中国进口加征关税产品按 ISIC 分类情况　（单位：亿美元）

	2017 年进口金额	2021 年进口金额	2022 年进口金额	2022 年占全球市场份额	2022 年/2017 年同比	2022 年/2017 年份额变化
劳动密集型商品	**857.4**	**687.9**	**691.3**	**19.2%**	**−19.4%**	**−13.3**
资本品	45.7	42.2	42.5	15.2%	−7.1%	−34.8
消费品	673.9	521.3	533.1	23.1%	−20.9%	−14.9
中间品	137.8	124.4	115.6	11.4%	−16.1%	−6.4
区域加工	**514.1**	**500.7**	**514.2**	**13.3%**	**0.0%**	**−6.8**
资本品	18.8	20.4	19.0	29.3%	1.1%	−10.8
消费品	103.4	108.0	116.1	8.0%	12.3%	−3.0
中间品	391.9	372.3	379.1	16.2%	−3.3%	−8.9
全球创新	**1 924.9**	**1 490.3**	**1 632.5**	**12.2%**	**−15.2%**	**−6.2**
资本品	669.8	476.1	493.2	12.7%	−26.4%	−9.8
消费品	389.0	286.6	269.9	8.2%	−30.6%	−5.1
中间品	866.1	727.7	869.4	14.0%	0.4%	−4.8
资源密集型商品	**66.1**	**41.0**	**58.5**	**1.1%**	**−11.5%**	**−0.8**
资本品	0.0	0.0	0.0	0.0%	107.8%	0.0
消费品	5.2	4.3	4.8	1.2%	−8.7%	−0.6
中间品	56.0	36.6	53.4	1.4%	−4.7%	−0.8
其他	4.9	0.0	0.4	0.0%	−92.6%	−1.0
总计	**3 362.6**	**2 719.9**	**2 896.5**	**11.1%**	**−13.9%**	**−6.5**

数据来源：GTAS，S&P Global。

（四）加征关税产品主要涉及计算机和电子产品、机械和设备、电动机械和纺织品和服装四类产品，表现出与整体加征关税产品一致的美国供应链转移的特征，其中，计算机和电子产品的转移最为显著

　　计算机和电子产品、机械和设备、电动机械和纺织品和服装四类产品是美国自中国进口加征关税产品中主要涉及的产品，合计占加征关税产品进口的 64.5%（以 2017 年计），截至 2022 年最新数据显示，计算机和电子产品、纺织品

和服装产品美国自中国进口及占自全球进口份额均出现大幅下滑,与此同时,美国自其他贸易伙伴进口额和份额出现上升,凸显出美国国内供应链开始向这些区域和国家进行转移。具体如下:

计算机和电子产品是全球创新产品中主要涉及行业,美国自亚洲地区的进口占全球市场份额的60%左右,其中,2022年该产品美国自中国进口贸易额达460亿美元,与2017年同期自中国进口降幅达48.8%,占自全球进口该产品份额从2017年的32.2%下降至2022年的13.3%。此外,亚洲其余大部分国家的市场份额均出现明显提升,越南在美国的市场份额从2017年的2.2%提升至2022年的8.2%,美国从北美地区进口主要以墨西哥为主,2022年提升至21.6%,欧洲地区以德国为首,2022年占美进口市场份额的3.8%。

劳动密集型商品的纺织品和服装产品,美国作为全球纺织品最大消费市场,一直是发展中国家必争的出口市场,加征关税前,中国是美国最大进口来源,2017年美国自中国进口506亿美元,其中消费品占了449亿美元,但加征关税后,美国开始减少对中国纺织品和服装的依赖,2022年自中国进口仅为403亿美元,同比下降了20.3%,市场份额降低了13.9个百分点。此外,亚洲地区中的印度和东盟在美国市场份额抢占明显,2017年,越南、印度和印度尼西亚在美国市场份额分别为13.2%、6.3%和4.7%,而2022年份额分别提升至17.6%、7.5%和5.5%,特别是越南增加了4.4个百分点。

机械和设备和电动机械产品,加征关税后,美国自中国进口出现了明显的下滑,但中美一阶段协议后,双方贸易额均出现明显提升,2022年美国自中国进

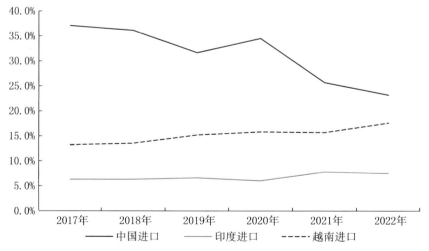

图2　美国从中国和越南等国进口纺织品和服装占全球进口比重

数据来源:GTAS, S&P Global。

口贸易额分别达 399 亿美元和 459 亿美元,较 2017 年同期自中国进口分别增长 12.4%和 11.8%,但占自全球进口该产品市场份额仍在逐年减少。说明中国在美国的市场正在逐渐被挤压,在机械和设备上,美国自墨西哥、东盟和韩国进口增速较为显著,其中,2022 年自墨西哥进口金额达 422 亿美元,仅次于中国是美国该产品第二大进口来源,市场份额较 2017 年提升了 1.5 个百分点。在电动机械上,美国自墨西哥进口占比最高,自东盟、韩国等进口及占自全球进口份额均出现明显增长。

(五) 三轮加征关税产品中,美国自中国进口主要产品情况

1. 500 亿美元清单影响

2018 年 7 月和 8 月,美国对中国进口 500 亿美元清单的产品加征关税。2022 年,美国自中国进口该清单产品 439.8 亿美元,占加征关税产品的 15.2%,进口金额同比上升 20.3%,占美国自全球进口份额的 6.3%,份额较去年同期增加 0.2 个百分点。

具体产品来看,2022 年,美国自中国进口排名前 30 位的产品(按 8 位税目计)集中于"机械产品"(第 84 章)、"电子产品"(第 85 章)和"车辆及零部件"(第 87 章),这些产品合计进口额达 179.3 亿美元,占美国自中国进口该清单产品总额的 40.8%,其中,"处理器及控制器"(HS 85423100)、"蓄电池的零件"(HS 85079080)、"机械的其他零件"(HS 84314990)、"摩托车(包括轻便摩托车)和自行车"(HS 87116000)和"汽油型其他机动车辆,1 500 ml<排量≤3 000 ml"(HS 87032301)等产品美国自中国进口金额均超过 10 亿美元。

此外,美国自中国进口的"蓄电池的零件"(HS 85079080)产品,2022 年进口额大幅增加,同比上升 1 114.3%,较 2017 年同期增长 2 508.2%,占美国自全球进口市场份额的 22%。美国自中国进口排名第 13 位产品"电子烟"(HS 85434000),2022 年美国自中国进口 5.1 亿美元,占美国进口市场的 99.3%。

2. 2 000 亿美元清单影响

2018 年 9 月,美国又启动了第二轮对中国进口的 2 000 亿美元清单产品加征关税。2022 年,美国自中国进口该清单产品 1 351.8 亿美元,占加征关税产品的 46.7%,进口金额同比上升 3.7%,占美国自全球进口份额的 10.6%,份额较去年同期减少 1.5 个百分点。

具体产品来看,2022 年,美国自中国进口排名前 30 位的产品(按 8 位税目计)集中于"家具"(第 94 章)、"机械"(第 84 章)和"车辆及其及零部件"(第 87 章),这些产品合计进口额达 463.8 亿美元,占美国自中国进口该清单产品总额的 34.3%,其中,"自动数据处理机"(HS 84733011)"办公室用金属家具"(HS

94032000)、"氯乙烯聚合物制铺地制品和糊墙品"(HS 39181010)、"其他金属框架坐具"(HS 94017900)、"静止式变流器"(HS 85044095)、"制动器、助力制动器及其零件"(HS 87083050)和"8471 所列机器的零件、附件"(HS 84733051)7 个产品美国自中国进口金额均超过 20 亿美元。

而"自动数据处理机"(HS 84733011)产品在加征关税前,美国自中国进口超过 100 亿美元(2017 年计),加征关税后,2019 年起美国自中国进出口大幅下滑,进口额减少了 86.1 亿美元。

此外,"办公室用金属家具"(HS 94032000)产品,美国自中国进口贸易有所提升,2022 年进口额达 35.9 亿美元,但市场份额出现连续下降,2022 年降至 47.5%,较 2017 年减少 22.2 个百分点,但中国仍然美国第一大进口来源。而越南近三年出口美国该产品增速明显,一跃成为美国第二大进口来源,2022 年进口额达 8.5 亿美元,较 2017 年同比增幅 514.8%,市场份额提升了 8.6 个百分点,墨西哥紧随其后。

3. 3 000 亿美元清单影响

2019 年 9 月,美国又针对中国启动了第三轮 3 000 亿(第一批)清单产品加征关税。2022 年,美国自中国进口该清单产品 1 104.8 亿美元,占加征关税产品的 38.1%,进口金额同比上升 5.1%,占美国自全球进口份额的 17.5%,份额较去年同期减少 1.6 个百分点。

具体产品来看,2022 年美国自中国进口排名前 30 位的产品(按 8 位税目计)集中于"机械和电子产品"(第 84 章和第 85 章)、"塑料及其制品"(第 39 章)、"玩具"(第 95 章)以及"其他纺织制品;成套物品;旧纺织品"(第 63 章),这些产品合计进口额达 516.2 亿美元,占美国自中国进口该清单产品总额的 46.7%。

其中,美国自中国进口贸易额最大的产品"锂离子蓄电池"(HS 85076000),2022 年进口额达 91.1 亿美元,较 2017 年同比增长 778.5%,占美进口市场份额的 66.7%,较 2017 年上升 25.6 个百分点。

其次,"调制解调器"(HS 85176200)产品,2022 年前该产品中国一直是美国第一大进口来源,但近两年该产品进口额呈大幅下降,2022 年美国自中国进口 84.7 亿美元,较 2017 年同期下降 62.3%,市场份额减少了 23.7 个百分点。取而代之的则是越南,2022 年成为美国该产品第一大进口来源,进口金额首次达 110 亿美元,市场份额较 2017 年上升了 20 个百分点。

综上所述,美国加征关税导致美国自中国进口的产品明显下降,下降部分被美国从其他地方进口所替代。其中,美国自越南进口增加的产品主要集中在通信设备和家具上。

三、加征关税措施实施对美国整体进口影响评估

2022年,美国自全球进口额为32 464.3亿美元,同比上升14.7%,其中,美国自中国进口5 367.5亿美元,同比增长6.3%,低于其自全球进口增幅。

同期,欧盟成为美国第一大进口来源,在美国进口市场中所占份额为17%,中国紧随其后,在美国进口市场中所占份额为16.5%,较去年同期下降1.3个百分点,排名前五位中加拿大的份额增加0.85个百分点;此外,美国自东盟整体进口增长明显,同比上升17.9%,超过自全球进口增幅,其中,自越南进口额达1 275.2亿美元,仅次于日本,美国自印度尼西亚和柬埔寨进口额呈明显增长,同比增幅分别为27.8%和39.9%。

(一)受加征关税影响,美国自中国进口规模出现一段时间下滑后,近两年出现明显反弹

受加征关税影响,2018—2020年期间,中美整体贸易出现明显下滑,2020年美国自中国进口总额4 326.8亿美元,较2017年同期下降14.3%,市场份额减少3个百分点。但随着中美贸易关系的缓和,近两年美国自中国进口出现明显反弹,截至2022年美国自中国进口金额5 367.5亿美元,超过了加征关税前的同期水平,较2017年增长6.3%,但市场份额仍处于下降趋势。

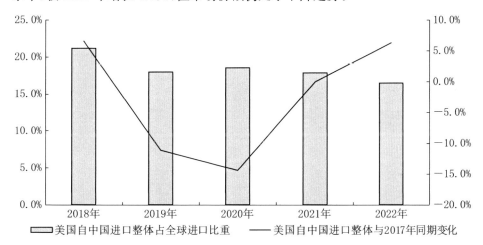

图3　美国自中国进口整体产品情况

数据来源:GTAS,S&P Global。

（二）美国自中国进口整体供应链重心开始向除中国以外的其他地区转移

2022 年,美国进口整体区域结构相对稳定,亚洲、欧洲和北美三大区域是美国进口的主要来源,2022 年合计占全球进口份额的 87%,较 2017 年上升了 0.7 个百分点,其中,亚洲地区占美国进口的 40.5%,北美占美国进口的 27.5%,欧洲占美国进口的 19%。此外,2022 年 5 月由美方主导的 IPEF 与伙伴国家建立新的区域,2022 年该区域占美国进口的 21.8%。

受加征关税的影响,2022 年虽然美国自中国进口 5 363.1 亿美元,较 2017 年加征关税前同比上升 6.2%,但市场份额却逐年减少,2022 年较 2017 年下降 5.1 个百分点。2022 年作为新进区域的 IPEF,美国自 IPEF 进口 7 057.7 亿美元,同比增长 16.5%,市场份额增加 0.4 个百分点,其中,美国自越南、泰国和韩国进口额及市场份额均出现明显增长。

美国自欧洲大部分国家进口规模均呈平稳的增长态势,而德国一直是美国在欧洲市场中最大贸易伙伴,2022 年进口额达 1 466.3 亿美元,但近两年的市场份额略有下降。此外,美国自爱尔兰和荷兰进口涨幅较为显著,2022 年进口额分别为 825.7 亿美元和 345.5 亿美元,分别较 2017 年同比增长 69% 和 94%,市场份额增长了 0.5 个和 0.3 个百分点。

北美地区进口中,加拿大和墨西哥是美国最主要进口来源,同时也是美国自全球进口前五大来源国,实施加征关税后,美国从加拿大和墨西哥进口整体仍呈现快速增长,尽管期间受疫情影响,出现短暂的波动,但整体进口增长表现突出。

表 3　美国整体进口情况　　　　　　（单位:亿美元）

	2022 年美国进口金额	2022 年占自全球的市场份额	2022/2017 年同比变化	2022/2017 年份额变化
北美	8 913	27.5%	加拿大（46%）、墨西哥（45.5%）	加拿大（0.68）、墨西哥（0.66）
欧洲	6 172	19.0%	欧盟（45%）、爱尔兰（69%）、荷兰（94%）、英国（20%）	欧盟（0.75）、爱尔兰（0.46）、荷兰（0.3）、英国（−0.3）
亚洲	13 133	40.5%	中国（6.2%）、印度（76.2%）、日本（8.5%）、韩国（61.6%）、东盟（98.2%）、越南（174.3%）、泰国（88.5%）等	中国（−5.1）、印度（0.56）、日本（−1.26）、韩国（0.51）、东盟（3.12）、越南（1.94%）、泰国（0.48）等

数据来源:GTAS, S&P Global。

综上所述,2018 年加征关税后,除中国外,美国自大部分国家整体进口涨幅明显,其中,自亚洲区域进口以越南、泰国和韩国为主,欧洲区域中进口涨幅明显的是爱尔兰和荷兰,而加拿大和墨西哥不仅贸易额提升显著,更是美国前五大进口来源。

(三) 美国自中国进口全球创新型产品和劳动密集型商品近两年已经恢复到加征关税实施前水平,但仍低于全球水平

根据 ISIC 分类,美国自中国进口整体产品涉及全球创新、劳动密集型、区域加工和资源密集型四类产品,除资源密集型商品在 2022 年进口额较 2017 年同期水平略有下降外,其余三类产品进口均已超过 2017 年同期水平。

全球创新型产品,2022 年美国自中国进口 3 258.9 亿美元,且占美国自中国进口整体产品的 60.7%,其中,消费品和中间品进口是全球创新最主要的分类,2022 年美国自中国进口消费品和中间品金额分别为 1 459.1 亿美元和1 158.4亿美元,较 2017 年同比增长了 9.7%和 19.4%,市场份额较 2017 年分别减少2.2个和 2.7 个百分点。

其次,劳动密集型商品 2022 年美国自中国进口占自中国整体进口产品的23.6%,而消费品占劳动密集型商品近九成,2022 年美国自中国消费品进口1 078.5 亿美元,较 2017 年同期上涨 3.2%,但市场份额下降 11.2 个百分点。

区域加工型产品,2022 年美国自中国进口金额 671.5 美元,占美国自中国进口整体产品的 12.5%。其中,中间品进口是区域加工主要分类,2022 年中间品进口金额 421.1 亿美元,占区域加工的 62.7%,较 2017 年同期上升 1.2%,但市场份额下降 8.5 个百分点。

表 4　美国自中国进口所有产品按 ISIC 分类情况　　（单位:亿美元）

	2017 年	2021 年	2022 年	2022 年占全球市场份额	2022 年/2017 年同比	2022 年/2017 年份额变化
劳动密集型商品	**1 246.9**	**1 209.6**	**1 267.8**	**29.5%**	**1.7%**	**−10.9**
资本品	45.7	42.2	42.5	15.2%	−7.1%	−34.8
消费品	1 045.5	1 014.7	1 078.5	36.4%	3.2%	−11.2
中间品	155.7	152.8	146.8	13.9%	−5.7%	−5.6
区域加工	**609.1**	**669.9**	**671.5**	**16.6%**	**10.2%**	**−6.3**
资本品	19.2	21.2	19.7	30.1%	2.5%	−10.6

（续表）

	2017 年	2021 年	2022 年	2022 年占全球市场份额	2022 年/2017 年同比	2022 年/2017 年份额变化
消费品	173.8	238.5	230.6	14.5%	32.7%	−2.4
中间品	416.0	410.2	421.1	17.6%	1.2%	−8.5
全球创新	**3 061.2**	**3 023.8**	**3 258.9**	**18.5%**	**6.5%**	**−4.6**
资本品	752.3	605.0	631.7	14.9%	−16.0%	−8.8
消费品	1 330.4	1 510.7	1 459.1	30.6%	9.7%	−2.2
中间品	970.4	897.9	1 158.4	13.5%	19.4%	−2.7
其他	8.1	10.2	9.7	64.4%	19.8%	1.7
资源密集型商品	**72.6**	**49.4**	**72.3**	**1.4%**	**−0.4%**	**−0.7**
资本品	0.0	0.0	0.0	0.0%	107.8%	0.0
消费品	5.4	4.6	5.0	1.2%	−6.8%	−0.5
中间品	62.3	44.8	67.0	1.6%	7.5%	−0.7
其他	4.9	0.0	0.4	0.0%	−92.6%	−1.0
未分类产品	61.8	96.6	97.1	8.4%	57.2%	1.5
总计	**5 051.7**	**5 049.4**	**5 367.5**	**16.5%**	**6.3%**	**−5.1**

数据来源:GTAS，S&P Global。

(四) 分行业看,美国自中国进口计算机和电子产品、纺织品和服装受影响最为显著

2022 年,美国自全球进口计算机和电子产品、纺织品和服装均呈大幅上升,分别较 2017 年同期上升 27.3% 和 28%,且均达到过去五年内的最高水平,进口额分别为 5 313.3 亿美元和 1 935.8 亿美元。

受加征关税影响,美国自中国进口计算机和电子产品呈逐年下降趋势,2022 年进口额 1 680.3 亿美元,较 2017 年同期下降 9.4%,市场份额从 2017 年的 44.4% 降至 2022 年的 31.6%。而美国自墨西哥、越南、泰国等进口该产品的贸易及市场份额均出现明显涨幅,其中,墨西哥是美国该产品第二大进口来源,2022 年进口额达 844.1 亿美元,越南的增幅最为凸显,2022 年美国自越南的进口为 477.2 亿美元,较 2017 年同期增长 305.7%,市场份额提升了 6.2 个百分点。

美国自中国进口纺织品和服装产品也呈逐年下降趋势,2022 年进口额

560.9 亿美元，较 2017 年同期下降 11.4％，市场份额从 2017 年的 41.9％降至 2022 年的 29％。此外，美国自东盟进口该产品的增幅最为显著，2022 年美自东盟进口 542.3 亿美元，占美国进口市场份额的 28％，其中，越南占了东盟整体市场的近六成，是美国第二大进口来源，2022 年美自越南进口 320.4 亿美元，较 2017 年同期上升 71.4％，市场份额提升 4.2 个百分点。

四、结　　论

2018 年中美贸易摩擦以来，美国对中国加征关税的产品，进口降幅达 26.4％。而这种下降被美国从其他国家进口所替代。计算机和电子产品受影响最为显著，该行业 2022 年的进口贸易较 2017 年减少了 438.9 亿美元，其中大部分转移到越南等地。纺织品和服装产品，越南和印度在美国市场份额抢占明显。机械、设备和电动机械产品上，美国自墨西哥、越南和韩国进口增速最为显著。

而东盟、韩国和墨西哥等地近几年从中国进口比例明显下降。这就意味着这些地区开始实现自身产能扩张，而我国全球创新和劳动密集型产业向外迁移迹象也更加凸显。同时，美国通过"印太经济框架"、《芯片和科学法》等拉拢相关伙伴，以此来达到逐步降低对中国进口的依赖。

全球钢铝生产布局及美欧供应链变化趋势

林乔影　　霍晓璐 *

内容摘要：本文通过分析全球钢铝生产布局和美欧钢铝供应链的变化趋势，研究产业政策对钢铝产业链的影响。研究发现，全球钢铝产能过剩仍在持续，中国保持为全球最大钢铝生产和出口国，出口份额稳步提升，但出口结构更加分散化。研究还发现，美国加征关税后的供应链调整仍在持续，其自中国等非豁免国家进口份额持续下滑，向豁免国家进口则集中，其中非配额国家增长显著，供应链以近岸化为主。同时，欧盟 CBAM 涉及钢铝产品范围不断扩大，中方受 CBAM 影响或较大。总的来说，中国是美欧钢铝产业政策的主要调整方向，此外，新的钢铝产业政策仍在持续推出，政策效果仍需持续跟踪。

关键词：钢铁；铝；232 调查；CBAM

Abstract：This article analyzes the global layout of steel and aluminum production and the changing trends of the steel and aluminum supply chains in the United States and the Europe Union，and studies the impact of industrial policies on the steel and aluminum industry chain. Research has found that global overcapacity in steel and aluminum production continues，and China remains the world's largest producer and exporter of steel and aluminum. Its export share has steadily increased，but its export structure is more diversified. The study also found that the supply chain adjustment in the U.S. after the imposition of tariffs is still ongoing，with its import share from non-exempt countries such as China continuing to decline，while imports to exempt countries are concentrated，with significant growth in non-quota countries and the supply chain being mainly nearshore oriented. At the same time，the scope of steel and aluminum products involved in EU CBAM is constantly expan-

---

　＊　林乔影，上海 WTO 事务咨询中心统计分析部咨询师；霍晓璐，上海 WTO 事务咨询中心产业分析部咨询师。

ding, and China may be greatly affected by CBAM. Overall, China is the main adjustment direction for the steel and aluminum industry policies in the U.S. and EU. In addition, new steel and aluminum industry policies are still being introduced, and the policy effectiveness still needs to be continuously tracked.

Key words: Iron and Steel; Aluminum; Section 232 Investigation; CBAM

钢铝产品作为工业的基础,是人类使用最多的金属材料,其生产布局和供应链仍是全球各国重要的调整对象。其中,美国自 2018 年 3 月 23 日起实施 232 钢铝关税,301 调查清单中也将大量钢铝产品囊括在内。与此同时,欧盟即将实施的碳边境调节机制(CBAM)也将钢铝产品列入需要进行调整的高碳排放行业。上述措施都已对或将对全球钢铝产业链产生影响。

本文以 2017—2022 年以及 2023 年 1—3 月为观测期,评估全球钢铝生产布局,及美欧钢铝产品供应链受政策影响的变化趋势。

一、全球钢铝产品生产布局

(一) 全球钢铝产能过剩仍在持续

近年来,全球钢铝产品产能过剩引起了全球各国的关注,其中,美国 232 钢铝调查就以抑制全球钢铝产能过剩,保护国内相关产业为目的,并与欧盟、日本等盟友开启了产能过剩谈判。

尽管各国对钢铝生产采取了多种调节措施,全球钢铝产能总体仍呈扩张趋势。根据世界钢铁协会的报告①,全球粗钢产量自 2019 年起较为稳定,2020—2022 年间年均增长 0.2%,2022 年产量为 18.85 亿吨。与此同时,根据国际铝业协会的数据,2022 年全球原铝产量 6 846.1 万吨②,在 2019—2022 年间持续增长。

从贸易数据来看,钢铁(72 章)、钢铁制品(73 章)和铝产品(76 章)等钢铝相关产品全球出口在疫情以来均呈增长趋势。

---

① World Steel Association. 2023 World Steel in Figures. https://worldsteel.org/steel-topics/statistics/world-steel-in-figures-2023/.

② IAI. July 2023. https://international-aluminium.org/statistics/primary-aluminium-production/.

(二) 在欧盟等发达经济体的钢铝出口份额下滑时,中国保持为全球第一大钢铝生产和出口国,出口份额稳步提升

2022 年,中国粗钢产量 10.18 亿吨,占全球生产的 54%,此外,在全球 50 强钢铁生产企业中,中国企业就占据 27 个席位,前三中,中国企业就占据第一和第三,分别为宝武集团和鞍钢集团。而在原铝生产上,2022 年中国产量为 4 043 万吨①,占全球产量的近六成。

从出口数据来看,中国、欧盟、东盟和美国是全球最主要的钢铝出口来源。其中,钢铝出口仍向中国和东盟等发展中国家集中。2022 年,中国分别出口钢铁、钢铁制品和铝产品 766.5 亿、1 108.0 亿和 421.5 亿美元,占全球总出口的 21.0%、38.9%和 22.4%,且较 2017 年分别增长 4.4 个、10.6 个和 2.8 个百分点,出口扩张趋势显著。同时,东盟的出口份额亦快速提升,三类产品分别占总出口的 12.9%、5.9%和 10.5%,分别较 2017 年提升 9.5 个、1.1 个和 5.3 个百分点,尤其是钢铁出口自 2021 年起超过欧盟跃居全球第二位。

而与此同时,欧盟等发达经济体的钢铝出口份额出现下滑。2022 年,欧盟出口钢铁、钢铁制品和铝产品占总出口份额分别为 11.3%、15.6%和 10.8%,较 2017 年下滑 1.5 个、4.1 个和 3.5 个百分点。此外,日本和韩国作为钢铁及其制品主要出口国,其出口份额在 2017—2022 年间均出现下滑;美国三类产品的出口份额亦呈下滑趋势。

(三) 中国出口结构分散化,向东盟、印度等亚洲区域,以及土耳其、沙特等中东地区出口增长较快

2022 年,中国出口钢铁(72 章)776.5 亿美元,同比增长 15.8%。东盟、欧盟、美国、墨西哥和日本是前五大出口方向,且出口同比增速均高于全球平均水平,分别为 19.5%、62.0%、48.8%、43.7%和 26.4%。欧盟中,向荷兰、波兰、意大利、法国和比利时等国的出口增长显著,同比增速均在 60%以上。此外,向印度、沙特、土耳其等国的出口增长较快,同比分别提升 60.0%、92.3%和 43.1%。

在钢铁制品(73 章)方面,中国 2022 年出口 1 108 亿美元,同比增长 15.8%。东盟是第一大出口方向,占份额的 21%,2022 年出口 232.7 亿美元,同比快速增长 33.4%。东盟中,向印尼、新加坡和缅甸的出口同比增速均在 40%以上,其中向缅甸出口同比增长 105.5%。而与此同时,向第二、三大出口方向美国和欧盟

---

① World Steel Association. 2023 World Steel in Figures. https://worldsteel.org/steel-topics/statistics/world-steel-in-figures-2023/.

表1 全球钢铁(72章)出口结构

	贸易额(亿美元)							份额(%)						
	2017年	2018年	2019年	2020年	2021年	2022年	2017年	2018年	2019年	2020年	2021年	2022年	2022年相较2017年
全球	2 601	2 945	2 592	2 306	4 006	3 694	100.0	100.0	100.0	100.0	100.0	100.0	—
中国	431	469	395	334	670	777	16.6	15.9	15.2	14.5	16.7	21.0	4.4
东盟	88	127	200	238	442	477	3.4	4.3	7.7	10.3	11.0	12.9	9.5
印尼	33	58	74	108	209	278	1.3	2.0	2.9	4.7	5.2	7.5	6.2
越南			47	54	125	81	0.0	0.0	1.8	2.3	3.1	2.2	2.2
马来西亚	23	34	48	52	66	71	0.9	1.1	1.9	2.2	1.7	1.9	1.0
欧盟盟外	333	372	329	278	400	417	12.8	12.6	12.7	12.1	10.0	11.3	−1.5
日本	280	299	261	228	346	350	10.8	10.2	10.1	9.9	8.6	9.5	−1.3
韩国	223	247	231	197	279	281	8.6	8.4	8.9	8.6	7.0	7.6	−1.0
美国	161	165	143	123	187	209	6.2	5.6	5.5	5.3	4.7	5.7	−0.5
巴西	108	118	110	87	143	167	4.1	4.0	4.2	3.8	3.6	4.5	0.4
印度	118	100	98	106	212	154	4.5	3.4	3.8	4.6	5.3	4.2	−0.4
土耳其	82	115	100	88	171	147	3.1	3.9	3.9	3.8	4.3	4.0	0.8

数据来源:GTAS,S&P Global。

表2　全球钢铁制品(73章)出口结构

	贸易额(亿美元)						份额(%)						2022年较2017年
	2017年	2018年	2019年	2020年	2021年	2022年	2017年	2018年	2019年	2020年	2021年	2022年	
全球	2 042	2 228	2 212	2 050	2 592	2 848	100.0	100.0	100.0	100.0	100.0	100.0	—
中国	579	657	696	712	957	1 108	28.3	29.5	31.4	34.7	36.9	38.9	10.6
欧盟盟外	401	440	427	372	419	444	19.7	19.7	19.3	18.2	16.2	15.6	−4.1
美国	184	193	187	160	193	220	9.0	8.6	8.5	7.8	7.4	7.7	−1.3
东盟	98	112	143	131	159	169	4.8	5.0	6.4	6.4	6.1	5.9	1.1
泰国	43	47	44	39	48	50	2.1	2.1	2.0	1.9	1.8	1.7	−0.4
越南	0	0	37	37	44	48	0.0	0.0	1.7	1.8	1.7	1.7	1.7
韩国	131	105	92	79	98	118	6.4	4.7	4.1	3.9	3.8	4.1	−2.3
土耳其	58	67	67	64	88	105	2.8	3.0	3.0	3.1	3.4	3.7	0.9
印度	67	71	73	63	84	99	3.3	3.2	3.3	3.1	3.2	3.5	0.2
日本	98	103	103	89	95	95	4.8	4.6	4.7	4.3	3.7	3.3	−1.5
墨西哥	59	67	45	42	64	77	2.9	3.0	2.1	2.0	2.5	2.7	−0.2

数据来源:GTAS、S&P Global。

表3　全球铝(76章)出口结构

	贸易额（亿美元）						份额（%）						
	2017年	2018年	2019年	2020年	2021年	2022年	2017年	2018年	2019年	2020年	2021年	2022年	2022年相较2017年
全球	1 156	1 329	1 226	1 163	1 670	1 880	100.0	100.0	100.0	100.0	100.0	100.0	—
中国	227	271	261	247	347	422	19.6	20.4	21.3	21.2	20.8	22.4	2.8
欧盟盟外	165	180	170	153	187	203	14.3	13.6	13.9	13.2	11.2	10.8	−3.5
东盟	61	75	84	87	147	198	5.3	5.7	6.9	7.5	8.8	10.5	5.3
马来西亚	32	39	38	38	73	75	2.7	2.9	3.1	3.2	4.3	4.0	1.2
越南			13	15	22	67	0.0	0.0	1.1	1.3	1.3	3.5	3.5
美国	116	126	109	94	120	145	10.0	9.5	8.9	8.1	7.2	7.7	−2.3
加拿大	98	100	83	84	122	142	8.5	7.5	6.8	7.2	7.3	7.5	−1.0
印度	44	57	52	53	91	100	3.8	4.3	4.3	4.6	5.4	5.3	1.5
巴林	20	21	20	28	45	69	1.8	1.6	1.7	2.4	2.7	3.7	1.9
土耳其	26	30	31	31	52	67	2.2	2.3	2.5	2.6	3.1	3.6	1.3
挪威	40	44	37	33	53	65	3.5	3.3	3.0	2.9	3.2	3.4	0.0
韩国	30	37	35	36	48	56	2.6	2.7	2.9	3.1	2.9	3.0	0.4

数据来源：GTAS、S&P Global。

的出口趋势则相反,向美出口同比下滑 1.5%,向欧盟出口则保持不变。除上述主要经济体外,中国向印度、沙特、伊朗等国出口规模快速扩大,分别增长 69.0%、43.4%和 65.1%。

2022 年中国铝产品出口 421.5 亿美元,同比增长 21.4%,但出口的增长更为分散。东盟和欧盟作为前两大出口方向,中国分别向其出口 82.4 亿和 53.7 亿美元,同比增长 31.8%和 22.3%,均高于平均增速,但除向新加坡、柬埔寨等东盟国家,以及波兰、希腊和葡萄牙等欧盟国家出口同比增速高于 40%外,绝大部分国家的增长较为温和。美国是中国铝产品出口的第三大方向,但 2022 年出口同比仅增长 7.5%,远低于全球增速,而同时中国向墨西哥出口近年来持续快速增长,2022 年同比增加 45.7%,并超过日本成为我第四大出口方向,可能存在贸易转移趋势。此外,中国向印度、阿联酋、沙特、土耳其和哥伦比亚等国出口同比增速均在 40%以上。

二、美国钢铝产品供应链变化趋势

美国是全球第二大钢铝进口国家(地区),仅次于欧盟,其产业政策的变化对全球钢铝供应链产业链都会产生重大影响。自 2018 年 3 月 23 日起美国实施 232 钢铝调查,分别对进口钢铁产品和铝产品按 25%和 10%的税率征收关税,至此已满五年,其间,美国先后对多国给予配额或非配额的关税豁免措施,以对其钢铝供应链进行调节。此外,301 调查 2 000 亿美元清单和 3 000 亿美元第一批清单亦将部分钢铝产品纳入其中,分别加征 25%和 7.5%的关税。至此,绝大部分钢铝产品(72—73 章、76 章)均受到美国加征关税的影响。

表 4　美国 232 调查钢铝产品加征关税措施

232 调查	征收关税	豁免国家(地区)
钢铁产品	25%	阿根廷(配额)、巴西(配额)、韩国(配额)、欧盟(配额)、日本(配额)、英国(配额)、澳大利亚、加拿大、墨西哥、乌克兰
铝产品	10%	阿根廷(配额)、欧盟(配额)、英国(配额)、澳大利亚、加拿大、墨西哥

资料来源:根据美国总统公告整理①。

---

① The White House. A Proclamation on Adjusting Imports of Steel Into the United States. https://www.whitehouse.gov/briefing-room/presidential-actions/2023/05/31/a-proclamation-on-adjusting-imports-of-steel-into-the-united-states-4/.

同时,在 2020 年 7 月 1 日起正式生效的《美墨加协定》(USMCA)的汽车条款中,美国就汽车中使用的钢铝的原产地提出要求,鼓励生产商更多使用北美生产的钢铁和铝产品,这也对美国钢铝产品的供应链产生影响。

(一)美国自中国等非豁免国家进口相关钢铝产品份额持续下滑,供应链调整仍在持续

在钢铝相关产品中,中国保持为美国第一大钢铁制品进口来源,约占三成的份额,但总体呈下滑趋势,尤其在 2022 年大幅下滑,为 25.7%,较 2017 年下滑 5.5 个百分点,2023 年仍不断下跌,一季度仅占 18.9% 的份额。同时,中国也是美国第二大铝产品进口来源,2022 年占份额的 10.4%,较 2017 年下滑 4.4 个百分点。若不考虑原铝①,则中国在美国铝产品进口中份额由 2017 年的 27.8% 降至 2022 年的 18.0%,2023 年一季度继续降至 15.1%。而我向美国出口钢铁规模较低,在美进口中份额也较低,2022 年为 2.3%,总体与加征关税前水平持平,受各类加征关税措施影响较小。

除中国外,俄罗斯曾是美国第四大钢铁进口来源,但自其进口份额由 2017 年的 9.2% 降至 2022 年的 2.9%,2023 年一季度继续跌至 1.0%。同时,铝产品进口份额由 7.2% 降至 1.8%,2023 年一季度仅为 0.2%。

(二)美国钢铝产品进口向豁免国家集中,非配额国家增长显著,供应链以近岸化为主

在美国的 232 钢铝调查豁免国家中,仅有加拿大、墨西哥和澳大利亚三国获得了完全豁免,不受配额限制,除澳大利亚在美国钢铝进口中占比较低外,加拿大和墨西哥相较于其他国家,出口份额增长显著。而自获得配额的国家(地区)进口整体较为稳定。

加拿大是美国钢铝产品的主要进口来源,尤其是钢铁和原铝产品的第一大进口来源。2022 年,美国自加拿大进口钢铁 97.3 亿美元,占总进口的 22.8%,较 2017 年提升 3.9 个百分点,2023 年一季度为 26.0%。而在原铝上,加拿大占美总进口的一半以上,2022 年为 59.8%,2023 年一季度增至 66.7%。加拿大在美钢铁制品进口中份额保持在 10% 以上,但较为稳定。

同时,墨西哥在美钢铝进口中重要性与日俱增,自其进口钢铁、钢铁制品和铝产品份额均显著提升。其中,钢铁进口份额由 2017 年的 6.3% 增至 2022 年的

---

① 原铝为税号 7601 的产品。

表 5　美国自中国进口钢铝产品情况

	进口额（亿美元）							进口份额						
	2017年	2018年	2019年	2020年	2021年	2022年	2023年（1—3月）	2017年	2018年	2019年	2020年	2021年	2022年	2023年（1—3月）
钢铁	6.4	6.6	4.9	3.1	5.2	9.9	1.8	2.3%	2.2%	2.1%	1.7%	1.4%	2.3%	2.2%
钢铁制品	115.6	131.3	108.9	105.4	136.0	144.7	24.3	31.2%	32.1%	28.1%	31.3%	30.7%	25.7%	18.9%
铝产品	33.5	28.6	23.4	23.6	32.6	36.4	6.1	14.8%	12.2%	10.9%	12.9%	11.9%	10.4%	9.0%
不含原铝	33.3	28.4	23.1	23.7	32.7	36.2	6.1	27.8%	21.3%	18.1%	20.5%	20.3%	18.0%	15.1%

数据来源：GTAS、S&P Global。

表 6　美国自加拿大进口钢铝产品情况

	进口额（亿美元）							进口份额						
	2017年	2018年	2019年	2020年	2021年	2022年	2023年（1—3月）	2017年	2018年	2019年	2020年	2021年	2022年	2023年（1—3月）
钢铁	52.0	57.0	47.5	43.9	90.2	97.3	21.0	18.9%	19.3%	20.4%	24.6%	24.4%	22.8%	26.0%
钢铁制品	39.0	43.8	40.1	35.5	48.3	57.7	15.6	10.5%	10.7%	10.4%	10.5%	10.9%	10.2%	12.2%
铝产品	84.1	81.7	69.6	68.8	108.8	128.6	27.8	37.2%	34.8%	32.4%	37.4%	39.6%	36.6%	40.9%
不含原铝	29.4	30.0	24.2	23.9	33.3	39.1	9.3	24.5%	22.5%	18.9%	20.6%	20.6%	19.5%	23.1%
原铝	54.7	51.7	45.4	44.9	75.5	89.5	18.5	51.4%	51.0%	52.2%	66.0%	66.5%	59.8%	66.7%

数据来源：GTAS、S&P Global。

表 7　美国自墨西哥进口钢铝产品情况

	进口额（亿美元）							进口份额						
	2017 年	2018 年	2019 年	2020 年	2021 年	2022 年	2023 年（1—3 月）	2017 年	2018 年	2019 年	2020 年	2021 年	2022 年	2023 年（1—3 月）
钢铁	17.3	22.0	20.3	18.4	44.9	54.1	10.4	6.3%	7.5%	8.7%	10.3%	12.1%	12.7%	12.9%
钢铁制品	44.2	50.6	50.9	47.3	64.6	81.6	20.4	11.9%	12.4%	13.2%	14.0%	14.6%	14.5%	15.9%
铝产品	9.9	11.8	10.1	12.3	17.9	22.5	4.8	4.4%	5.0%	4.7%	6.7%	6.5%	6.4%	7.1%
不含原铝	9.5	11.6	10.0	12.2	17.2	21.7	4.6	7.9%	8.7%	7.9%	10.6%	10.7%	10.8%	11.4%

数据来源：GTAS、S&P Global。

12.7％,提升 6.4 个百分点;钢铁制品和铝产品 2022 年进口份额为 14.5％和 6.4％,分别增长 2.5 个和 2.1 个百分点。三类产品份额在 2023 年一季度均保持增长态势。

(三) 除中俄和豁免国家外,美国钢铝进口结构呈分散化趋势,自东盟等进口增长较快

在钢铁进口中,美国自东盟进口整体呈提升趋势,份额由 2017 年的 2.9％升至 2022 年的 4.4％。同时,自印度进口份额由 1.5％升至 2.5％。此外,美国自哈萨克斯坦、罗马尼亚和阿尔及利亚等国钢铁进口亦稳步提升,2017—2022 年间份额分别提升 0.6 个、0.7 个和 0.8 个百分点。

在钢铁制品方面,中国台湾、东盟和印度是美国重要的进口来源,在美进口中份额均在 5％以上,且呈稳步提升态势。中国台湾的份额由 2017 年的 7.1％升至 2022 年的 8.4％,提升 1.3 个百分点;东盟由 4.3％升至 6.4％,快速扩大 2.2 个百分点;而印度则由 3.7％升至 5.4％,扩大 1.7 个百分点,且 2023 年一季度继续升至 5.8％,增长迅速。

同时,在铝产品进口上,东盟和印度也增长较快,2022 年占美国铝产品进口的 5.4％和 3.2％,分别较 2017 年提升 2.5 个和 1.1 个百分点。此外,自巴林、土耳其、哥伦比亚和阿曼等国进口份额扩大,2017—2022 年间分别提高 0.9 个、1.4个、0.9 个和 1.0 个百分点,进口结构越发分散化。

三、欧盟 CBAM 涉及部分钢铝产品供应链变化趋势

自 2021 年 7 月欧盟委员会首次提交关于建立碳边境调整机制(CBAM)的法规提案以来,历经多次三边谈判,终于 2023 年 5 月 16 日发布于欧盟公报,并于次日起正式生效。CBAM 的目的是阻止"碳泄漏",即污染行业离开欧洲到气候规则不那么严格的国家。它构成了欧盟气候一揽子措施的一部分,以使欧盟到 2030 年实现比 1990 年水平减少 55％的排放,以及到 2050 年实现碳中和。CBAM 的过渡期将自 2023 年 10 月 1 日开始,并于 2025 年 12 月 31 日结束,其间重点是收集数据。此后至 2034 年,CBAM 将逐步淘汰欧盟排放交易计体系(EU ETS)下目前免费的碳排放配额的,并由 CBAM 配额取代,即"碳关税"。

在 CBAM 下,欧盟进口商需要申报相关产品的隐含碳排放量(暂不包括间接排放),并按照 EU ETS 的价格为进口产品的碳排放购买"CBAM 证书"。CBAM 的应缴碳关税金额是欧盟与出口国间的产品隐含碳排放量的差额乘以

碳成本差额。部分参与 EU ETS 或已与欧盟碳市场挂钩的国家和地区被排除在欧盟 CBAM 条例规则外,包括:冰岛、列支敦士登、挪威、瑞士;布辛根(德国)、赫里戈兰(德国)、利维尼奥(意大利)、休达(西班牙北非自治市)、梅利利亚(西班牙北非自治市)。

CBAM 共涉及 6 类产品,包括:水泥、电力、化肥、钢铁、铝和化学品(氢气)。其中,钢铁和铝两类产品作为 CBAM 中贸易规模最大、用途最为广泛的产品,CBAM 的实施将对其在欧盟的供应链结构产生深远影响。而欧盟作为全球第一大钢铝进口国家(地区),CBAM 也势必扰动全球钢铝供应链。

(一) 欧盟 CBAM 涉及钢铝产品范围不断扩大,覆盖产业链上下游

2022 年,欧盟分别进口 CBAM 钢铁和铝产品 879 亿美元和 402 亿美元,合计占所有六类产品进口的 77%,是欧盟 CBAM 最重要的组成部分。在欧盟 CBAM 被首次提出时,钢铝产品分别包括 38 个和 8 个 4 位税号,此后,在历次谈判过程中,产品范围不断扩大,最终分别包括 40 个 4 位税号以及 6 个 6 位税号和 14 个 4 位税号,覆盖产业链的上下游。最终 CBAM 钢铁包括除钢铁废碎料和部分铁合金外的所有钢铁产品,钢铁制品中除钢材、钢管、钢铁结构体和钢铁容器外,将螺钉等制品也纳入其中,此外,已烧结铁矿砂及其精矿也被加入钢铁产品中。CBAM 产品在欧盟自全球进口中份额,72 章由 82.1% 升至 86.9%,73 章由 32.3% 升至 73.1%。而在 CBAM 铝产品方面,除未锻轧铝、铝粉、铝材等外,将铝制容器也纳入其中,CBAM 产品在欧盟自全球进口铝产品(76 章)中份额由 81.0% 升至 93.8%。欧盟 CBAM 涉及的钢铝产品范围不断扩大,对全球铝供应链的影响也不断提升,对自中国进口的影响亦不容小觑。

表 8　2022 年欧盟进口钢铝产品中 CBAM 产品金额占比

税　号	自全球进口		自中国进口	
	最初	最终	最初	最终
260112	—	100.0%	—	100.0%
72	82.1%	86.9%	96.3%	96.8%
73	32.3%	73.1%	23.2%	61.8%
72 和 73 合计	62.1%	81.4%	42.8%	71.1%
76	81.0%	93.8%	42.0%	84.4%
总计	65.8%	85.4%	42.6%	73.8%

数据来源:GTAS, S&P Global。

(二) 欧盟自欧洲国家进口集中度高，自中国和土耳其增长较快，但中方受 CBAM 影响或较大

欧盟 CBAM 钢铝产品的盟外进口来源前五位所占份额之和均超过 50％，并多集中在中国、土耳其、俄罗斯，还包括挪威、冰岛、英国等其他欧洲国家以及印度。

在 CBAM 钢铁产品方面，中国是欧盟第一大进口来源，进口份额由 2017 年的 15.0％升至 2022 年的 18.1％，2023 年一季度为 18.5％，整体呈上升趋势。土耳其在欧盟进口中位列第二，份额亦稳步提升，由 2017 年的 7.3％升至 2022 年的 10.8％，2023 年一季度为 10.3％。此外，欧盟自印度进口份额稳定在 7％上下，而自俄罗斯和英国进口份额出现下滑，2022 年分别为 7.4％和 6.7％。

从 CBAM 铝产品来看，挪威是欧盟第一大进口来源，份额保持在 16％上下，它与排名第五的冰岛均属于欧盟 CBAM 的排除国家，受 CBAM 影响较小。中国是欧盟 CBAM 铝产品第二大进口来源，份额由 2017 年的 9.9％升至 2022 年的 11.8％，但 2023 年一季度为 9.9％。土耳其是第三大进口来源，其份额快速由 2017 年的 5.9％升至 2022 年的 9.9％。而俄罗斯曾是欧盟第二大进口来源，但其份额近年来快速下滑。

中国和土耳其是欧盟主要 CBAM 钢铝产品进口来源，则份额均呈增长态势，但相较于土耳其与欧盟间地理相近，且签有自贸协定，自中国进口受 CBAM 影响或更为显著。

(三) 欧盟自中国进口产品集中度高，我对欧盟出口依赖也较高，相关产品将受较大影响

欧盟自中国进口 CBAM 钢铝产品主要集中在其他钢铁和铝制品、其他钢铁结构体、螺钉螺母和部分钢材，前 10 个六位税号就占欧盟自中国总进口的五成以上。且上述税号产品欧盟对我国依赖度较高，10 个税号中有 6 个自中国进口份额超过 30％。

欧盟也是中国 CBAM 钢铝产品的主要出口方向，约占我国 CBAM 钢铝产品总出口的 10.3％。在欧盟自我国进口较高的 10 个产品中，有 6 个欧盟占我出口份额超过 15％，合计占份额的 12.8％，这些产品我国对欧盟的出口依赖相对较高，CBAM 的实施势必会对我国重点产品出口产生影响。

表 9　欧盟 CBAM 铝产品进口结构

		CBAM 铝产品进口额（亿美元）							份额（%）						
		2017 年	2018 年	2019 年	2020 年	2021 年	2022 年	2023 年（1—3 月）	2017 年	2018 年	2019 年	2020 年	2021 年	2022 年	2023 年（1—3 月）
	总计	230.0	266.9	231.5	205.6	293.5	401.6	85.9	—	—	—	—	—	—	—
1	挪威	36.8	40.9	35.2	32.1	49.5	60.9	13.6	16.0	15.3	15.2	15.6	16.9	15.2	15.9
2	中国	22.7	30.5	31.4	27.2	32.1	47.4	8.5	9.9	11.4	13.5	13.2	10.9	11.8	9.9
3	土耳其	13.5	16.0	15.3	14.5	28.2	39.7	8.2	5.9	6.0	6.6	7.1	9.6	9.9	9.6
4	俄罗斯	33.8	32.4	27.5	20.4	26.5	29.9	5.6	14.7	12.1	11.9	9.9	9.0	7.4	6.5
5	冰岛	18.5	19.2	11.7	15.1	22.0	28.6	6.1	8.1	7.2	5.1	7.4	7.5	7.1	7.1
6	阿联酋	12.8	15.8	13.6	9.0	14.3	22.7	4.7	5.6	5.9	5.9	4.4	4.9	5.7	5.5
7	瑞士	17.2	17.9	16.5	14.8	18.5	22.7	5.5	7.5	6.7	7.1	7.2	6.3	5.6	6.3
8	印度	5.2	8.8	4.6	3.5	8.2	21.8	5.6	2.3	3.3	2.0	1.7	2.8	5.4	6.5
9	莫桑比克	10.1	11.5	10.8	9.8	8.8	19.1	3.3	4.4	4.3	4.7	4.8	3.0	4.7	3.9
10	英国	15.2	17.5	16.2	14.8	14.6	18.6	3.7	6.6	6.6	7.0	7.2	5.0	4.6	4.3

数据来源：GTAS, S&P Global。

表 10　2022 年欧盟自中国进口前 10 个 6 位 CBAM 钢铝产品

		产品描述	2022 年自中国进口(万美元)	在自中国进口 CBAM 中份额	在同税号欧盟进口中份额
CBAM 钢铝总计			2 061 770	—	16.1%
1	732690	其他钢铁制品	357 566	17.3%	47.3%
2	761699	其他铝制品	136 925	6.6%	50.9%
3	730890	其他钢铁结构体	108 498	5.3%	31.2%
4	760612	铝合金制矩形铝板、片、带	108 351	5.3%	24.5%
5	731815	其他螺钉或螺栓	87 102	4.2%	26.3%
6	761090	其他铝制结构体	72 526	3.5%	56.7%
7	721049	瓦楞形镀锌钢材	65 724	3.2%	14.2%
8	721012	镀锡钢材,厚度小于 0.5 毫米	63 582	3.1%	62.5%
9	731816	螺母	51 895	2.5%	39.1%
10	721933	除冷轧外未经进一步加工的不锈钢平板轧材,宽度≥600 毫米,1 毫米<厚度<3 毫米	49 426	2.4%	29.3%
前 10 合计			1 101 595	53.4%	35.6%

数据来源:GTAS,S&P Global。

表 11　2022 年中国向欧盟出口情况

	2022 年出口额(万美元)		
	中国向欧盟	中国向全球	份额
CBAM 钢铝总计	2 376 580	23 096 031	10.3%
732690	213 078	1 366 492	15.6%
730890	108 482	1 571 227	6.9%
761699	108 298	548 866	19.7%
760612	103 365	1 082 217	9.6%
761090	75 234	420 449	17.9%
721012	72 383	241 351	30.0%
731815	71 807	487 860	14.7%
731816	44 717	198 729	22.5%

（续表）

	2022 年出口额(万美元)		
	中国向欧盟	中国向全球	份额
721933	38 145	254 450	15.0%
721049	35 831	654 732	5.5%
前 10 合计	871 338	6 826 373	12.8%

数据来源：GTAS，S&P Global。

四、总　　结

（一）中国是美欧钢铝产业政策的主要调整方向

作为全球第一大钢铝出口国和生产国，中国是美欧钢铝产业政策最主要的调整方向。其中 232 调查与 301 调查加征关税已初显成效，中国在美钢铝进口中份额显著下滑。而中国作为欧盟主要的钢铝进口来源，欧盟 CBAM 的实施势必对中国产生影响。尤其是我国虽然已于 2021 年 7 月启动全国碳排放权交易市场，但碳价水平远低于欧盟，且二者的差距在短时间内难以缩小，CBAM 的实施将直接导致我企业在出口时支付高昂的碳价差额，增加企业对欧出口成本，直接降低中国出口产品在欧盟市场上的竞争力。尽管近年来中国钢铝出口结构不断分散化，开始向东南亚和中东地区转移，但美欧仍是我国主要出口方向，其产业政策对我国钢铝产业的持续影响不容小觑。

（二）新的钢铝产业政策仍在持续推出，参与国家范围或将持续扩大

除 232 调查和 CBAM 外，美欧还在采取一系列措施对钢铝产业进行调整，如正在进行的美欧全球钢铝安排谈判，将建立一个"绿色钢铝贸易同盟"，也即一个由生产低碳钢铝的国家组成的、对内平等、对外歧视的关税同盟。其将致力于：一是解决造成全球钢铝产能过剩的"非市场导向"问题，二是要减少高排放钢铝产品的贸易。在 2023 年 6 月美国贸易代表戴琦给美国国际贸易委员会（USITC）的公开信中①，她重

---

① USTR. Ambassador Katherine Tai Requests USITC Investigation on the Greenhouse Gas Emissions Intensity of the U. S. Steel and Aluminum Industries. https://ustr.gov/about-us/policy-offices/press-office/press-releases/2023/june/ambassador-katherine-tai-requests-usitc-investigation-greenhouse-gas-emissions-intensity-us-steel.

中"美国和欧盟将寻求在 2023 年 10 月底之前完成'全球安排'的谈判",信中还说,美国和欧盟将成为"全球安排"的初始成员,并邀请志同道合的经济体加入,以致力于恢复市场导向和减少排放密集型钢铝产品的贸易。美欧持续拉拢盟友加入"全球安排",或使"绿色钢铝贸易同盟"成为全球除中国外主要经济体的集体行为,随着中国在全球钢铝出口市场中份额的持续提升,对中国的影响将越发显著,有待继续跟踪观测。

美国对华光伏贸易措施调整

秦　蔚[*]

内容摘要:2022 年 3 月,美国启动对东南亚四国光伏电池及组件的反规避调查,作为对过去十年一系列历史措施的补充。本文梳理了美国发起反规避前后全球光伏行业的供应链变化情况,并通过分析 2007 年到 2023 年第一季度光伏产业链贸易及 2016 年到 2022 年光伏投资数据,掌握了在协调单边主义措施影响下,跨国公司的长期供应链调整方向,得出有关美国对中国光伏贸易政策特点及政策实施效果的结论:美国三次主要光伏贸易措施呈现供应链环节增加、程度加深的特征,各阶段性实施效果显著,供应链调整逐步渗透,最终促使美国供应链生产大部分移出中国,光伏国际投资出现回流和向美国集中趋势。

关键词:光伏行业;反规避;可再生能源;协调单边主义

Abstract: In March 2022, the United States launched a circumvention inquiry on the antidumping duty and countervailing duty orders into crystalline silicon photovoltaic cells completed in four Southeast Asian countries as a follow-up to a series of trade measures throughout a decade. This article summarized the changes in the global PV industry's supply chain whilst the United States launched a circumvention inquiry, and by analyzing trade database from 2007 to the first quarter of 2023 and greenfiled investment data from 2016 to 2022, has grasped the trend of long-term PV supply chain adjustment of multinational enterprises under the influence of the U.S.'s coordinated Unilateralism measures. The article drew general conclusions about the characteristics of the U.S. PV trade policy towards China and the world as well as the effect of policy implementation. The U.S.'s three major stages of PV trade measures have shown the characteristics of expanding scope and deepening supply chain roles. With significant implementation effects at each stage, the adjustments

---

　* 秦蔚,上海WTO事务咨询中心产业分析部咨询师。

have gradually infiltrated into global PV supply chain, ultimately prompting the majority of PV production that aims to supply the United States's market to move out of China, causing a trend of investment concentration in the United States.

Key words：Photovoltaic Industry；Countervailing；Renewable Energy；Coordinated Unilateralism

一、引　言

鉴于各国面临碳中和、零碳电力气候目标的背景，包含太阳能发电、风能发电在内的可再生能源产业成为提升能源多样化程度的必由路径。太阳能光伏行业是降低碳排放和促进世界能源转型的关键技术和生产领域，2022 年全球光伏新增装机量达到 230 吉瓦（GW），中国光伏新增装机量为 87.41 吉瓦（GW），占全球总装机量 38% 以上。中国是全球光伏主要市场之一，也是全球光伏产业链各环节产品的主要生产国和技术出口国。尽管中国通过供应链离岸化和企业生产布局调整，仍维持着世界光伏产业的重心，美国等世界主要经济体持续利用贸易政策、产业激励等方式促使产业投资回流，推动供应链近岸化、友岸化调整，重塑全球贸易格局。

二、全球光伏行业供应链变化分析

总体而言，中国光伏跨国企业在全球保持行业领先地位，在亚洲，尤其是东南亚各经济体广泛布局，由于美国供应链调整，韩国和东南亚地区在全球光伏制造的重要性不断提升。在美国对东南亚四国发起反规避措施后，美国供应链及时向北美近岸伙伴国调整，马来西亚等全球光伏制造中心也将供应链向中国以外亚洲、北美地区转移。以往自中国进口多晶硅、硅片，在东南亚制造硅片、光伏电池及组件并出口美国的模式发生改变，北美地区和东南亚光伏制造中心的供应链上下游环节产能将日益完整。从全球主要光伏贸易国进口数据，跟踪监控行业供应链主要产品光伏电池和光伏组件（以下简称"光伏电池及组件"）贸易流量，得出如下结论：

（一）中国进口光伏总量减少，对亚洲集中度高，供应链持续向友岸化近岸化调整

尽管 2022 年下半年光伏需求骤增，中国进口光伏电池及组件总量整体呈削减态势。中国进口主要来自亚洲，自北美进口份额在 2023 年一季度回升。中国光伏供应链自美欧向东南亚调整，并在疫情复苏后加快向亚洲区域伙伴国马来西亚、柬埔寨布局，减少了对日本等地电池及组件的依赖。

表 1　中国对三大区域①电池及组件季度进口额　（单位：百万美元）

区域	2021 年二季度	2021 年三季度	2021 年四季度	2022 年一季度	2022 年二季度	2022 年三季度	2022 年四季度	2023 年一季度	季度同比变化
全球	120.0	161.3	309.5	259.5	191.0	472.9	663.6	131.3	−90.5%
北美	0.02	0.000 3	0.001	0.000 1	0.003	0.001	0.001	0.01	59.4%
亚洲	99.6	152.3	296.5	251.5	184.2	464.1	653.3	120.9	−91.4%
欧洲	0.02	0.1	0.04	0.3	0.4	0.1	0.2	0.9	−75.9%

数据来源：GTAS，S&P Global。

（二）2022 年美国《通胀削减法案》立法，结合光伏反规避措施，美国在太阳能领域对布局本土产业和供应链做出积极调整，并在 2023 年进一步释放影响

美国可再生能源需求庞大，光伏供应链高度依赖亚洲，2022 年一季度至今，美国进口全球光伏电池及组件激增，自亚洲进口大幅增长，但总体出现进一步近岸化及友岸化趋势。北美区域内，除本土产能的提升之外，美国自墨西

表 2　美国对三大区域电池及组件季度进口额　（单位：亿美元）

区域	2021 年二季度	2021 年三季度	2021 年四季度	2022 年一季度	2022 年二季度	2022 年三季度	2022 年四季度	2023 年一季度	季度同比变化
全球	20.0	14.9	15.3	16.2	19.5	26.7	40.5	47.5	192.7%
北美	0.04	0.1	0.1	0.1	0.5	1.0	1.6	1.6	1 441.2%
亚洲	19.6	14.3	14.9	15.7	18.3	25.3	38.5	45.2	188.0%
欧洲	0.1	0.05	0.04	0.04	0.1	0.1	0.3	0.2	426.8%

数据来源：GTAS，S&P Global。

---

①　本文使用的三大区域划分包括北美（美国、加拿大、墨西哥）、亚洲（中国、日本、韩国、印度及东盟十国）、欧洲（欧盟 27 国及英国）三大区域。

表 3　美国对主要经济体电池及组件季度进口份额

经济体	2021年二季度	2021年三季度	2021年四季度	2022年一季度	2022年二季度	2022年三季度	2022年四季度	2023年一季度	2023年3月	2023年3月较2021年变化
北美	0.2%	0.3%	0.4%	0.6%	2.4%	3.7%	4.1%	3.4%	3.8%	3.5%
墨西哥	0.000 5%	0.1%	0.1%	0.3%	2.1%	2.1%	2.6%	2.2%	2.4%	2.4%
加拿大	0.2%	0.3%	0.4%	0.4%	0.3%	1.7%	1.4%	1.3%	1.4%	1.2%
亚洲	98.0%	96.4%	97.0%	96.6%	93.8%	94.6%	94.8%	95.1%	-4.3%	-4.3%
越南	29.2%	27.4%	29.4%	33.5%	31.5%	33.6%	34.7%	26.1%	24.1%	-11.3%
泰国	16.9%	17.9%	18.2%	19.0%	20.4%	13.1%	13.6%	19.7%	22.0%	5.2%
马来西亚	34.2%	29.5%	28.3%	25.6%	20.3%	20.3%	12.2%	13.3%	13.1%	-16.4%
柬埔寨	3.0%	4.3%	4.5%	5.2%	7.4%	6.1%	9.7%	10.5%	10.1%	8.5%
印度	1.7%	2.6%	0.8%	0.4%	0.3%	1.8%	4.6%	10.3%	12.1%	10.4%
韩国	9.3%	10.6%	11.5%	8.6%	8.7%	14.2%	14.8%	10.1%	8.6%	-1.8%
新加坡	2.7%	2.5%	3.0%	2.6%	3.1%	3.5%	3.1%	3.2%	2.8%	0.1%
印度尼西亚	0.1%	0.2%	0.4%	0.9%	1.6%	1.9%	2.0%	1.5%	1.4%	1.3%
欧洲	0.4%	0.3%	0.3%	0.3%	0.4%	0.5%	0.6%	0.5%	0.3%	0.3%
德国	0.3%	0.2%	0.2%	0.2%	0.3%	0.4%	0.5%	0.4%	0.4%	0.4%

数据来源：GTAS，S&P Global。

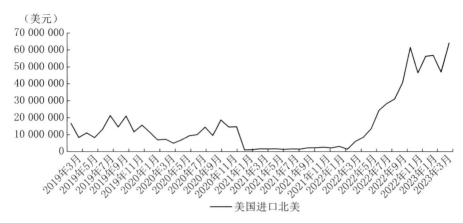

图 1　美国月度进口北美区域光伏电池及组件

数据来源:GTAS, S&P Global。

哥、加拿大等近岸伙伴国进口光伏增幅明显,对部分亚洲供应链具有替代作用,凸显供应链调整措施效果,而产品结构仍以组件为主,进口电池较少。亚洲区域内,美国光伏供应链自马来西亚、越南等成熟产能国家更多地向印度、柬埔寨等国家转移。

(三) 欧洲光伏供应链高度集中于中国,欧盟准备启动生产布局及供应链调整行动,2023 年总进口水平下降

　　欧盟陆续颁布《欧盟绿色协议》《净零工业法案》等产业政策,希望将高度依赖中国的光伏供应链生产本土化。2022 年欧洲进口全球光伏产品的激增在 2023 年一季度明显缓和,欧盟长期进口亚洲组件成品,一部分原本由荷兰、德国满足的需求份额不断缩减。2023 年一季度数据显示,虽然中国光伏进口量减少,但欧洲供应链从盟内供应国、东南亚国家等盟外伙伴向中国集中趋势明显,

表 4　欧洲对三大区域电池及组件季度进口额　（单位:亿美元）

区域	2021 年二季度	2021 年三季度	2021 年四季度	2022 年一季度	2022 年二季度	2022 年三季度	2022 年四季度	2023 年一季度	季度同比变化
全球	41.2	52.2	58.7	48.1	84.3	99.8	98.9	45.7	−4.9%
亚洲	30.1	38.7	43.1	37.8	69.6	82.9	79.6	40.1	6.3%
北美	0.6	0.7	0.8	0.5	0.4	0.3	0.2	0.2	−63.1%
欧洲	9.3	11.2	13.6	8.7	12.8	15.0	17.8	4.6	−47.6%

数据来源:GTAS, S&P Global。

自美欧进口季度同比减少,亚洲进口同比增加,美国反规避措施未对欧盟造成突出的协调影响,应持续监控《净零工业法案》能否带来实质性的供应链调整。

(四)马来西亚供应链自亚洲向欧洲转移,在亚洲内部自中国大陆向其他近岸伙伴转移趋势显著

马来西亚在全球光伏供应链各环节生产中占有较高份额,以往供应链高度集中在亚洲,主要加快向中国集中。受美国光伏反规避初裁结果及光伏豁免期影响,马来西亚需求扩张,尽管自亚洲进口数量快速上升,亚洲占比显著下降,向欧洲供应链转移明显,出现微弱的向北美转移趋势。

在亚洲区域,马来西亚供应链正呈现自中国向菲律宾、新加坡等经济体转移的明显趋势,对中国光伏逐渐降低依赖程度。在欧洲区域,马来西亚主要自意大利、德国进口光伏电池,进口额和份额呈快速增长态势,对亚洲供应链有替代作用。马来西亚自北美国家进口电池及组件中,以电池居多。

表 5　马来西亚对三大区域电池及组件进口份额变化　(单位:百万美元)

	2021年二季度	2021年三季度	2021年四季度	2022年一季度	2022年二季度	2022年三季度	2022年四季度	2023年一季度	季度同比变化
全球	125.4	113.0	77.1	64.6	98.3	159.1	162.9	125.4	−23.0%
北美	0.5	1.1	0.3	0.4	0.9	5.2	2.3	1.8	−21.7%
亚洲	123.3	111.1	74.2	59.3	77.1	94.2	101.1	79.3	−21.6%
欧洲	0.5	0.5	1.2	1.1	5.1	18.5	19.2	11.9	−38.2%

数据来源:GTAS, S&P Global。

三、美国对华光伏贸易措施梳理

通过梳理美国对包括中国在内经济体光伏进口产品采取的多次贸易救济措施,发现美国对中国光伏贸易政策大致分为三个阶段,并呈现出产品范围逐渐扩大,限制程度不断加强,关税措施叠加升级的趋势特点。中国曾是美国进口光伏产品第一大来源国,占比快速增长。2010年,美国进口相关中国光伏产品相较2008年增加9.9亿美元,增长了192.6%,超过同期美国表观消费量增长率。2010年,美国进口中国光伏电池及组件总额同比增长182.9%,2011年同比增

长 135.8%,但到 2022 年度,中国仅占美国进口光伏电池及组件总额的 0.2%[1]。

(一) 反补贴、反倾销

美国 2012 年对中国光伏电池及组件、发电机及蓄电池进行双反调查 (CSPV1),中国产品占美国光伏进口份额下降,马来西亚等地产品占比显著提升。首次双反调查以电池制造国为组件原产国,针对中国产电池及使用中国产电池的组件征税。

2015 年,美国对中国光伏电池及组件进行第二次双反。相比首次双反,第二次双反扩大供应链调整范围,增加对原产于中国的电池的制裁,美国进口中国光伏产品同步减少。调查中对于中国以组件组装国为组件原产国(CSPV1 已涵盖组件除外)。

(二) 301 调查、201 调查

2017—2018 年美国两次调查从全球全产业链出发,为保护本土光伏产业,深入打击中国海外投资产能,进一步调整光伏供应链向东南亚转移,减少中国光伏组件进口。2017 年,美国启动 301 调查[2],其中包括扩大对光伏产业措施的范围,从主要产品扩展到向全产业链,对上游产品硅片及下游部件征税 25%。导致当年美国直接进口中国光伏电池同比下降 64%。

2018 年,美国启动 201 调查,裁定对全球多晶硅硅料、硅片或电池生产的电池和组件加征 14%—30% 关税,导致美国直接进口马来西亚、越南、泰国、中国光伏电池进口额减少 28%—210%,中国产品仅占其 2018 年总进口的 0.75%。措施覆盖产品范围进一步扩大,海外投产无法避免这类进口税。

(三) 反规避及其他措施

在近年世界经济再平衡、全球贸易格局重构的大背景下,美国为达到供应链"去风险化"目的,加紧通过贸易措施调整供应链的脚步,通过反规避进一步扩充调查产品名单,将中国生产部分移出美国的光伏供应链。2022 年 3 月,美国基于双反调查结果,对企业是否使用原产于中国的硅片、银浆、光伏玻璃、铝框、接线盒、EVA 板或背板等产品在越南、泰国、马来西亚、柬埔寨生产品体硅电池及

---

[1]　数据来源:GTAS, S&P Global。
[2]　2018 年 301 调查启动及税号表,调查对中国与技术转让、知识产权和创新相关的行为、政策和实践,措施覆盖食品、纺织制品、木制品、运输设备、化学品、矿产品、军械品、石料等 22 个行业大类产品,参见 https://ustr.gov/sites/default/files/enforcement/301Investigations/FRN301.pdf。

组件展开全产业链的反规避调查①；2022 年 6 月，美国对从柬埔寨、马来西亚、泰国、越南四国进口的太阳能电池及组件实施 24 个月豁免②；2022 年 12 月 2 日，美国商务部初步裁定，在四个东南亚国家生产的进口太阳能电池和组件成品正在规避针对来自中国的太阳能产品的"双反"税令③。

　　除此之外，美国供应链调整措施还包括 2021 年 6 月，美国海关和边境保护局（CBP）对使用合盛硅业及其子公司硅料生产的产品发起的暂扣令（WRO）④，暂扣令指向强迫劳动，中国及东南亚生产的中游组件产品因此受到质押扣留。

四、美国对华贸易措施实施效果

（一）随着美国对进口光伏产品供应链调整措施不断升级，中国光伏企业不断调整生产布局，向东南亚和韩国等投资、转移、分散供应链和生产体系，由中国光伏产业链的海外投资产能持续向美国出口光伏产品

　　2012 年，首次双反实施使得中国光伏厂商转移出口产能，而出口至美国贸易额下降显著。2012 年中国出口美国电池及组件总额同比减少 11.2 亿美元。

　　2015 年，第二次双反导致我国对东南亚、韩国硅片出口增加，东南亚、韩国

---

　　①　Federal Register，Crystalline Silicon Photovoltaic Cells，Whether or Not Assembled Into Modules，From the People's Republic of China：Initiation of Circumvention Inquiry on the Antidumping Duty and Countervailing Duty Orders（2022-04-01），https://www.federalregister.gov/documents/2022/04/01/2022-06827/crystalline-silicon-photovoltaic-cells-whether-or-not-assembled-into-modules-from-the-peoples.

　　②　The White House，Declaration of Emergency and Authorization for Temporary Extensions of Time and Duty-Free Importation of Solar Cells and Modules from Southeast Asia（2022-06），https://www. whitehouse. gov/briefing-room/statements-releases/2022/06/06/declaration-of-emergency-and-authorization-for-temporary-extensions-of-time-and-duty-free-importation-of-solar-cells-and-modules-from-southeast-asia/.

　　③　Federal Register，Antidumping and Countervailing Duty Orders on Crystalline Silicon Photovoltaic Cells，Whether or Not Assembled Into Modules，From the People's Republic of China：Preliminary Affirmative Determinations of Circumvention with Respect to Cambodia，Malaysia，Thailand，and Vietnam（2022-12-08），https://www. federalregister. gov/documents/2022/12/08/2022-26671/antidumping-and-countervailing-duty-orders-on-crystalline-silicon-photovoltaic-cells-whether-or-not.

　　④　U.S. Customs and Border Protection，The Department of Homeland Security Issues Withhold Release Order on Silica-Based Products Made by Forced Labor in Xinjiang（2021-06-24），https://www. cbp. gov/newsroom/national-media-release/department-homeland-security-issues-withhold-release-order-silica.

对美电池及组件出口增加。2017 年我国出口马来西亚、越南、泰国硅片较
2015 年增长显著,突出产业链向东南亚转移。东南亚和韩国对美出口电池及组
件也大幅增长,对原本属于中国的出口份额替代程度较高,其中 2017 年马来西
亚、韩国、越南、泰国光伏电池向美国出口均出现数亿美元增长,各国占美国进口
份额分别较 2015 年增长 7%—14%。

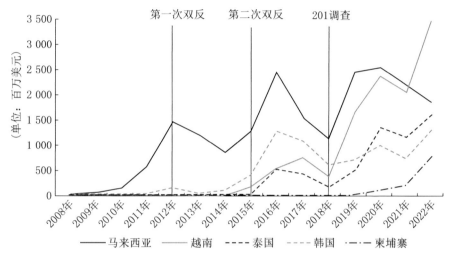

图 2　2007—2022 年三季度美国进口东南亚及韩国光伏电池及组件总额

数据来源:GTAS, S&P Global。

　　美国发起 301、201 调查全面打击中国光伏供应链并对全球光伏电池及组
件征税,中国厂商深化调整,发掘柬埔寨新兴产能。我国对东南亚、韩国硅片出
口稳定,东南亚、韩国对美电池及组件出口稳步增加。2018—2020 年,中国对马
来西亚、韩国、越南、泰国硅片出口额变化平稳,同期美国进口越南光伏、泰国电
池及组件占比增长。受我国对其投资布局影响,马来西亚、越南、泰国在全球光
伏产业链主要生产环节占重要地位。2020 年,国际原子能机构(IEA)统计三国
电池片产量共计 28 吉瓦(GW),占全球 14.3%,组件产量共 14.75 吉瓦(GW),
占全球总产量 13.9%,2020 年泰国 8 吉瓦(GW)组件产能主要用于出口生产,
一半以上出口美国[1]。对于自 2018 年兴起的柬埔寨产能,中国对柬埔寨出口硅

---

① International Energy Agency Photovoltaic Power Systems Programme, 2021 IEA PVPS Annual
Report, March 2022, pp.97-98:PV panel manufacturing in Thailand is primarily aimed at exports with
the total production capacity of 8GW per year. See the link:https://iea-pvps.org/wp-content/uploads/
2022/03/IEA-PVPS_Annual_Report_2021_v1.pdf.

片自 2018 年增加,2022 年第三季度柬埔寨组件已占美国进口的 6.1%。

中国光伏产业链的海外投资以东南亚为生产布局重点,持续填补美国光伏供给缺口。美国光伏需求庞大,2021 年中国对马来西亚、韩国、越南、泰国硅片出口同比快速增加,跨国公司在越南、马来西亚建立少数一体化产业链,2021 年东南亚四国及韩国电池及组件占美国进口份额相较 2018 年增加 20.6%,进口额增长超 40 亿美元,但随后马来西亚电池及组件占美国进口份额下降。中国是全球最大的光伏投资流出国,以往中国光伏绿地投资流向主要是亚洲区域内,其中以马来西亚、越南为主,对泰国等及其他亚洲国家布局广泛,但在 2022 年受反规避调查影响,中国光伏投资主要目的地从亚洲区域转向美国并增长明显。

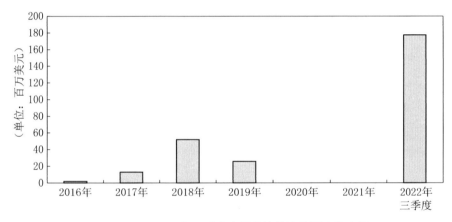

图 3　2016—2022 年三季度中国绿地投资美国光伏金额

数据来源:英国《金融时报》fDi Markets Database 数据库。

(二) 美国光伏供应链和生产布局政策效果初步显现,反规避措施限制各国在东南亚投资产能使用中国产品,迫使跨国公司将美国光伏供应链移出中国,同时促使中国光伏绿地投资的目的地从亚洲区域转向美国

为达到"去风险化"目的,美国通过反倾销、反补贴和反规避等一系列单边贸易措施进行供应链调整。这一系列贸易措施的实施效果包括:美国减少进口了90%以上自中国的光伏产品,转向重点布局以马来西亚、越南、泰国为代表的东南亚区域供应链;中国光伏产业链受市场驱使做出机动反应,向海外投资布局东南亚自主一体化产能,持续填补美国光伏供给缺口;并且在美国政策目标的引导之下,中美与主要投资转移国家间贸易和投资情况有所改变,加大了中国对美光

伏直接投资。

2021 年起美国光伏供应链开始呈现出近岸化、友岸化进程。墨西哥、加拿大、韩国、印度尼西亚和欧盟在美国光伏进口中所占份额稳定增长。2022 年三季度美国进口中国产品降至 0.1%，与此同时，美国在亚洲区域继续重建供应链关系，供应源由马来西亚向泰国、越南、柬埔寨、墨西哥等近岸及友岸伙伴国进一步转移。

反规避调查启动后，东南亚进口中国电池及组件出现波动。越南自中国进口电池及组件 2022 年 8 月环比减少 51%，马来西亚自中国进口电池及组件虽然金额保持稳定，但 2022 年 6 月中国占马来西亚进口份额下降近 70 个百分点，但在豁免期开始后，东南亚进口电池及组件总额增长，供应链自中国向外转移趋势不减。

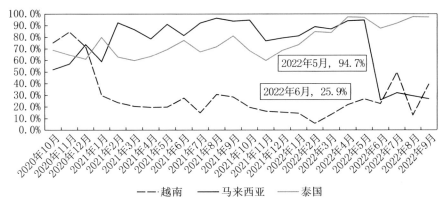

图 4　马来西亚、越南、泰国自中国进口电池及组件占该国进口份额

数据来源：GTAS，S&P Global。

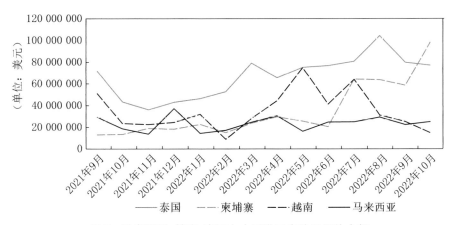

图 5　马来西亚、越南、泰国自中国进口电池及组件金额

数据来源：GTAS，S&P Global。

反规避措施促使美国吸引全球光伏投资,尤其是来自中国的投资增多,使北美区域能够在2022年挑战亚洲区域投资流入规模的领先优势。相比以往美国投资主要来源于日韩及欧洲伙伴国,2023年中国绿地投资额占美国光伏投资流入总体的32.1%。其中,中国、韩国、西班牙是美国2022年度前三大投资来源国。

五、结　　语

推动能源转型是有效应对全球气候变化的关键,然而全球能源转型并非一蹴而就,光电作为平准化度电成本最低的可再生能源,在众多国际主要经济体的环境政策框架中扮演着重要角色。美国在与贸易挂钩的气候和环境议题中亦践行协调单边主义,通过贸易和技术理事会(TTC)框架与欧盟就光伏安全供应链进行合作,在印太经济框架下就清洁能源发展和供应链恢复与韩国等携手,并施贸易政策以维护其供应链安全;欧盟绿色协议和《净零工业法案》正推动欧洲利用光伏清洁技术实现更具雄心的能源目标。美国、欧盟等正在以恢复区域内的光伏产业为目的,有计划地调整供应链本土化、友岸化布局,引发了更多新产能的出现和各国产业的成熟,从而形成当前的全球光伏产业变局。

美国一系列对华贸易政策的核心是通过限制我国企业在海外投资的生产布局使用中国大陆生产的光伏中上游产品,将中国大陆生产部分移出美国的光伏供应链,在东南亚和北美地区布局供应链多环节的自有产能,以应对美国用光伏替代化石能源的"去风险化"目标。美国对华光伏措施从微观层面使跨国公司在全球光伏产业不断呈现布局调整态势,并使国际投资将企业以美国作为出口市场时涉及的区位风险作为重要产业布局考量因素,从而最终影响整体贸易和投资走向。未来全球光伏等可再生能源产业持续扩展,国际协调单边主义措施对特定生产领域造成的影响需要结合贸易投资和产业数据及经济体,并针对关键领域变化的产业政策、贸易政策和规则实施效果继续进行监控,注重监控方式的迭代和创新。

参考文献

[1] 张丹:《全球光伏产业发展形势与前景展望》,《对外经贸实务》2014年第7期。

[2] 王青、江华、李嘉彤、张海霞、吴迪、张天宇、茹佳林:《中国及全球光伏产业发展形势分析》,《太阳能》2022年第11期。

［3］Helveston J. P.，HE G.，Davidson M. R. Quantifying the cost savings of global solar photovoltaic supply chains，*Nature*，2022，612(7938)：83-87.

［4］Wang，M.，et al. Breaking down barriers on PV trade will facilitate global carbon mitigation，*Nature communications*，2021，12(01).

［5］Sarah L.，et al. Industrial Policy，Trade，And Clean Energy Supply Chains. CSIS & Bloomberg NEF（2021-02-24），https：//csis-website-prod. s3. amazonaws. com/s3fs-public/publication/210224_Ladislaw_Industrial_Policy. pdf.

［6］American solar and storage manufacturing renaissance. Solar Energy Industries Association（2023-03-08），https：//www. seia. org/sites/default/files/2023-03/Manufacturing％20Reniassance％20Report％203-8-2023. pdf.

关键矿物"锂"的供应链和生产布局分析
——基于锂离子蓄电池行业

王婧祎　张　颖　孔祥飞*

内容摘要：关键矿物供应链安全在清洁能源转型背景下成为各国关注的重点领域，因此本文将当前最主流的绿色能源动力电池锂离子蓄电池作为着陆点，通过贸易流量数据分析其中矿物"锂"的供应链和生产布局情况。结果显示，锂的供应链集中度较高，中国在其中占据着举足轻重的地位。同时，以美国为代表的经济体相继发布产业政策和贸易政策，来加强自身供应链韧性和产业竞争力，本研究应用电池供应链制造类绿地投资数据，在一定程度上反映了跨国公司生产布局调整战略。

关键词：关键矿物；锂离子蓄电池；供应链；生产布局；跨国公司

Abstract：In the context of clean energy transformation, the security of critical mineral supply chains is becoming a main concern around the world. Therefore, this article takes the most mainstream green energy power battery lithium-ion batteries as the landing point, and analyzes the supply chain and production layout of the mineral lithium through trade flow data. The results show that the supply chain concentration of lithium is relatively high, while China holds a pivotal position in it. At the same time, the economies represented by the United States have successively issued industrial policies and trade policies to strengthen their own supply chain resilience and industrial competitiveness. This study uses greenfield investment data on battery manufacturing to reflect the production layout adjustment strategy of multinational corporations to a certain extent.

Key words：Critical Minerals；Lithium-ion Batteries；Supply Chain；Pro-

---

＊ 王婧祎，上海 WTO 事务咨询中心统计分析部咨询师；张颖，上海 WTO 事务咨询中心统计分析部咨询师；孔祥飞，上海 WTO 事务咨询中心产业分析部咨询师。

duction Layout；Multinational Corporations

一、研　究　背　景

随着关键矿产在芯片制造、清洁能源转型、国防军工等领域的广泛应用，各国对关键矿物和原材料越发关注，它们几乎在所有电子设备生产中都必不可少，并且支撑着汽车和航空航天等部门的高增值制造业的发展、生产、供应和维持，是国家经济繁荣以及国防力量强大的基石。此外，《巴黎协定》确立了 2020 年后国际社会合作应对气候变化的基本框架，全球各国相继设立了符合各自国情的双碳目标。据世界资源研究所（WRI）最新统计数据显示，目前全球已有主要的发达经济体和部分发展中经济体共 54 个实现了碳达峰，部分发达经济体已经提出了实现碳中和的预计年份，有 138 个国家设定了碳中和目标，另有一些国家设定了碳减排量目标。实现碳中和目标主要通过三大技术路径：一是清洁能源转型；二是节能减排；三是负排放。其中清洁能源转型是实现碳中和最重要的技术路径，同时也是实现可持续发展目标的头号驱动力，而这也将全面拉动对关键矿产的需求和关注。国际能源署（IEA）2021 年 5 月出版的《世界能源展望特别报告》[①]指出，清洁能源转型是从传统的化石燃料密集型能源系统向矿产密集型能源系统的转变，矿产资源特别是关键矿产的需求大幅增长是一个不变的趋势。其 2023 年 7 月发布的关键矿物行业首份年度评估报告[②]中表示随着清洁能源的部署达到新纪录，能源过渡矿产正成为矿业和金属市场的主要焦点。

因此，世界多国和组织纷纷采取相应措施，通过颁布新政策和法规、构建矿产伙伴关系、制定关键矿产清单等手段来协调矿产供需、确保供应链多样性、提升全产业链生产加工能力。包括美国、中国、欧盟、澳大利亚、加拿大、日本在内的多个重要经济体均发布了关键矿产目录。其中，我国于 2016 年经国务院批复的《全国矿产资源规划（2016—2020 年）》中首次提出了战略性矿产目录，涵盖了 24 种矿产资源，标志着我国矿产资源管理的一次重大飞跃，对资源供应安全和应用发展具有重要指导意义。美国高度重视矿产资源的供应安全，在不同历史时期针对关键矿

---

① IEA. *The Role of Critical Minerals in Clean Energy Transitions*. Paris：IEA（2021），https：//www.iea.org/reports/the-role-of-critical-minerals-in-clean-energy-transitions，License：CC BY 4.0.

② IEA. *Critical Minerals Market Review 2023*. Paris：IEA（2023），https：//www.iea.org/reports/critical-minerals-market-review-2023，License：CC BY 4.0.

产制定了相应的战略①,2022 年美国地质调查局确定了一份涉及 50 种关键矿物的清单,根据最新的供应、需求和生产集中度数据对先前 2018 年的清单进行了补充;同年,澳大利亚也更新了其关键矿产战略,以期获得可靠、安全和有弹性的关键矿产供应以及改善区域就业和经济增长,同时调整了关键矿物清单;英国也于2022 年发布了首份《英国关键矿物战略》,提出通过提升国内生产能力、加强国际合作等方式,加强供应链弹性,提高供应链安全。2023 年 3 月,欧盟推出了《关键原材料法案》,以确保欧盟能够获得安全、多样化、可负担和可持续的关键原材料供应。该法案更新了关键原材料清单,确定了战略原材料清单。矿产作为各国发展经济、巩固国防的重要资源,正在逐渐成为世界博弈的焦点。

美国更是通过一系列国内政策和牵头矿产相关伙伴关系来试图构建"小院高墙",在关键矿产资源方面搭建一个基于共同意识形态和价值观的全球供应链格局。2021 年 2 月,美国总统拜登上任后发起了《百日供应链评估报告》,针对半导体和先进封装、大容量电池、关键矿物和原材料、医药用品 4 个领域的供应链进行全面审查,其中把关键矿产供应链问题提高到了国家安全的战略位置;并通过《两党基础设施法案》拨款对矿产资源调查、设施更新、关键矿物的提炼与回收进行投资;另有《通胀削减法案》中对符合关键矿物和电池组件要求的清洁汽车提供税收抵免的优惠政策,为美国清洁汽车及电池相关产业链再布局提供助力。在拉拢盟友方面,2022 年 6 月,美国牵头发起了"矿产安全合作伙伴关系"(MSP),旨在加强关键矿产供应链,保障对清洁能源和其他技术至关重要的关键矿产的供应;2023 年 3 月,美国和日本签署了一项关键矿物协议,加强双方在关键矿物供应链上的合作,同时该协议将允许日方出产的矿物符合美方清洁汽车的补贴要求;此外,美国与欧盟也正就关键矿物协议开展谈判。

全球各国都意识到了关键矿物在清洁能源转型和国家发展中的重要地位,因而试图通过各项举措来提升自身关键矿物产业链供应链韧性和竞争力,保障矿产资源安全。

二、关键矿物"锂"的产业链及供应链环节介绍

美国的关键矿产战略、欧盟的关键矿产原材料清单、日本的稀有金属保障战略以及中国的全球矿产资源规划等多国发布的矿产战略中都将"锂"作为关注重

---

① 赵燊、汪鹏、王路等:《美国关键矿产战略的演化特征及启示》,《科技导报》2022 年第 8 期。

点收录其中。随着对清洁能源转型议题的关注度日益提升,对锂的需求量连年增长,据美国地质调查局在最新发布的《2023 年矿产品摘要》①中估算,2022 年全球(除美国)锂矿产量合计达 13 万吨,较 2017 年产量提升了 21.5%,其中近一半产自澳大利亚,其次为智利和中国,分别占全球锂矿总产量比重为 30% 和 14.6%。同时,由于可充电锂电池在电动汽车和电子产品中日益广泛的应用,锂被越来越多的使用于电动工具和电力储能中,在全球终端用途市场中锂被广泛应用于陶瓷和玻璃、润滑剂、医疗等行业,但储能领域是其主要应用领域,大约八成集中用于电池。据国际能源署最新预测显示,未来对清洁能源技术相关的关键矿物需求将会迅速增加,在 2050 年净零排放情景下,到 2030 年对关键矿物的需求将会增长3.5 倍,其中电动汽车和电池储能是需求增长的主要驱动因素。因此本文将着眼于锂离子蓄电池,探讨其中包含的关键矿物"锂"的供应链、生产布局及投资情况。

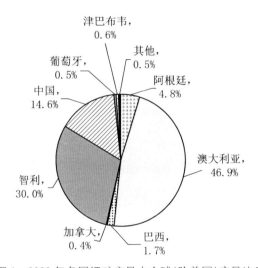

图 1　2022 年各国锂矿产量占全球(除美国)产量比重

数据来源:美国地质调查局,USGS。

2020 年美国国际贸易委员会发布的《全球价值链:电动汽车锂离子电池中的锂》②中对锂各环节进行了相对具体的介绍,为此对锂相关产品的确定主要参照该报告将锂的供应链分为三个阶段:(1)未加工的锂矿物;(2)加工锂化学品和

①　U.S. Department of the Interior U.S. Geological Survey,"Mineral Commodity Summaries 2023".(2023-01-31)[2023-07-20],https://pubs.usgs.gov/periodicals/mcs2023/mcs2023.pdf.

②　United States International Trade Commission. Lithium-Ion Battery Materials for Electric Vehicles and their Global Value Chains. USITC(2020),https://www.usitc.gov/publications/332/working_papers/gvc_overview_scott_ireland_508_final_061120.pdf.

精制锂化合物(加工锂化学品包含碳酸锂、氧化锂和氢氧化锂,为自盐水或矿床中提取并处理的初级加工品;下一步由碳酸锂等经处理生成氯化锂和锂金属等精制锂化合物);(3)锂的电池产品(主要为锂离子蓄电池)。

表 1　锂各阶段相关产品税号

锂的工艺阶段		税　号	产品描述
原材料	未加工锂矿物	2530.90	其他品目未列名的矿物质
中间品	加工锂化学品	2836.91	碳酸锂
		2825.20	氧化锂和氢氧化锂
	精制锂化合物	2827.39	其他品目未列名的氯化物等
		2826.90	其他氟化物、氟硅酸盐、氟铝酸盐和其他复合氟盐
		2805.19	其他碱金属
下游产品	锂的电池产品	8507.60	锂离子蓄电池

数据来源:美国国际贸易委员会,USITC。

三、全球锂相关行业生产布局情况分析

2012—2022 年间,对锂离子蓄电池的需求扩大带动全球锂离子蓄电池出口规模呈连年上升趋势。2022 年,全球锂离子蓄电池出口达 993.1 亿美元,同比增

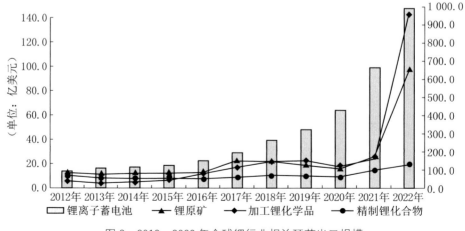

图 2　2012—2022 年全球锂行业相关环节出口规模

数据来源:GTAS, S&P Global。

长49.7%,同时拉动锂相关中上游产品出现骤增,锂原矿和加工锂化学品全球出口规模同比涨幅达299%和516.6%,精制锂化合物出口也出现了35.1%的显著增长。锂行业各阶段产品生产布局高度集中,跨国公司在排名前两位经济体的布局占全球的60%或以上。在上游产品锂矿物出口中澳大利亚的主导地位愈发突出,而在全球锂中间品和下游产品生产中中国的竞争力不断攀升,此外欧盟锂离子蓄电池的生产能力也大幅提升。

(一)全球未加工锂矿物出口日益集中,其中澳大利亚的主导地位愈发突显

　　未加工锂矿物出口在2022年迎来大幅扩张,增长主要贡献来自澳大利亚。2022年,欧盟、中国和美国在全球锂矿物出口中的份额均较2021年出现不同幅度的降低,分别下降了15.8个、3.6个和2.7个百分点;反观澳大利亚2022年锂矿物出口金额为82.8亿美元,是2021年的6.8倍,在全球出口中占比达83.5%,相较于2018年增长了32.8个百分点,更是较2012年显著提升了69.9个百分点,澳大利亚在锂矿物出口中的主导地位日益显现。而澳大利亚锂矿的经济利益与中国高度依存,2022年澳大利亚向中国出口锂矿物80.6亿美元,占澳大利亚锂矿出口总量的97.4%。澳大利亚掌握着矿物锂的上游供应链,而且其与中国间锂矿物贸易紧密,但随着近期澳大利亚加入美国牵头的矿产安全合作伙伴关系,并表示将加大对中国关键矿物投资审查的力度,未来澳大利亚如何平衡中国在锂矿方面的合作还有待进一步观测。

(二)智利为全球加工锂化学品的主要生产国;中国在锂中间品环节竞争力不断攀升

　　2022年,智利和中国出口加工锂化学品均出现倍数增长,分别为80.4亿和45.9亿美元,是2021年出口规模的8.2倍和5.3倍。其中智利作为加工锂化学品的主要出口国,全球份额维持在四成以上,但在2012—2021年间份额呈现出波动下降的趋势,直至2022年智利在全球出口中的市场占比企稳回升至56.2%,较2021年增长14个百分点,其中中国、韩国和日本是智利加工锂化学品前三大出口方向,且中国锂离子蓄电池产业拉动对碳酸锂、氧化锂和氢氧化锂的需求,2022年智利超七成的加工锂化学品流向中国。同时,中国加工锂化学品环节的竞争力也在不断提升,在全球出口中所占份额呈上升趋势,2022年占比为32.1%,较2021年略有回落,但较2018年和2012年分别增长了6.3个和

表2　2012—2022年全球重点经济体未加工锂矿物出口情况

经济体	2012年	2013年	2014年	2015年	2016年	2017年	2018年	2019年	2020年	2021年	2022年	2022年较2021年份额变化	2022年较2018年份额变化
澳大利亚	13.6%	14.8%	21.1%	22.1%	23.7%	45.8%	50.7%	49.2%	39.9%	48.8%	83.5%	34.8	32.8
欧盟	40.5%	41.5%	35.4%	32.3%	28.4%	21.1%	21.8%	24.0%	28.5%	21.9%	6.1%	−15.8	−15.8
巴西	0.5%	0.2%	0.3%	0.4%	0.4%	0.2%	0.2%	0.8%	1.3%	2.7%	3.3%	0.6	3.1
中国（含香港）	10.8%	10.1%	11.6%	13.8%	10.9%	5.6%	6.2%	6.3%	7.0%	5.6%	2.0%	−3.6	−4.2
东盟	1.8%	1.7%	2.6%	2.2%	2.4%	1.6%	1.8%	2.7%	3.5%	3.8%	1.5%	−2.2	−0.2
美国	10.3%	10.3%	9.7%	8.9%	8.2%	8.0%	5.6%	4.9%	5.1%	3.8%	1.1%	−2.7	−4.5

数据来源：GTAS，S&P Global。

表 3　2012—2022 年全球重点经济体加工锂化学品出口情况

经济体	2012 年	2013 年	2014 年	2015 年	2016 年	2017 年	2018 年	2019 年	2020 年	2021 年	2022 年	2022 年较 2021 年份额变化	2022 年较 2018 年份额变化
智利	52.4%	50.8%	46.6%	44.3%	45.1%	45.8%	47.4%	41.8%	44.8%	42.1%	56.2%	14.0	8.8
中国（含香港）	8.4%	8.5%	10.9%	-3.9%	14.8%	15.8%	25.7%	34.3%	35.8%	37.2%	32.1%	-5.1	6.3
欧盟	15.1%	16.2%	15.1%	-2.8%	13.1%	11.4%	10.6%	12.0%	8.3%	8.0%	4.7%	-3.3	-5.9
韩国	0.4%	0.2%	0.3%	0.2%	0.4%	1.8%	0.9%	0.9%	1.2%	2.3%	3.1%	0.7	2.2
美国	12.4%	12.7%	13.3%	14.9%	7.6%	7.9%	5.7%	5.2%	4.7%	5.0%	2.5%	-2.5	-3.2

数据来源：GTAS、S&P Global。

23.7个百分点。欧盟和美国加工锂化学品在国际出口市场中占比则出现下滑，2022年所占份额均已不足5%，较2018年分别下降了5.9个和3.2个百分点。

精制锂化合物对外贸易整体规模较小，2022年全球出口总规模为19.9亿美元，其中中国出口占国际市场份额持续提升，2022年占比达42.4%，较2018年增长了12.9个百分点，更是较2012年的15.1%有了大幅提升。欧盟2022年出口精制锂化合物占比为22.6%，较2018年下降8.2个百分点；同期美国的份额也呈现出0.8个百分点的下降。此外，韩国精制锂化合物的国际竞争力也有所提升，2022年出口份额为8.9%，较2018年提升了4.3个百分点。

(三) 中国锂离子蓄电池产业高速发展，欧盟的生产能力也大幅扩张

2012—2022年，在全球能源转型背景下，受益于储能需求扩张的带动，锂离子蓄电池出口呈井喷式增长，2022年出口规模达993.1亿美元，分别是2018年和2012年的3.7倍和10.7倍。作为我国出口外贸"新三样"之一，锂离子蓄电池"走出去"的步伐不断加快，中国锂离子蓄电池出口持续高歌猛进，2022年全球出口市场中超一半的锂离子蓄电池源自中国，较2018年增长了12.3个百分点，出口规模达527.4亿美元。与中国锂电池的持续扩张截然相反，原本在锂离子蓄电池出口中占据重要地位的韩国和日本的全球市场份额则呈现出大幅下滑，2022年占比分别为7.4%和3.2%，较2018年下降了7.4个和3.2个百分点。此外，欧盟锂离子蓄电池的生产能力也在大幅扩张，2022年出口份额为29.4%，较2018年提升了11.8个百分点，其中以波兰、匈牙利和德国为主出口份额持续上升，成为锂离子蓄电池生产新基地。

四、重点经济体锂相关供应链情况及其中国的角色

(一) 美国进口锂相关产品整体呈现出增长趋势，其中对中国锂供应链各环节的依赖水平均较高，短期内较难做出大幅调整

从锂各环节供应来源来看，2012年美国63.6%的锂原矿来自摩洛哥，后逐步向其余国别分散，至2022年美国自摩洛哥进口锂原矿份额已不足0.1%，转而对中国的锂原矿进口依赖稳步提升，2022年中国更是成为美国锂原矿第一大进口来源，在美国锂原矿进口中占比达19.7%，较2018年增长了15.2个百分点。美国加工锂化学品进口集中度较高，主要依赖于南美洲"锂三角"的智利和阿根廷，两者合计占比达美国进口份额的八成以上。2022年，美国进口加工锂化学品

表 4　2012—2022 年全球重点经济体精制锂化合物出口情况

经济体	2012 年	2013 年	2014 年	2015 年	2016 年	2017 年	2018 年	2019 年	2020 年	2021 年	2022 年	2022 年较 2021 年份额变化	2022 年较 2018 年份额变化
中国（含香港）	15.1%	22.7%	24.4%	26.8%	24.8%	24.5%	29.5%	30.0%	26.8%	33.5%	42.4%	8.9	12.9
欧盟	20.5%	31.1%	31.3%	30.4%	28.8%	29.7%	30.8%	29.9%	28.8%	26.0%	22.6%	−3.4	−8.2
韩国	2.1%	3.4%	3.4%	3.9%	5.6%	6.3%	4.6%	3.6%	5.7%	9.8%	8.9%	−0.9	4.3
美国	18.5%	11.9%	13.2%	−1.1%	10.0%	10.4%	9.4%	10.5%	14.9%	9.8%	8.5%	−1.2	−0.8
日本	6.0%	7.3%	7.1%	5.7%	7.0%	7.0%	5.5%	7.3%	5.6%	5.0%	5.4%	0.4	−0.1
英国	2.9%	4.1%	3.7%	3.2%	2.2%	2.6%	4.4%	3.6%	3.1%	3.0%	3.5%	0.5	−0.9
印度	24.9%	4.0%	3.8%	3.0%	3.4%	3.3%	2.9%	3.2%	3.6%	4.1%	3.0%	−1.1	0.1
东盟	2.3%	4.5%	1.9%	1.9%	2.8%	3.7%	3.2%	4.1%	6.1%	4.6%	2.6%	−2.0	−0.6

数据来源：GTAS、S&P Global。

表 5　2012—2022 年全球重点经济体锂离子蓄电池出口情况

经济体	2012 年	2013 年	2014 年	2015 年	2016 年	2017 年	2018 年	2019 年	2020 年	2021 年	2022 年	2022 年较 2021 年份额变化	2022 年较 2018 年份额变化
中国（含香港）	37.3%	36.4%	37.7%	42.3%	39.4%	38.9%	40.8%	41.0%	39.1%	45.0%	53.1%	8.1	12.3
欧盟	8.7%	9.8%	10.7%	11.7%	13.0%	15.0%	17.7%	22.6%	31.3%	32.8%	29.4%	−3.4	11.8
韩国	22.1%	21.2%	19.6%	16.2%	15.3%	18.2%	16.5%	14.4%	11.4%	8.7%	7.4%	−1.3	−9.1
日本	24.6%	19.2%	17.6%	16.2%	17.2%	13.3%	9.7%	6.3%	5.8%	5.1%	3.2%	−1.9	−6.6
东盟	3.0%	4.0%	4.0%	3.6%	3.7%	4.1%	6.4%	7.6%	5.2%	3.7%	3.0%	−0.7	−3.4
马来西亚	0.0%	1.3%	0.7%	0.1%	0.7%	1.1%	3.6%	2.8%	2.1%	1.1%	1.2%	0.1	−2.4
新加坡	1.9%	2.1%	2.7%	2.9%	2.5%	2.9%	2.6%	2.5%	1.7%	1.3%	0.9%	−0.4	−1.7
越南（BOL）	0.0%	0.0%	0.0%	0.0%	0.0%	0.0%	0.0%	2.2%	1.3%	1.1%	0.8%	−0.3	0.8
美国	2.6%	6.2%	6.6%	6.3%	7.3%	6.7%	5.3%	4.6%	3.9%	2.4%	1.9%	−0.5	−3.3

数据来源：GTAS，S&P Global。

总规模为 2 亿美元,同比增长 108.9%,其中智利和阿根廷合计份额达 97.1%。同期,美国进口精制锂化合物 2.9 亿美元,同比增长 62.3%,其中 2016 年起中国超过墨西哥成为美国精制锂化合物第一大进口来源,但在 2018 年中美贸易摩擦后,美国自中国进口份额呈下降趋势,2022 年较 2018 年下降了 4.8 个百分点,自日本、加拿大、印度、韩国和英国则相应增长了 9.2 个、3.5 个、4.9 个、5 个和 4.5 个百分点。美国进口锂离子蓄电池规模大且保持高速增长,2022 年美国进口金额为 136.6 亿美元,是 2018 年的 4.3 倍,同比增长 68.8%,其中自第一大进口来源中国进口规模为 91.3 亿美元,对中国的进口依赖平稳上升,2022 年占比为66.8%,较 2018 年提升 19.9 个百分点,同期自韩国和日本的进口份额分别下降了 14.9 个和 9.3 个百分点,自欧盟和东盟进口份额上升了 6.5 个和 0.5 个百分点。

　　美国对锂相关产品的需求持续扩张,其中对中国的进口依赖贯穿于供应链上中下游,除加工锂化学品环节美国进口集中于南美洲"锂三角"外,中国是美国第一大锂产品供应来源。虽然美国采取如《通胀削减法案》等一系列举措试图摆脱对中国的依赖,但短期来看难以实现,受中国主导的供应链条仍将持续,未来美国如何权衡供应链调整与调整成本将有待进一步观测。

(二)欧盟对关键矿物锂供应链各环节产品需求持续扩张,且对盟内伙伴的依赖水平较高,同时中国在欧盟锂供应链中下游环节占据着重要地位

　　2022 年,欧盟进口锂原矿、精制锂化合物和锂离子蓄电池同比分别增长了27.8%、39.7%和 61.3%,进口加工锂化学品或受盟内锂电池产能提升的影响更是较 2021 年翻了 3 倍。除加工锂化学品外,其余供应链各环节产品在很大程度上依赖于盟内伙伴,自盟内伙伴进口份额均超过 40%。具体来看,2012—2021 年间欧盟锂原矿进口超半数来自盟内,2022 年该比重有所下滑为 44.9%,而对澳大利亚锂原矿的进口依赖大幅提升,20.5%的锂原矿进口来自澳大利亚,较 2018 年增长了 9.8 个百分点,自中国和美国进口锂原矿份额也呈现出波动上升的趋势,2022 年占比分别为 11.1%和 6.1%,较 2018 年上升 3.2 和 1.1 个百分点。智利是欧盟第一大加工锂化学品进口来源国,2022 年自智利进口份额为48.7%,但自 2019 年起进口渠道呈现出向美国和中国转移的趋势,2022 年自美国和中国进口加工锂化学品份额较 2018 年分别增长了 4.7 个和 5.1 个百分点。中国作为欧盟盟外精制锂化合物第一大进口来源,在欧盟供应链中的地位稳步提升,2022 年欧盟 26.6%的精制锂化合物来自中国,较 2018 年大幅扩张了 15.1

表6　美国锂供应链各环节进口情况

（单位：亿美元）

	伙伴国/地区	2017年	2018年	2019年	2020年	2021年	2022年	2022年份额	2022年较2012年份额变化	2022年较2018年份额变化
锂原矿	全球	0.6	0.8	0.9	0.7	0.9	1.1	—	—	—
	中国（含香港）	0.0	0.0	0.0	0.1	0.1	0.2	19.7%	18.6	15.2
	墨西哥	0.2	0.2	0.2	0.2	0.2	0.2	17.7%	10.1	-2.2
	澳大利亚	0.1	0.1	0.2	0.0	0.1	0.2	15.4%	15.3	4.0
	加拿大	0.2	0.2	0.3	0.2	0.2	0.2	14.8%	4.5	-8.5
	日本	0.1	0.1	0.1	0.2	0.2	0.1	12.7%	8.4	0.6
加工锂化学品	全球	1.1	1.4	1.2	0.9	0.9	2.0	—	—	—
	智利	0.4	0.7	0.5	0.4	0.5	1.4	71.0%	12.5	23.4
	阿根廷	0.5	0.5	0.5	0.4	0.3	0.5	26.1%	-9.9	-9.6
精制锂化合物	全球	1.4	1.9	1.7	1.3	1.8	2.9	—	—	—
	中国（含香港）	0.5	0.7	0.5	0.4	0.5	0.9	30.9%	4.2	-4.8
	日本	0.1	0.2	0.3	0.2	0.2	0.6	18.9%	12.8	9.2
	欧盟	0.2	0.2	0.2	0.2	0.3	0.3	9.9%	-8.9	-2.6
	加拿大	0.1	0.1	0.1	0.1	0.1	0.3	8.9%	4.3	3.5
	印度	0.1	0.1	0.1	0.1	0.2	0.2	7.8%	0.7	4.9
	韩国	0.0	0.0	0.1	0.1	0.1	0.2	7.2%	2.9	5.0
	英国	0.0	0.0	0.1	0.0	0.0	0.2	6.6%	2.3	4.5
锂离子蓄电池	全球	25.2	31.6	36.3	47.5	80.9	136.6	—	—	—
	中国（含香港）	10.5	14.8	18.2	20.7	44.3	91.3	66.8%	25.6	19.9
	韩国	5.8	7.7	7.3	9.2	14.1	12.8	9.3%	-5.3	-14.9
	欧盟	1.1	0.9	2.1	6.2	6.8	12.6	9.2%	8.0	6.5
	日本	5.3	5.2	4.5	6.3	8.4	9.7	7.1%	-26.8	-9.3
	东盟	1.1	1.3	1.9	2.3	4.1	6.1	4.4%	1.7	0.5

数据来源：GTAS、S&P Global。

个百分点。此外,对阿根廷和韩国的精制锂化合物进口依赖出现不同程度的增长,自美国进口份额则有所下降。在下游环节,欧盟对锂离子蓄电池的需求旺盛且增长强劲,同时进口呈现出向中国集中的趋势。2022 年自中国锂离子蓄电池进口份额更是超过盟内伙伴达到 48.3%,较 2018 年显著升高了 21.9 个百分点,而对日本、韩国、东盟和美国锂离子蓄电池的进口依赖持续走低,合计从原来的四成左右下降至 2022 年已不足 10%。

由此可见,中国在欧盟锂相关供应链中下游环节占据主导地位,且随着中国产业链向欧洲推进,欧盟对中国锂相关各阶段供应链的进口依赖均在不断提升。但与此同时,欧洲锂电行业也在迅速发展,并伴随有《新电池法》和《关键原材料法案》的落地,未来或对欧盟锂电供应链和行业发展产生一定的影响。

(三) 中国作为日本和韩国锂中间品和下游产品的主要进口来源,在日韩供应链中竞争优势显著

2012—2022 年间,日本和韩国锂相关产品进口在能源转型的大背景下持续走高,两国锂原矿和锂离子蓄电池进口金额相近,而韩国加工锂化学品和锂离子蓄电池进口额是日本的一倍以上。日本锂原矿进口依赖向印度发生大规模转移,在 2018—2022 年间自印度进口锂原矿份额显著增长了 30.6 个百分点,而韩国锂原矿进口则呈现出向澳大利亚集中的趋势,2022 年近七成的锂原矿进口来自澳大利亚。日韩两国都减少了对中国的锂原矿进口需求,2022 年两国自中国进口份额为 17.6% 和 11.3%,较 2018 年分别下降了 17.4 个和 12.5 个百分点。在锂的中间品和下游产品进口中,中国是日本和韩国的第一大进口来源,竞争优势显著。2022 年,日韩加工锂化学品进口均超六成来自中国,且对中国需求扩张显著,占比较 2018 年分别增长 19 个和 32.2 个百分点。其次,智利和阿根廷是日韩的第二、三大进口来源,两国合计占比在 35% 左右。日本自中国进口精制锂化合物所占份额呈波动上升趋势,2022 年中国成为日第一大主要进口来源,进口规模为 0.9 亿美元,占比达 35.9%,较 2018 年增长 13.3 个百分点。而对美国和欧盟的精制锂化合物进口依赖均出现下滑,自东盟(主要为泰国)进口份额有所提升。中国作为日本锂离子蓄电池的主要进口来源,需求波动下降,2018 年后有所提升,份额由 2012 年八成以上下降至 2022 年的 64%,进口规模为 14.5 亿美元。

韩国精制锂化合物和锂离子蓄电池进口高度集中于中国,且集中度稳步提升,2022 年自中国进口两种产品份额分别达 75.7% 和 94.6%,较 2018 年增长了 13.2 个和 4 个百分点。

表7　欧盟锂供应链各环节进口情况

（单位：亿美元）

	伙伴国/地区	2017年	2018年	2019年	2020年	2021年	2022年	2022年份额	2022年较2012年份额变化	2022年较2018年份额变化
锂原矿	全球	4.2	4.9	5.0	4.4	5.0	6.4	—	—	—
	欧盟	2.2	2.7	2.6	2.4	2.7	2.9	44.9%	-9.4	-9.5
	澳大利亚	0.4	0.5	0.6	0.5	0.6	1.3	20.5%	13.9	9.8
	中国（含香港）	0.3	0.4	0.2	0.3	0.4	0.7	11.1%	4.2	3.2
	美国	0.3	0.2	0.3	0.2	0.3	0.4	6.1%	-0.2	1.1
加工锂化学品	全球	2.7	3.7	3.7	2.4	2.5	8.1	—	—	—
	智利	1.4	2.1	1.7	1.3	1.0	4.0	48.7%	-7.5	-9.2
	欧盟	0.7	0.7	1.3	0.5	0.7	1.8	22.6%	2.0	2.8
	美国	0.1	0.2	0.1	0.1	0.1	0.9	11.0%	3.0	4.7
	中国（含香港）	0.1	0.1	0.1	0.1	0.1	0.6	7.0%	1.2	5.1
精制锂化合物	全球	3.4	4.4	4.7	4.7	5.3	7.4	—	—	—
	欧盟	2.1	2.7	3.1	3.0	3.4	3.7	50.3%	-8.1	-11.7
	中国（含香港）	0.4	0.5	0.5	0.4	0.8	2.0	26.6%	12.5	15.1
	阿根廷	0.0	0.0	0.1	0.5	0.1	0.3	4.1%	4.1	4.1
	韩国	0.0	0.0	0.0	0.0	0.2	0.3	3.7%	2.5	2.7
	英国	0.2	0.3	0.3	0.3	0.2	0.2	3.3%	-0.9	-3.6
	美国	0.3	0.4	0.2	0.2	0.2	0.2	3.1%	-10.2	-5.3
	印度	0.1	0.1	0.1	0.1	0.1	0.2	2.6%	-1.2	0.7
锂离子蓄电池	全球	56.6	79.3	107.1	167.2	257.3	415.1	—	—	—
	中国（含香港）	13.0	21.0	33.6	47.2	84.1	200.6	48.3%	17.7	21.9
	欧盟	13.8	23.6	39.3	82.5	134.2	172.5	41.6%	16.5	11.8
	韩国	13.3	16.4	18.5	18.3	21.2	19.3	4.6%	-5.3	-16.0
	东盟	3.4	4.5	4.8	5.3	5.7	7.2	1.7%	-1.8	-4.0
	日本	6.2	5.9	4.0	4.7	5.1	6.9	1.7%	-16.0	-5.8
	美国	5.1	5.8	4.9	6.8	3.9	4.0	1.0%	-3.5	-6.3

数据来源：GTAS、S&P Global。

表 8　日本锂供应链各环节进口情况

（单位：亿美元）

	伙伴国/地区	2017年	2018年	2019年	2020年	2021年	2022年	2022年份额	2022年较2012年份额变化	2022年较2018年份额变化
锂原矿	**全球**	**0.7**	**0.8**	**0.8**	**0.7**	**1.0**	**1.7**	—	—	—
	印度	0.0	0.0	0.0	0.0	0.0	0.5	31.6%	30.1	30.6
	中国（含香港）	0.3	0.3	0.2	0.2	0.3	0.3	17.6%	−42.5	−17.4
	墨西哥	0.1	0.1	0.1	0.1	0.2	0.3	16.8%	16.7	1.9
	东盟	0.1	0.1	0.1	0.2	0.2	0.2	14.3%	6.3	5.6
	越南	0.0	0.0	0.1	0.2	0.1	0.2	10.5%	5.5	6.1
	印度尼西亚	0.0	0.0	0.0	0.0	0.0	0.1	3.1%	1.8	−0.2
	南非	0.1	0.1	0.1	0.1	0.0	0.1	4.2%	4.0	−4.3
	韩国	0.1	0.1	0.1	0.1	0.1	0.1	4.0%	−7.7	−4.3
	津巴布韦	0.0	0.0	0.0	0.0	0.0	0.0	2.4%	1.3	−1.8
	美国	0.0	0.0	0.0	0.0	0.0	0.0	2.3%	−2.1	−1.4
加工锂化学品	**全球**	**4.1**	**6.0**	**8.0**	**5.8**	**5.9**	**21.7**	—	—	—
	中国	1.7	2.5	4.2	3.3	3.4	13.1	60.2%	50.6	19.0
	智利	1.4	2.2	2.5	1.6	1.6	5.4	24.9%	−21.2	−12.8
	阿根廷	0.3	0.5	0.4	0.1	0.3	1.9	8.5%	−3.2	−0.7
	美国	0.7	0.6	0.8	0.7	0.6	1.2	5.5%	−26.1	−5.2

（续表）

伙伴国/地区		2017年	2018年	2019年	2020年	2021年	2022年	2022年份额	2022年较2012年份额变化	2022年较2018年份额变化
精制锂化合物	**全球**	**1.8**	**2.0**	**1.8**	**1.9**	**2.1**	**2.6**	—	—	—
	中国（含香港）	0.4	0.4	0.5	0.4	0.5	0.9	35.9%	21.3	13.3
	美国	0.9	0.9	0.7	0.8	0.8	0.8	31.7%	−12.4	−14.9
	东盟	0.1	0.1	0.1	0.3	0.4	0.4	14.1%	4.0	10.7
	欧盟	0.4	0.4	0.4	0.3	0.3	0.3	13.1%	−14.7	−8.8
	德国	0.4	0.4	0.4	0.3	0.2	0.3	11.8%	−13.9	−9.0
	韩国	0.0	0.1	0.1	0.1	0.1	0.1	3.6%	2.5	−0.8
	印度	0.0	0.0	0.0	0.0	0.0	0.0	1.2%	1.1	0.8
锂离子蓄电池	**全球**	**8.1**	**10.9**	**14.2**	**13.4**	**16.9**	**22.7**	—	—	—
	中国（含香港）	4.6	6.7	7.8	8.9	12.3	14.5	64.0%	−19.5	2.5
	东盟	1.5	2.0	1.9	1.5	1.9	3.1	13.5%	8.7	−4.7
	新加坡	0.7	1.3	1.4	1.2	1.3	2.0	8.9%	7.7	−3.2
	越南	0.4	0.4	0.3	0.2	0.3	0.8	3.5%	3.4	−0.6
	韩国	0.9	1.2	2.0	1.8	1.5	2.7	11.9%	5.3	1.3
	美国	0.7	0.7	2.0	0.4	0.3	1.4	6.1%	3.9	−0.2
	中国台湾	0.2	0.2	0.3	0.5	0.5	0.5	2.3%	1.0	0.5
	欧盟	0.1	0.1	0.2	0.2	0.2	0.2	0.9%	0.1	−0.3
	印度	0.0	0.0	0.0	0.0	0.1	0.2	0.9%	0.9	0.9

数据来源：GTAS、S&P Global。

表9　韩国锂供应链各环节进口情况

（单位：亿美元）

伙伴国/地区		2017年	2018年	2019年	2020年	2021年	2022年	2022年份额	2022年较2012年份额变化	2022年较2018年份额变化
锂原矿	全球	**0.6**	**0.7**	**0.6**	**0.6**	**0.6**	**1.2**	—	—	—
	澳大利亚	0.5	0.2	0.2	0.2	0.2	0.8	67.3%	56.6	39.3
	中国（含香港）	0.2	0.2	0.2	0.1	0.1	0.1	11.3%	-18.0	-12.5
	东盟	0.0	0.1	0.1	0.0	0.1	0.1	6.4%	0.8	-0.8
	越南	0.0	0.0	0.0	0.0	0.0	0.1	4.5%	-0.1	0.0
	印度尼西亚	0.0	0.0	0.0	0.0	0.0	0.0	1.0%	0.8	-0.1
	南非	0.1	0.2	0.1	0.1	0.1	0.1	6.3%	-29.3	-14.1
	欧盟	0.0	0.0	0.0	0.0	0.0	0.0	2.2%	1.2	-2.0
加工锂化学品	全球	**3.8**	**6.9**	**8.7**	**7.5**	**10.5**	**54.2**	—	—	—
	中国（含香港）	0.7	2.2	3.9	3.9	6.1	34.8	64.3%	55.5	32.2
	智利	2.8	4.2	4.5	3.4	3.9	17.6	32.5%	-53.9	-29.1
	阿根廷	0.3	0.4	0.2	0.2	0.2	1.0	1.8%	0.3	-3.8
精制锂化合物	全球	**0.5**	**0.7**	**0.9**	**0.9**	**2.1**	**2.4**	—	—	—
	中国（含香港）	0.3	0.5	0.5	0.6	1.6	1.8	75.7%	46.1	13.2
	美国	0.1	0.1	0.1	0.1	0.2	0.3	13.5%	0.5	3.9
	欧盟	0.1	0.1	0.1	0.0	0.1	0.1	5.0%	-4.7	-8.2
	德国	0.0	0.1	0.0	0.0	0.0	0.1	2.6%	-0.6	-0.9
	法国	0.1	0.1	0.1	0.1	0.1	0.1	2.3%	-3.0	-6.8
	日本	0.1	0.0	0.2	0.1	0.1	0.1	3.1%	-42.1	-9.3
	英国	0.0	0.0	0.0	0.0	0.0	0.0	1.3%	-0.1	0.6
锂离子蓄电池	全球	**6.7**	**12.3**	**12.5**	**16.3**	**33.6**	**56.9**	—	—	—
	中国（含香港）	5.8	11.1	11.5	15.2	31.0	53.9	94.6%	31.1	4.0
	美国	0.1	0.1	0.2	0.1	0.4	1.2	2.2%	0.5	1.1
	东盟	0.5	0.7	0.4	0.4	0.7	0.7	1.3%	-1.6	-4.8

数据来源：GTAS、S&P Global。

五、电池行业绿地投资情况分析

　　电池行业作为上承关键矿物,下接电动汽车等涉及清洁能源转型关键议题的重点领域,愈发受到各国关注,2016—2022 年间电池供应链制造类绿地投资规模呈现出爆发式增长,2022 年全球电池制造类绿地投资流出共计 808.2 亿美元,同比涨幅达 150%。其中自以中国、日本和韩国为主的亚洲区域投资流出规模占比达 71.9%,中、日、韩三国电池行业跨国企业正持续扩张,积极布局海外市场。欧洲区域的电池制造类绿地投资输出主要受德国宝马、奔驰和大众汽车以及荷兰的电池制造商 Lithium Werks 和汽车制造商 Stellantis 集团推动。北美区域对外电池制造类绿地投资集中于美国,而在美国 2022 年 8 月正式生效的《通胀削减法案》中规定了合规清洁汽车需满足电池组件或关键矿物含量要求来获取相应的税收抵免,这一产业政策在一定程度上促进了北美电动汽车和电池的制造能力,同时试图打造全新的电池相关关键矿物供应链。基于该背景,美国电池制造类境内绿地投资与跨境绿地投资比从 2016 年的 1∶9 上升至了 2022 年的 11∶6,美国正在大力打造和发展本土电池产业链。[①]

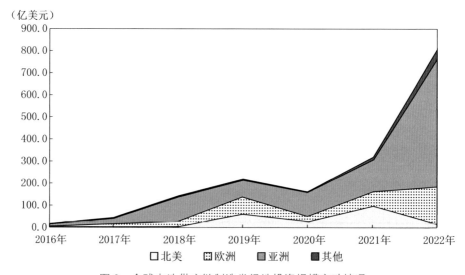

图 3　全球电池供应链制造类绿地投资规模变动情况

数据来源:英国《金融时报》fDi Markets Database 数据库。

---

　　① 亚洲区域包括中国(含香港和台湾地区)、日本、韩国、印度和东盟;北美区域包括美国、加拿大和墨西哥;欧洲区域包括英国和欧盟 27 国。

2016—2018 年，中国一直是电池制造类绿地投资的主要接收国，2018 年，韩国 LG 化学计划投资 20 亿美元在中国南京建立电池工厂，生产用于智能手机和平板电脑的储能系统和小电池，以及电动汽车电池；同年，荷兰电池制造商 Lithium Werks 宣布将在中国浙江的一个制造项目中投资 18.4 亿美元用于建造电池超级工厂，此外德国、美国和日本等跨国企业也大量布局于中国。中美贸易摩擦后，2019 年起流向中国的电池制造类绿地投资比重大幅缩减，欧洲区域如德国、匈牙利、法国和波兰成为吸纳电池制造类绿地投资的目标国家。其中，美国特斯拉于 2019 年宣布将在德国投资 54.9 亿美元开设新的巨型工厂，用于生产整车以及汽车的电池组和动力传动系统；2022 年 3 月，总部位于瑞典的电池制造商 Northvolt 同样表示计划投资 42.5 亿美元在德国建造锂离子电池制造厂。2018 年和 2022 年电池龙头企业宁德时代相继在德国和匈牙利投资 21.7 和 73.4 亿美元，用于电动汽车和储能系统的锂离子电池的生产和研发。韩国 SK 创新也计划在匈牙利投资 22.9 亿美元建立一家电动汽车电池厂。2020 年起，亚洲区域内印度尼西亚成为吸引电池绿地投资的新热点，投资主要来自中国、韩国等亚洲区域内伙伴，2020 年，宁德时代在印度尼西亚的一个制造项目中投资 51 亿美元用于建造一家生产电动汽车电池的制造厂；2022 年，富士康在印度尼西亚巴塘市投资 80 亿美元，用于生产电动汽车和电池。2021 年起，受美国供应链调整和产业政策的影响，北美区域持续扩大引资水平，2022 年全球 58.5% 的电池制造类绿地投资流向北美，其中美国成为第一大投资接收国，吸引了全球超半数的电池制造类绿地投资，投资主要来自韩国、日本和中国，如日本松下能源、韩国现代汽车和中国国轩高科(Gotion)分别投资 40 亿、4.5 亿和 23.7 亿美元用于在美国建造电池工厂。

六、结　　论

在"双碳"的全球大背景下，能源转型成为国际关注的热点议题，关键矿物作为能源转型的产业命脉，各国纷纷意识到构建和维护其供应链安全可靠的战略意义。新能源电池产业作为绿色产业的重要组成部分也迎来了前所未有的发展机遇，逐渐成为了核心赛道。本文通过分析当今主流动力电池锂离子蓄电池及其上游关键矿物和原材料产业链的生产布局和重点国别的供应链情况发现，全球需求攀升贯穿于矿物锂供应链的各环节，其中澳大利亚掌握着丰富的锂矿资源，其在全球未加工锂矿物出口中的主导地位日益显现；智利则向全球供应了半数左右的加工锂化学品；而中国在锂的中间品和下游产品环节具有显著的竞争优势；同时，欧盟也在大力发展锂离子蓄电池的生产能力。

　　重点国别锂相关供应链结构的研究表明，美国、欧盟、日本和韩国对中国中下游环节的依赖水平较高，尽管美国等经济体相继颁布了产业政策和贸易政策试图组建基于共同价值观的供应链，变相将中国排除在外，但短期来看难以实现。此外，电池制造类绿地投资显示，以中国为首的亚洲国家正在积极布局海外市场，在全球对外投资中占有重要份额。而受到美国《通胀削减法案》等举措的影响，投资流向正在逐步向北美区域倾斜，美国本土也加大了对内电池供应链投资建设。在世界各国争先恐后抢占电池行业主导地位的现阶段，如何通过海外战略布局激活产业链活力、缓解供应链风险具有重大意义。后续将对各国政策实施情况和调整办法进行持续跟踪。

参考文献

［1］赵燊、汪鹏、王路等：《美国关键矿产战略的演化特征及启示》，《科技导报》2022年第8期。

［2］IEA. The Role of Critical Minerals in Clean Energy Transitions. Paris：IEA，(2021). https：//www.iea.org/reports/the-role-of-critical-minerals-in-clean-energy-transitions, License：CC BY 4.0.

［3］IEA. Critical Minerals Market Review 2023. Paris：IEA，(2023)，https：//www.iea.org/reports/critical-minerals-market-review-2023，License：CC BY 4.0.

［4］United States International Trade Commission. Lithium-Ion Battery Materials for Electric Vehicles and their Global Value Chains. USITC，(2020)，https：//www.usitc.gov/publications/332/working_papers/gvc_overview_scott_ireland_508_final_061120.pdf.

美欧产业政策与跨国公司
全球半导体制造产业链调整趋势
——基于制造类跨境绿地投资数据的分析

邹家阳*

内容摘要：半导体是高端制造领域最重要的产品之一，其制造产业成为全球科技新博弈的重点布局方向。基于制造类跨境绿地投资的分析显示，美国和欧盟实施的本土产业重建及供应链调整政策对全球半导体行业跨国公司的产业链布局造成影响，推动美国跨国公司与欧盟加强产业链双向联系，在亚洲地区开展友岸化动作，引导韩国等跨国公司共同与中国产业链实现脱钩。结合分析结果来看，经济体产业政策及盟友关系成为跨国公司投资区位选择及全球产业链调整的关键决定因素。区域民族国家的需求逐步取代追求资本利益最大化成为跨国公司布局半导体制造产业链的首要参考标准。

关键词：半导体产业；跨国公司；制造类绿地投资；全球产业链

Abstract：Semiconductor is one of the most important products in the high-end manufacturing sector, and the manufacturing industry has become a key focus of global technological competition. Analysis based on cross-border greenfield investments in the manufacturing sector shows that the domestic industry rebuilding and supply chain adjustment policies implemented by the United States and the European Union have impacted the global semiconductor industry's multinational companies' industrial chain layout. This has led to strengthened bilateral connections between American multinational companies and the European Union, with moves towards friendly coasts in the Asian region, and the guidance of joint efforts by multinational companies from Taiwan and South Korea to decouple from the Chinese industrial chain. Based on the

---

* 邹家阳，上海 WTO 事务咨询中心统计分析部咨询师。

analysis results, economic policies and ally relationships have become key determining factors for the location selection of multinational companies' investments and the global adjustment of industrial chains. The demand of regional national states gradually replaces the pursuit of maximizing capital interests as the primary reference standard for multinational companies' layout of the semiconductor manufacturing industry chain.

Key words: Semiconductor Industry; Multinational Corporations; Greenfield Investments in Manufacturing; Global Industrial Chain

一、引　言

　　半导体是高端制造领域最重要的产品之一,作为上游中间品为诸多高科技产品生产提供关键支持,随着数字经济的蓬勃发展其重要性呈现快速上升态势,使半导体制造能力成为各经济体的核心技术竞争力。近年来,全球经贸格局进入重构阶段,各经济体以国家安全为目的出台实施多项产业及供应链调整措施,深度参与全球科技新博弈,在半导体制造产业也进一步增强了技术竞争力度。美国及欧盟推出一系列半导体产业调整政策,对本土产业进行重建的同时强化与盟友间的产业联系,反映出其在国际经贸格局重构环境下的战略调整取向。具体来说,美国推出《确保美国的关键供应链》《芯片与科学法》《2022 年美国竞争法案》及《通胀削减法》等政策重建本土半导体产业,并在印太经济框架(IPEF)、美欧贸易与技术委员会(TTC)等新盟友圈内加强供应链联系,欧盟也相应提出《欧洲产业战略》《关于建立碳边境调整机制(CBAM)的法规提案》及《芯片法案》等举措尝试振兴本土半导体制造产业。在国际经贸规则出现这样剧烈变化的情况下,跨国公司在区域民族国家需求与资本利益之间会采取怎样的抉择成为值得关注的焦点。绿地投资是跨国公司在全球扩展业务进行生产和销售的主要方式,其中制造类绿地投资反映跨国公司在生产环节的调整动作,有助于直观了解跨国公司在全球范围内如何改变产能的分配方式。

　　本文认为,各经济体的本土制造产业在全球中的相对规模可以使用"生产布局"这一概念加以概括,而这些经济体的跨国公司在海外布局制造产业情况则可以使用"制造产业链"概念进行分析。产业链是强调以价值创造为中心,基于产业供需网络形成的连贯生产、流通、配送、消费等环节的价值网络体系,它通过投资和产出环节将供应商、制造商、分销商等所有链条中的节点企业联系在一起,形成将原材料、零部件、技术和信息等资源转化为最终产品的生态系统。①本文的"制造产业链"进一步聚焦产业链中与制造环节有关的节点企业联系,并以半导体行业跨国公司对海外经济体的制造类跨境绿地投资为工具刻画半导体制造产业链的变化趋势。美国及欧盟实施的本土产业重建政策及供应链调整政策不仅会使跨国公司在本土改变制造产业投资规模,而且也会推动它们在海外市场根据各经济体的产业发展情况及盟友关系调整产能布局方向。基于"制造产业链"这一概念进行分析有助于了解规则层面的友岸化趋势是否会影响跨国公司与海外经济体的制造产业联系。因此,本文基于半导体制造类绿地投资对跨国公司的调整动作进行深入研究和持续跟踪,解读全球半导体制造产业链的变化趋势。

二、文　献　综　述

学界长期关注半导体产业链的调整情况,并对其原因作出深入分析。Lee和Malerba提出,半导体产业链会随着技术进步、国家战略转向及制度政策变化等新机遇的出现而做出相应调整,部分经济体可以利用这种机会实现技术赶超,提升产业链地位。②Shin指出日本和韩国先后在存储芯片产业发展历程中利用政府大规模投资及跨国公司能力扩张强化本土产业,并成为全球产业链的上游生产核心节点。③Nepelski和De Prato则将经济体的产业链地位与创新网络地位相结合,指出供给侧创新对全球产业链布局具有指引作用。④与之相对,Yeung则强调了半导体下游产品供应链地理布局对各经济体在半导体制造产业链地位具有主导作用。东亚地区作为ICT设备及电子消费品组装生产业务的核心区域对近岸半导体制造产业具有天然需求,因而中国台湾及韩国、中国等

①　黄群慧、倪红福:《基于价值链理论的产业基础能力与产业链水平提升研究》,《经济体制改革》2020年第5期;李天健、赵学军:《新中国保障产业链供应链安全的探索》,《管理世界》2022年第9期;范合君、吴婷、何思锦:《企业数字化的产业链联动效应研究》,《中国工业经济》2023年第3期。

②　LEE K, MALERBA F. Catch-up cycles and changes in industrial leadership: Windows of opportunity and responses of firms and countries in the evolution of sectoral systems, *Research Policy*, 2017(2):338-351.

③　SHIN J S. Dynamic catch-up strategy, capability expansion and changing windows of opportunity in the memory industry, *Research Policy*, 2017(2):404-416.

④　NEPELSKI D, DE PRATO G. The structure and evolution of ICT global innovation network, *Industry and Innovation*, 2018(10):940-965.

东亚经济体在半导体制造产业链中具备发展壮大的先天优势。[①]

　　上述文献从供给及需求侧的角度分别分析了全球半导体制造产业链的调整原因,但这些文献均未对美欧等发达经济体实施的产业政策产生的影响作出分析,也没有对中国在全球半导体制造产业链中的发展过程做出梳理。近年来,部分文献开始着眼于美欧产业政策影响下的中国产业链调整问题,做出了初步的探索和分析。Grimes 和 Du 指出中国虽然拥有较大规模的半导体制造产业,但随着中美贸易摩擦带来的紧张关系不断升级,地缘政治因素可能引起双方产业链合作关系的脱钩,并对中国本土产业及其在全球产业链中的地位产生不利影响。[②]曲永义等从产业创新链的角度出发,指出当前全球半导体产业创新链竞争呈现"一超多强"特点,美国和欧盟等发达经济体占据领军地位,中国仍然是产业创新链中的追赶者,但已成为美国在领域高度重视的关键战略对手。为了在产业创新链中获取竞争优势,中国需要持续深化国际合作和自主创新,在标准、技术、知识和市场方面保持产业联系,多方位提升自己在全球半导体制造产业链中的节点地位。[③]高运胜等指出我国半导体制造产业在全球产业链中处于相对较为低端的节点,美国出口技术管制对我国该产业的跨国技术引进造成重大打击,应当积极推行产学研共建实体模式以提升本土产业技术实力。[④]刘建丽等指出,半导体是数字经济时代下各经济体开展科技竞争的战略要地,对半导体产业链实现全链条自主可控是包括中国在内各经济体实现科技自立自强的重要保障。该文献强调,美国近年来实施的产业政策对我国半导体制造产业形成全方位封锁和高强度遏制。在此情况下,中国需要充分利用自身完善的产业体系、丰富的应用场景及新型制度优势强化本土产业,并坚持市场开放,通过引进外资等方式实现产能的国际合作,形成半导体制造产业链的非对称竞争优势,突破产业链的"卡脖子"困境。[⑤]

　　虽然近年来相关文献已逐步开始探讨美欧产业政策对全球半导体制造产业

---

　　① YEUNG H W. Explaining Geographic Shifts of Chip Making toward East Asia and Market Dynamics in Semiconductor Global Production Networks, *Economic Geography*,2022(3):272-298; YEUNG H W. *Interconnected worlds:Global electronics and production networks in East Asia*, Redwood City:Stanford University Press,2022.

　　② GRIMES S, DU D. China's emerging role in the global semiconductor value chain, *Telecommunications Policy*,2020:101959.

　　③ 曲永义、李先军:《创新链赶超:中国集成电路产业的创新与发展》,《经济管理》2022 年第 9 期。

　　④ 高运胜、杜晓晴:《我国集成电路行业产学研合作模式创新发展的双重困境与突破路径》,《企业经济》2022 年第 4 期。

　　⑤ 刘建丽、李先军:《基于非对称竞争的"卡脖子"产品技术突围与国产替代——以集成电路产业为例》,《中国人民大学学报》2023 年第 3 期。

链的影响,但这些文献并未提供充分的定量证据,而且主要从全球范围内经济体相对位置变化的宏观视角切入展开分析。区别于这些文献,本文在两个方面做出边际贡献:(1)率先使用半导体行业的制造类跨境绿地投资数据对全球产业链变化趋势做出定量分析;(2)率先从微观视角分析跨国公司在美欧产业政策影响下的产业链调整动作。

三、全球半导体制造产业链调整分析

2020年以来,美国和欧盟作为领先发达经济体先后出台了一系列政策调整本土生产布局及海外产业链。跨国公司在美欧产业政策的影响下面临区域民族国家需求和自身资本利益的两难抉择,是否应当顺应国家安全需要将经济全球化形成至今开拓的低成本产业链向符合政策指引的盟友圈方向做出新的调整成为每个跨国公司开展投资活动时必须深入思考的问题。尤其对半导体制造产业而言,诸多经济体将该产业的本土化和盟友化纳入国家安全保障的战略考量之中,这种抉择已成为跨国公司亟须解决的当务之急。我们认为,美欧产业政策背后所隐含的国际经贸规则友岸化近岸化趋势对半导体制造产业跨国公司的全球产业链布局具有主导作用,本文以制造类跨境绿地投资数据为分析工具,尝试通过数据分析印证规则变动对产业链的影响是否印证我们的判断,最终得出如下分析结论:

(一) 在市场需求和产业政策的推动下,全球半导体制造产业自2021年起跨境绿地投资行为趋于活跃,美欧等发达经济体跨国公司继续在新一轮投资中发挥主导作用

2021年以来美国和欧盟等发达经济体出台一系列本土产业政策激励跨国公司投资扩产,推动全球制造类绿地投资活跃度创新高。为了顺应全球数字化转型趋势,美国和欧盟实施《芯片与科学法》《通胀削减法》《关于建立碳边境调整机制(CBAM)的法规提案》等政策,使半导体制造产业成为全球跨国公司的投资重心。

全球芯片制造类跨境绿地投资规模近十年来整体呈增长态势。在此期间,全球经贸环境及各经济体半导体产业政策方向的调整使跨境绿地投资经历了"稳定增长—扩张放缓—高速增长"三个阶段。2012年至2018年间,全球芯片绿地投资规模在相对稳定的外部环境下从2012年的51.2亿美元稳步增长至

2018 年的 255.0 亿美元。此后,受中美贸易摩擦以及新冠疫情暴发带来的诸多不确定性影响,各类产业链风险使得跨国公司在 2019 年和 2020 年减缓了产能扩张的步伐,全球芯片制造类跨境绿地投资大幅下降至 2019 年的 161.0 亿美元,2020 年也维持在 152.6 亿美元的相对较低水平。2021 年以来,随着美欧等主要经济体陆续出台产业链调整措施,全球芯片制造类跨境绿地投资出现爆发性增长,2021 年投资规模猛增至 956.1 亿美元,为历史新高水平。2022 年全球芯片制造类跨境绿地投资规模仍延续高位水平,达到 887.5 亿美元,显示出跨国公司正积极参与全球半导体芯片制造生产布局的新建和扩张产能,整个行业进入高速扩张时期。

美国、韩国及中国台湾跨国公司长期主导着全球芯片制造类跨境绿地投资格局,这三个经济体的跨国公司合计占该行业全球制造类跨境绿地投资比重在 2012—2022 年间基本维持在六成以上水平。总部位于美国的跨国公司是全球主要的芯片制造类跨境绿地投资者之一,除 2020 年外,占全球投资比重基本超过 30%。尤其在 2021 年之后,美国政府不断出台产业链重建和调整措施以加强产业链韧性和安全,推动美国跨国公司制造类跨境绿地投资规模在 2021 年激增至 529.5 亿美元,创近十年来新高,占当年全球绿地投资比重为 55.4%,2022 年投资规模下滑至 170.3 亿美元,但仍显著高于 2021 年以前水平,占到全球比重的 19.2%。

韩国及中国台湾跨国公司拥有全球领先的芯片制造能力,也是全球芯片制造绿地投资的主要投资者,对外绿地投资近年来一直保持全球领先水平。在对

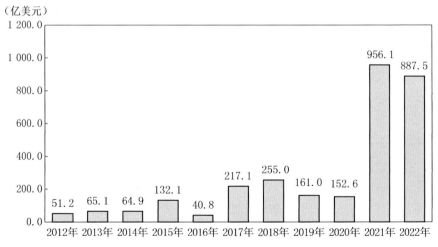

图 1　2012—2022 年全球半导体制造类跨境绿地投资规模

数据来源:根据英国《金融时报》fDi Markets Database 数据库计算整理。

芯片需求高速增长和 2021 年起美国为首的发达经济体的产业政策推动下,韩国及中国台湾跨国公司的半导体制造类绿地投资额稳步增长,2021 年投资额达到 103.9 亿美元和 178.4 亿美元,占全球半导体制造类绿地投资规模的 10.9% 和 18.7%。2022 年中国台湾跨国公司投资额更进一步提升至全球最高的 383.0 亿美元,占全球半导体制造类绿地投资规模的 43.2%,韩国跨国公司投资规模则下滑至 9.7 亿美元。

(二) 美国与欧盟实施的产业政策引导跨国公司加强投资往来,共同推进本土半导体制造产业重建计划,并在亚洲内部加强产业链友岸化趋势,将投资从中国向日本、东盟等盟友转移

美国和欧盟自 2021 年以来实施多项本土产业调整政策,同时也不断推进产业链友岸化进程,双方与其他发达经济体共同建立半导体产业联盟,通过产业链合作弥补各自本土产业的短板,基于盟友协作机制强化本土半导体制造产业。

具体而言,在美国产业调整政策的影响下,美国跨国公司在 2021 年至 2022 年间大幅增加对欧盟的半导体制造类跨境绿地投资,投资规模分别为 381.7 亿美元和 141.6 亿美元,占其对全球投资比重均超过七成。此外,美国跨国公司在 2021 年还对日本和东盟投资 70.5 亿美元和 77.0 亿美元,占对全球投资比重为 13.3% 和 14.5%,使友岸伙伴成为产业链在亚洲地区的重点布局方向。中国在 2018 年以前曾经是美国跨国公司在亚洲的重要产业链伙伴,尤其 2016 年美国跨国公司对中国半导体制造类绿地投资 5.6 亿美元,占对全球投资比重为 48.3%。然而,中美贸易摩擦发生后美国跨国公司将产业链重心从中国向亚洲地区的友岸伙伴转移,2022 年对中国投资 3.8 亿美元,占对全球投资比重下滑至 2.3%。

此外,受欧盟产业调整政策影响,欧盟跨国公司也自 2021 年起对半导体制造产业链做出调整动作。一方面,欧盟跨国公司在亚洲减少对中国的产业链集中度,转而显著提升东盟的产业链地位,2021 年及 2022 年分别对东盟投资 30.2 亿美元和 26.4 亿美元,占对全球投资比重为 62.7% 和 95.7%。中国在 2019 年曾是欧盟跨国公司唯一的半导体制造类绿地投资目的地,投资规模为 7.8 亿美元,但 2020 年至 2022 年投资额均未超过 1 亿美元,占欧盟跨国公司对全球投资比重不足 3%。另一方面,欧盟跨国公司顺应美国的半导体本土制造产业重建需求,在 2020 年及 2021 年对美国均投资 11.2 亿美元,占对全球投资比重为 73.6% 和 23.2%,加巩固美欧之间基于共同价值观及产业发展需求建立的产业链友岸合作关系。

(三) 韩国等跨国公司基于友岸化原则调整产业链布局,通过制造类绿地投资为美国的半导体制造产业重建提供生产技术和要素支持,并顺应美国的产业限制措施加大产业链对中国的脱钩力度

中国台湾及韩国拥有台积电、三星集团等在半导体制造产业占据领先地位的跨国公司,作为半导体主要产地积聚丰富的半导体制造设备、人才及技术资源,在全球产业链中占据竞争优势。美国实施的产业调整政策不仅在本土提供扶持优惠服务吸引外资流入,还积极协调盟友间的产业联动,与中国台湾、欧盟及日本共同建立 Chip 4 芯片联盟,引导中国台湾和欧盟跨国公司向美国输入本土积累的生产技术和要素等产业资源。同时,美国通过盟友关系渗透对中国大陆脱钩战略的影响力,使中国台湾及欧盟跨国公司减少产业链对中国大陆布局,形成"小院高墙"式的全面限制行动,多方位遏制中国大陆本土半导体制造产业的发展。

具体来说,中国台湾跨国公司在 2020 年及 2022 年对美国大幅增加制造类跨境绿地投资,投资规模为 120 亿美元和 330 亿美元,远高于 2012 年以来水平,占对全球投资比重为 96.9% 和 86.2%,反映出美国将成为中国台湾跨国公司产业链调整的重点方向。与之相对,中国台湾跨国公司在 2020 年以前均将中国大陆作为产业链主要投资目的地,2012—2019 年对中国大陆制造类跨境绿地投资额占对全球投资比重均超过九成,2020 年起中国台湾跨国公司对中国大陆投资下降至较低水平,在对美国及日本投资猛增的冲击下占对全球投资比重大幅下滑。

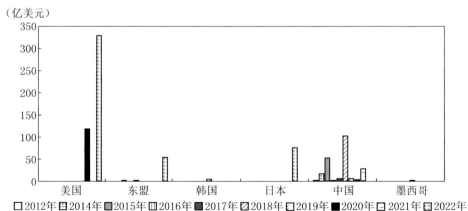

图 2　2012—2022 年中国台湾跨国公司半导体制造类跨境绿地投资流出规模

数据来源:根据英国《金融时报》fDi Markets Database 数据库计算整理。

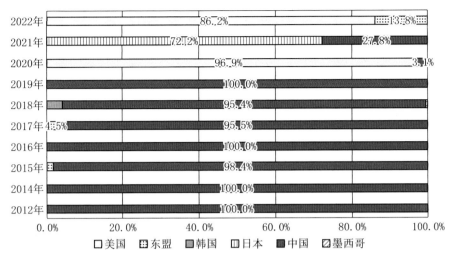

图 3　2012—2022 年中国台湾跨国公司半导体制造类绿地投资份额

数据来源:根据英国《金融时报》fDi Markets Database 数据库计算整理。

　　此外,韩国跨国公司在 2021 年对美国制造类跨境绿地投资规模为 177.2 亿美元,是有史以来该跨国公司最大规模的制造类跨境绿地投资,远高于 2012 年以来对各目的地不足 100 亿美元的投资规模,占当年对全球投资比重为 99.2%,使美国成为韩国跨国公司产业链布局中心。2021 年以前,韩国跨国公司主要将

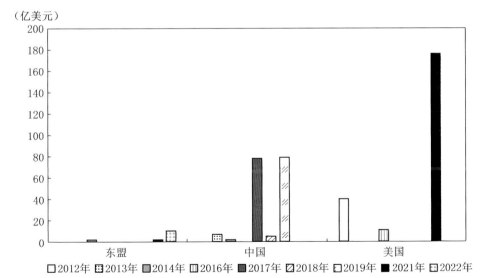

图 4　2012—2022 年韩国跨国公司半导体制造类跨境绿地投资流出规模

数据来源:根据英国《金融时报》fDi Markets Database 数据库计算整理。

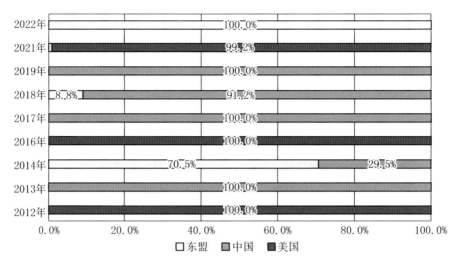

图 5　2012—2022 年韩国跨国公司半导体制造类绿地投资份额

数据来源：根据英国《金融时报》fDi Markets Database 数据库计算整理。

制造类跨境绿地投资流向中国，2017 年及 2019 年对中国投资规模分别为78.3亿美元和80亿美元。2021 年及 2022 年，韩国跨国公司均未对中国半导体制造产业输出制造类绿地投资，其产业链在美国产业政策影响下实现了与中国的全面切分。

(四) 中国大陆曾经是亚洲半导体制造产业链的核心节点，韩国及中国台湾跨国公司的投资转移使其产业链地位显著下滑，制造类跨境绿地投资流入流出结构重心转向美国及欧盟

中国大陆在 2020 年以前连年均为亚洲地区最大的制造类跨境绿地投资目的地，韩国及中国台湾跨国公司的投资流入是其产业链地位的重要保障，占全球对中国大陆投资流入比重合计基本维持在八成左右。然而，2020 年以来韩国及中国台湾跨国公司均减少对中国大陆的产业链布局，2022 年对中国大陆均未输出投资。美国和欧盟跨国公司在中国大陆制造类跨境绿地投资流入结构中占据主导地位，2022 年投资规模为 3.8 亿美元和 0.8 亿美元，是中国大陆获得投资流入的所有来源。

另外，中国跨国公司长期以来对海外半导体制造产业链布局较少，2012 年至 2022 年制造类跨境绿地投资流出规模均不足 10 亿美元，在全球投资流出占比长期低于 6%。2022 年，中国跨国公司仅对欧盟输出投资 4.2 亿美元，产业链布局重心从 2021 年的东盟再度转向欧盟。

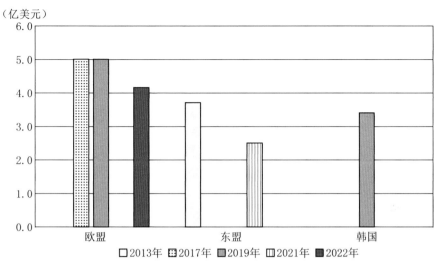

图 6　2012—2022 年中国跨国公司半导体制造类跨境绿地投资流出规模

数据来源:根据英国《金融时报》fDi Markets Database 数据库计算整理。

四、结　　论

美国和欧盟自 2020 年以来实施一系列本土产业重建及供应链调整政策,推动半导体制造类跨境绿地投资在全球范围内活跃度大幅提升。在这一轮投资活跃中,全球跨国公司的产业链布局思路发生了显著变化。过去,跨国公司的产业链布局主要以资本利益最大化为导向,往往将生产设施集中在成本较低的地区,以降低生产成本并提高利润率。然而,随着全球经济和贸易格局的变化,以及美欧等发达经济体产业政策的调整,跨国公司在半导体制造产业的投资决策逐步发生转变。它们开始更加关注区域民族国家的需求和政策环境,并权衡不同经济体之间的产业政策差异,以确定最适合自身利益和长期发展的投资地点。

这种变化表明美欧等发达经济体实施的本土产业激励和全球产业链调整政策通过优惠扶持措施切实改变了跨国公司投资制造产业的决策思路。一方面,美欧等发达经济体的产业政策改变了制造类绿地投资的规模和流量,成为全球产业链调整的重要推手。这些国家在规则层面出台了投资安全审查等投资政策,鼓励跨国公司将投资转向近岸及友岸盟友。这些政策的实施为跨国公司提供了更多的支持和保护,使他们更加愿意将投资转移到符合这些政策要求的地区。另一方面,跨国公司深化产业链重构过程中,为了应对不确定性和提高自身的韧性,他们也受到投资政策的限制。尽管美欧等发达经济体的投资规模持续扩大,但中国的投资流入和流出规模却显著减少。这表明在美欧等发达经济体跨国公司主导的全球产业链中,中国等非盟友经济体的跨国公司可能将持续面临国家安全需要和资本利益冲突的两难境况。

在这两方面因素的共同作用下,经济体产业政策及盟友关系成为下一阶段跨国公司投资区位选择及全球产业链调整的关键决定因素。区域民族国家的需求逐步取代追求资本利益最大化成为跨国公司布局半导体制造产业链的重要参考。预期全球跨国公司的产业链调整布局在下一阶段预计将进一步向顺应区域民族国家需求的方向演进,这一变化可能会进一步影响后续产业和贸易结构,需要持续观测,以了解其长期效果。

针对美欧产业政策对中国跨国公司在半导体制造产业链中造成的影响,本文提出如下政策建议:

首先,应继续推进半导体制造产业升级和创新驱动发展战略。通过提升技术创新能力和加大研发投入,使中国跨国公司在全球产业链中扮演更重要的角色。半导体制造产业是全球产业链中具有战略意义的关键领域,提升本土产业实力是减少美欧产业政策负面影响最重要的路径之一。应加大对半导体研发和制造的支持,鼓励跨国公司进行技术引进、自主创新和研发合作,提高中国跨国公司在芯片设计、制造和封测等环节的自主能力,增强其在全球价值链中的附加值和竞争力。

其次,应进一步深化利用《区域全面经济伙伴关系协定》(RCEP)等自贸协定加强与盟友经济体的合作与沟通,并积极参与国际合作。RCEP等自贸协定的签署为中国与亚太地区的经济体建立了更紧密的经贸合作关系,为中国跨国公司在全球产业链中寻求更大的空间和机遇提供了支持。中国可以利用RCEP等自贸协定的优势,建立互信和合作的伙伴关系,合理共享资源、市场和技术机遇,共同应对半导体制造产业链调整中面临的挑战。

最后,应加强国内市场的开放与发展。尽管美欧对中国的半导体制造产业链实施限制,但中国仍可以继续放宽市场准入、降低关税和贸易壁垒等措施,提高知识产权保护和技术合作的透明度和可预测性,为跨国公司在中国的投资提供更好的保护和支持,吸引更多的外资进入中国市场,提高自身和全球半导体制造产业链联系的紧密度。

参考文献

[1] 范合君、吴婷、何思锦:《企业数字化的产业链联动效应研究》,《中国工业经济》

2023 年第 3 期。

　　[2] 高运胜、杜晓晴:《我国集成电路行业产学研合作模式创新发展的双重困境与突破路径》,《企业经济》2022 年第 4 期。

　　[3] 黄群慧、倪红福:《基于价值链理论的产业基础能力与产业链水平提升研究》,《经济体制改革》2020 年第 5 期。

　　[4] 李天健、赵学军:《新中国保障产业链供应链安全的探索》,《管理世界》2022 年第 9 期。

　　[5] 刘建丽、李先军:《基于非对称竞争的"卡脖子"产品技术突围与国产替代——以集成电路产业为例》,《中国人民大学学报》2023 年第 3 期。

　　[6] 曲永义、李先军:《创新链赶超:中国集成电路产业的创新与发展》,《经济管理》2022 年第 9 期。

　　[7] Grimes S, Du D. China's emerging role in the global semiconductor value chain [J]. Telecommunications Policy, 2020:101959.

　　[8] Lee K, Malerba F. Catch-up cycles and changes in industrial leadership: Windows of opportunity and responses of firms and countries in the evolution of sectoral systems[J]. Research Policy, 2017(02):338-351.

　　[9] Nepelski D, De Prato G. The structure and evolution of ICT global innovation network[J]. Industry and Innovation, 2018(10):940-965.

　　[10] Shin J S. Dynamic catch-up strategy, capability expansion and changing windows of opportunity in the memory industry[J]. Research Policy, 2017(02):404-416.

　　[11] Yeung H W. Explaining Geographic Shifts of Chip Making toward East Asia and Market Dynamics in Semiconductor Global Production Networks[J]. Economic Geography, 2022(03):272-298.

　　[12] Yeung H W. Interconnected worlds: Global electronics and production networks in East Asia[M]. Redwood City: Stanford University Press, 2022.

电动汽车(BEV)行业全球产业布局变化

——基于产业和贸易流量的分析

施皓文　张　颖　邹家阳[*]

内容摘要：新能源汽车作为电动化、低碳化的重要发展方向，对于提高汽车产业竞争力、改善未来能源结构、发展低碳交通具有深远意义。全球主要发达国家和地区都将新能源汽车作为未来发展的重要战略方向并加快产业布局。鉴于电动汽车在未来脱碳化、可持续发展中发挥的重要角色，跨国公司积极布局发展其庞大的上下游产业链，各国政府频繁出台产业政策推动电动汽车产业发展以及保护本土电动汽车供应链中的关键资源。观测该行业产业数据及贸易流量的变化有助于分析在产业政策引导下对全球电动汽车产业带来的变化及后续影响。

关键词：电动汽车；产业政策；跨国公司；汽车产业；供应链生产布局

Abstract：As an important development direction of electrification and low-carbonization，new energy vehicles are of far-reaching significance for improving the competitiveness of the automobile industry，improving the future energy structure，and developing low-carbon transportation. Major developed countries and regions around the world have taken new energy vehicles as an important strategic direction for future development and accelerating industrial deployment. In view of the important role of electric vehicles in future decarbonization and sustainable development，multinational corporations are actively developing their huge upstream and downstream industrial chains，and governments frequently introduce industrial policies to stimulate the development of the electric vehicle industry as well as protect key resources in the domestic supply chain of electric vehicle. Observing the changes in industrial data

---

　＊　施皓文，上海 WTO 事务咨询中心统计分析部咨询师；张颖，上海 WTO 事务咨询中心统计分析部咨询师；邹家阳，上海 WTO 事务咨询中心统计分析部咨询师。

and trade flows in this industry will help analyze the changes and subsequent impacts on the global EV industry under the guidance of industrial policies.

Key words：Battery Electric Vehicle；Industrial Policy；Multinational Corporations；Automotive Industry；Supply Chain and Production Distribution

一、引　　言

新能源汽车作为电动化、低碳化的重要发展方向,对于提高汽车产业竞争力、改善未来能源结构、发展低碳交通具有深远意义。全球主要经济体都将新能源汽车作为未来发展的重要战略方向并加快产业布局。中国、美国、欧盟、日本、韩国等主要经济体从战略规划、研发创新、推广应用、智能网联等方面制定了新能源汽车产业政策。

因此,本文重点关注全球三大区域内主要经济体对电动汽车[①]的进出口区域结构调整,观测电动汽车行业全球生产布局及供应链的变化趋势。

二、"产业政策"引导下全球电动汽车生产布局变化

当今,各地区受不同水平的政策支持及跨国企业活动等方面的影响,全球电动汽车市场的差异日益凸显。2020 年,全球电动汽车年销量还维持在 200 万辆以下的水准。值得关注的是,2021 年,全球电动汽车的激励措施和产业政策的公共支出几乎翻了一番,达到近 300 亿美元[②]。随着全球范围内电动汽车的需求增加和政策的不断推动,多国政府提出减排目标及购车补贴政策,全球电动汽车市场快速增长,使得此后两年全球电动汽车销量突飞猛进,至 2022 年已突破730 万辆(见图 1)。其中,中国、美国、欧盟、日本和韩国五大经济体成为了主要销售市场,占据了约 88.8％的全球电动汽车销量。

综上所述,产业政策的作用引导新能源汽车企业在全球战略布局、提升供应链韧性、强化抗风险能力及推动电气化转型等方面尤为重要[③]。与此同时,主要

---

① 电动汽车(Battery Electric Vehicle)是指以车载电源为动力,用电机驱动车轮行驶的车辆。

② IEA Publications, Global EV Outlook 2022, Securing supplies for an electric future[R], 2022.

③ Ivanov D. Design and deployment of sustainable recovery strategies in the supply chain[J]. Computers & Industrial Engineering, 2023, 183：109444.

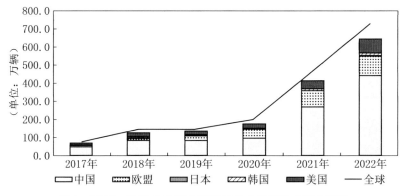

图1　2017—2022年全球主要经济体电动汽车(BEV)销量

数据来源:Global EV Data, IEA①。

市场的政府进一步提高了电动汽车采用的目标,并正在努力解决电动汽车供应链的其他部分,例如对汽车和电池制造以及关键矿产供应链的政策支持②。此外,汽车主要市场以外的许多其他国家也开始推出支持电动汽车采用的政策。因此,观测区域及主要经济体在全球出口中所占份额的变化,有助于了解该行业在产业政策措施影响下的生产布局调整趋势。

(一) 全球电动汽车生产区域正在扩大,但制造业依然高度集中在欧洲及亚洲,中国、欧盟是电动汽车贸易的主要参与者

近年来,由于多数地区汽车市场的补贴政策的支持,电动汽车销售前景光明,跨国企业为降低成本、提高当地市场份额,陆续选择在欧洲及亚洲地区积极布局产业战略,开拓本土化生产线③。

受各方面需求推动影响,全球电动车贸易规模(以出口金额计算)持续快速增长至2022年的944.2亿美元,同比增长55.5%,是2017年的10.3倍(见图2)。在此五年中,全球电动汽车的生产区域显现出正在扩大的态势,主要范围分布在欧洲及亚洲等发达经济体,例如欧洲地区内的比利时、捷克及亚洲区域的韩国,其电动汽车出口份额实现了"从无到有,从低到高",从较低份额持续增长至处于所在区域出口来源地前列的变化。

①　IEA, Global EV Outlook 2023, Global EV Outlook 2023 data, 2023.

②　Guttorm Aase, Chris Musso, Dennis Schwedhelm. Electric vehicles: The next growth engine in chemicals, Mckinesy & Company, 2022.

③　Patrick Hertzke, Nicolai Müller, Stephanie Schenk, et al. The global electric-vehicle markets is amped up and on the rise, Mckinesy & Company, 2018.

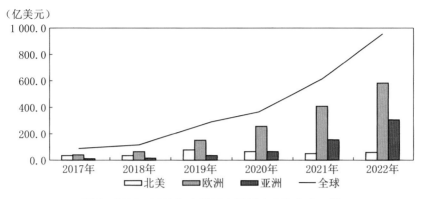

图 2　2017—2022 年全球三大区域电动汽车出口额

数据来源：GTAS，S&P Global。

1. 跨国公司在欧洲电动汽车主要制造经济体加强产能，同时在原先具有汽车产业链的地区，构建扩大电动汽车供应链的生产体系

全球产业链在欧洲将西欧地区作为制造汽车的传统基地，具备深厚的汽车生产经验和技术积累。电动汽车作为新兴产业出现以后，欧洲仍长期保持全球电动车生产布局的核心地位，2018 年以来电动车出口占全球份额始终保持在五成以上水平且逐步上升。2022 年，欧洲区域电动车出口金额为 578.3 亿美元，同比增长 42.4%，较 2017 年扩大约 13.4 倍，占全球电动车出口份额的 61.2%，较 2017 年提升 13.3 个百分点，但其份额在 2021 年后出现小幅下滑。

从区域内各经济体来看，德国是该区域电动车制造产业的布局中心，比利时及东欧的捷克和斯洛伐克承接荷兰的份额快速扩大产业规模。德国近年来出口持续增长，尤其 2019—2021 年出口同比增速基本均在一倍以上，至 2022 年出口额为 263.5 亿美元，同比增速为 68.6%。比利时则在 2019 年出口快速上升，2022 年出口 124.1 亿美元，同比增长 28%，占比为 13.1%，虽然份额在 2020 年后连续下滑，但仍较快速扩大出口前 2017 年的份额高出 11.1 个百分点。东欧的捷克和斯洛伐克自 2020 年起提升电动车制造产业参与度，捷克出口增长至 2022 年的 29.3 亿美元，同比增长 11.7%，占比为 3.1%，较 2017 年提高 3.1 个百分点。斯洛伐克出口至 2021 年快速增长至 24.4 亿美元，占比 4.5%，但在此后一年快速下跌 37.4%，至 15.2 亿美元，份额也滑落至 1.6%。此外，荷兰自 2018 年起出口也出现连年下滑，2021 年出口 7.6 亿美元，同比减少 41.3%，占比为 0.8%，较 2017 年减少 14.7 个百分点（见表 1）。

由此可见，德国及比利时继续发挥在传统汽车工业领域多年积累的技术和销售渠道优势，在电动车领域保持较高影响力，法国、英国及奥地利则成为全球

表 1　2017—2022 年欧洲主要经济体电动汽车(EV)出口份额

	2017 年	2018 年	2019 年	2020 年	2021 年	2022 年
全球	100.0%	100.0%	100.0%	100.0%	100.0%	100.0%
欧洲	48.0%	55.9%	57.3%	67.2%	66.9%	61.2%
欧盟	46.8%	49.8%	53.2%	64.6%	64.0%	59.3%
德国	18.6%	15.7%	14.9%	22.2%	25.7%	27.9%
比利时	2.0%	4.7%	21.2%	18.6%	16.0%	13.1%
西班牙	1.4%	2.1%	1.0%	3.6%	3.3%	4.1%
捷克	0.0%	0.0%	0.0%	2.6%	4.3%	3.1%
法国	6.4%	8.4%	4.4%	4.9%	3.4%	2.7%
斯洛文尼亚	0.3%	0.6%	0.4%	0.7%	2.6%	2.4%
意大利	0.2%	0.2%	0.1%	0.9%	1.8%	1.8%
斯洛伐克	1.1%	0.9%	1.4%	5.4%	4.0%	1.6%
荷兰	15.5%	10.8%	4.5%	2.7%	0.7%	0.8%
奥地利	0.4%	5.4%	4.7%	2.3%	1.2%	0.7%
匈牙利	0.1%	0.1%	0.1%	0.2%	0.3%	0.6%
波兰	0.1%	0.5%	0.1%	0.1%	0.1%	0.1%
瑞典	0.2%	0.2%	0.1%	0.2%	0.2%	0.1%
丹麦	0.2%	0.1%	0.1%	0.1%	0.1%	0.1%
卢森堡	0.1%	0.0%	0.0%	0.0%	0.0%	0.0%
英国	1.2%	6.0%	4.2%	2.6%	2.9%	2.0%

数据来源:GTAS，S&P Global。

产业链在欧洲获取产能的第二集团。疫情后欧洲的产业布局出现明显调整,德国进一步巩固其在全球电动车制造产业中的领先地位,西欧的意大利及西班牙产业规模出现提高,同时疫情后东欧的捷克和斯洛文尼亚作为新兴电动汽车产地在欧洲产业链中展现出仅次于德国的产能提升能力,成为电动车制造产业在欧洲的新布局重点。

2.疫情后,跨国公司在亚洲各经济体的生产布局重心基本显现,中国、日本、韩国仍主导亚洲区域内的电动汽车生产制造

亚洲的电动车制造产业在全球的重要性曾处于相对较低水平,出口占比在2019 年之前低于 15%,但自 2020 年起呈现增长态势,至 2022 年出口额为

305.9亿美元,同比增幅为99.7％,占比为32.4％,较2017年提高18.8个百分点。

全球产业链在亚洲的电动车产业布局高度集中于东亚地区。其中,中国并非传统汽车产业链的主要制造基地,其制造技术和品牌效应均较为不足,在电动车产业早期布局阶段在东亚地区曾处于相对落后地位。中国电动汽车出口规模在2017至2019年间均保持不足5亿美元的较低水平。疫情后充分利用巨大的本土需求、前瞻性的政策引导及完整的组装产业链,通过积极培养本土企业和吸引外资企业入驻快速加大产业布局力度①,自2020年起,中国连续三年快速扩大出口规模,电动汽车出口至2022年规模超200亿美元,年均增长率高达280％,占全球出口比重21.3％,成为全球第二大电动汽车出口地,在全球新兴电动车工业势力中发展最为迅速。

韩国是亚洲传统汽车制造中心之一,近年来逐步将自己多年来培养的技术及品牌优势逐步转移到电动车领域,在疫情后继续稳步提高生产能力,形成规模越来越大的电动车产业。2022年出口额为81.8亿美元,较2017年扩大约18.4倍,占全球份额8.7％,较2017年增长3.6个百分点。

日本作为亚洲最主要的汽车制造基地在电动车产业发展初期一度成为亚洲区域的布局重心,由于自身地区内用于生产电动汽车电池的矿物和承载主要发电的煤炭石油资源的匮乏,对此类资源的需求大量依靠进口,决定了日本终将无法成为跨国公司首选的电动汽车生产基地。这也直接导致了日本在此后激烈的竞争中未能继续保持地位,电动车产业在亚洲的布局方向朝中国及韩国偏移。2022年日本出口电动汽车贸易额为21.3亿美元,较2017年扩大约2.6倍,占全球份额为2.3％,较2017年下跌4.8个百分点,虽然日本出口份额持续下滑,但在亚洲区域内仍维持领先优势。

3. 2017—2019年,跨国公司对北美电动汽车的生产布局高度集中在美国,疫情后美国电动汽车产业链出现大幅外移,出口地位连年下滑,昔日巨头自此陨落

全球产业链在北美地区的电动车制造产业布局重心位于美国。与亚洲相对,北美电动车制造产业曾经占据重要地位,出口占比在2017—2019年基本维持在30％以上,2020年起快速下滑,至2022年出口额为28亿美元,同比减少24.4％,占比为6.1％,较2017年下滑32.1个百分点(见表2)。总的来说,美国

---

① Patrick Hertzke, Nicolai Müller, Stephanie Schenk. China's electric-vehicle market plugs in, Mckinesy & Company, 2017.

一方面具备汽车工业制造能力,另一方面也在新能源领域拥有较强的创新能力,从而在电动车产业早期发展阶段成为产业链的最大生产基地。疫情后美国的企业将制造产业向其他地区转移,因此其产业链地位大幅下降①。

表2　2017—2022年北美主要经济体电动汽车(EV)出口份额

	2017年	2018年	2019年	2020年	2021年	2022年
全球	100.0%	100.0%	100.0%	100.0%	100.0%	100.0%
北美	38.2%	29.7%	30.2%	16.2%	7.7%	6.1%
美国	38.2%	29.7%	30.1%	16.1%	7.6%	6.1%
加拿大	0.0%	0.0%	0.0%	0.0%	0.0%	0.0%

数据来源:GTAS, S&P Global。

三、贸易保护主义背景下全球电动汽车供应链变化

通过对电动汽车生产布局的分析,发现近年来跨国公司的电动车制造产业主要集中于欧洲地区,同时快速加大在亚洲地区的布局力度,而北美地区则面临产业外流的情况②。2023年电动汽车的年销量将预计增长35%,并且绝大多数的电动汽车销量集中在三个市场:中国、欧洲和美国③。这也促使它们成为了全球进口电动汽车的主要地区,2022年中国、欧盟及美国进口全球电动汽车贸易额分别为14.5亿美元、131.4亿美元和104.5亿美元(见图3)。

因此,在电动汽车生产布局分析的基础上,本文继续选择中国、美国、欧盟、日本及韩国五个主要经济体,观测区域及主要经济体在全球进口中所占份额的变化,进一步对其供应链变化作出解读。

1. 近五年间,三大区域内的主要经济体对美国进口电动汽车的需求持续降低,美国正在逐步退出全球电动汽车供应链

中国和日本曾长期与北美供应链保持联系,进口电动汽车的主要需求高度依赖美国,2017年自美国进口份额分别为95.5%和81.1%,但近年来美国将制造工厂迁向中国,并且欧洲头部汽车制造经济体德国迅速发展,供应链显现出快

---

①　徐岑筱、党倩娜:《后疫情时期全球产业链变化态势研究》,《竞争情报》2022年第4期。

②　Anh Bui, Peter Slowik, Nic Lutsey. Power play: Evaluating the U.S. position in the global electric vehicle transition[J], 2021.

③　IEA Publications, Global EV Outlook 2023, Catching up with climate ambitions[R], 2023.

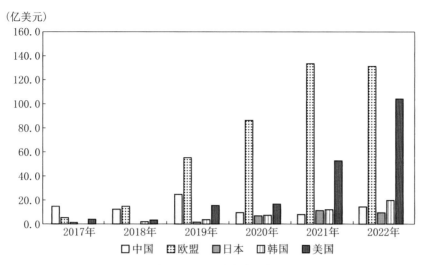

图 3　2017—2022 年主要经济体电动汽车(EV)贸易进口额

数据来源:GTAS, S&P Global。

速向欧洲转移的态势。中国自 2018 年起开始对供应链做出调整,需求呈现从美国快速且全面向欧洲转移态势,至 2022 年自美国进口额为 0.9 亿美元,占比 6.4%,较 2017 年下降 89 个百分比。日本对其供应链调整情况也与之相似,2018 年后对美国供应链调整特征显著,迅速摆脱对美国的依赖,至 2022 年自美国进口电动汽车贸易额约为 0.03 亿美元,占比 0.3%,较 2017 年下降 81 个百分点。

事实上,美国在 2017 年至 2019 年间曾迅速成为欧盟的主要进口电动汽车来源地,至 2019 年份额占比为 60.3%,较 2017 年涨幅 51.2 个百分点。疫情发生后,欧盟对美国进口电动汽车规模在 2020 年出现陡降,至 2022 年进口规模降至 4.1 亿美元,份额占比为 3.1%,较 2019 年下降 57.2 个百分点。在同一节点,欧盟对美国的需求立即开始向北美区域内的墨西哥转移,至 2022 年进口规模达 10.7 亿美元,占比为 8.1%,较 2017 年上涨 8 个百分点。

此外,韩国在 2020 年前也曾长期对美国供应链保持依赖,自美国进口电动汽车占比基本均在 70% 以上。疫情发生后,韩国与欧盟做出一致调整,减少对进口美国电动汽车的依赖,但韩国相比欧盟的调整态势较为缓和,至 2022 年进口贸易额为 9.8 亿美元,占比 50.5%,较 2019 年下降 37.7 个百分点(见表 3)。

表 3　2017—2022 年主要经济体自北美进口电动汽车（EV）贸易额

（单位:亿美元/份额）

| | | 贸易额 | | | | | | 占比 | | | | | |
		2017年	2018年	2019年	2020年	2021年	2022年	2017年	2018年	2019年	2020年	2021年	2022年
中国	美国	14.0	11.0	22.0	5.6	0.4	0.9	95.5%	91.7%	89.0%	58.5%	5.3%	6.4%
	墨西哥	0.0	0.0	0.0	0.0	0.0	0.0	0.0%	0.0%	0.0%	0.0%	0.0%	0.0%
欧盟	美国	0.5	0.6	33.4	48.2	23.7	4.1	9.0%	4.1%	60.3%	55.2%	17.6%	3.1%
	墨西哥	0.0	0.0	0.0	0.2	13.0	10.7	0.1%	0.0%	0.0%	0.2%	9.7%	8.1%
日本	美国	0.7	0.4	0.8	0.8	0.0	0.0	81.1%	54.4%	59.6%	11.0%	0.2%	0.3%
	墨西哥	0.0	0.0	0.0	0.0	0.0	0.0	0.0%	0.0%	0.0%	0.0%	0.0%	0.0%
韩国	美国	0.5	2.0	3.3	5.8	8.5	9.8	75.6%	84.8%	88.3%	76.5%	71.0%	50.5%
	墨西哥	0.0	0.0	0.0	0.0	0.0	0.0	0.0%	0.0%	0.0%	0.0%	0.0%	0.0%

数据来源:GTAS、S&P Global。

2. 中国、欧盟、日本、韩国都曾将美国作为进口电动汽车主要来源地,在经历经济再平衡、新冠疫情后时代,这些经济体的电动汽车供应链无一例外正在向欧洲及亚洲地区转移,且愈发向区域内头部电动汽车制造业经济体集中

结合对全球电动汽车生产布局的观测,美国近年来受到自身本土区域产业链外流的影响,已经逐步退出主要生产电动汽车的经济体,这间接致使其余地区的需求全面向欧洲及亚洲的发达经济体转移。数据显示,疫情前中国电动汽车的供应链的转移方向出现向欧洲地区集中的态势,至 2019 年自欧洲进口贸易额为 2.7 亿美元,占比 10.9%,较 2017 年增长 6.4 个百分点。疫情后,中国对其供应链的调整已经全面向欧洲地区内的头部汽车制造经济体靠拢,至 2022 年对欧洲的进口额已大幅增长至 12.5 亿美元,占中国进口全球电动汽车的 86.3%,较 2019 年疫情前增长了 75.4 个百分比。同时对此区域内的需求从比利时、奥地利不断向德国集中,2022 年德已占据中国进口全球电动汽车八成以上的份额。此外,日本虽受到自身地区的限制,在全球电动汽车生产基地中的地位逐年下降,但在疫情后仍占据中国的电动汽车供应链的一席之位,至 2021 年中国自日本进口电动汽车占比上涨至 11.2%,较 2017 年上涨 11.2 个百分比,但在次年受到汽车半导体芯片短缺导致的电动汽车产能受损,中国自日本进口电动汽车的份额跌幅近半(见附表 1)。

欧盟对全球电动汽车进口需求近年来呈现快速增长的趋势,2022 年进口规模较 2017 年增幅达 26 倍。在英国 2019 年正式脱欧前,欧盟对电动汽车的需求曾高度依赖英国,2018 年自英国进口电动汽车的份额高达 61%,但在此后迅速摆脱对其的依赖,进口份额逐年下降,至 2022 年已经下跌到只占欧盟进口约十成的份额。欧盟对北美地区的电动汽车供应链的调整趋势也与中国较为类似,在疫情后对美国的需求显现出快速向亚洲地区转移的态势,至 2022 年自亚洲地区进口贸易额为 102.5 亿美元,占比 78.0%,较疫情前的 2019 年上涨 54.8 个百分点。其中,中国作为全球新兴电动汽车生产基地,在欧盟电动汽车全球供应链中仍然担任重要角色,在疫情后已经成为欧盟对亚洲区域内获取电动汽车的主要供给经济体。2022 年,欧盟自中国进口电动汽车贸易额达 71.8 亿美元,份额占比为 54.6%,较疫情前 2019 年增长 53.4 个百分点。在亚洲区域内,韩国同样作为欧盟的主要进口电动汽车来源地,但近年来数据显示,欧盟正在尝试摆脱对韩国和日本的依赖,将部分需求向墨西哥转移,至 2022 年自韩国和日本进口电动汽车贸易额分别为 25.5 亿美元和 5.1 亿美元,占比 19.4% 和 3.9%,较 2017 年分别下跌 19.7% 和 4.5%。其实,欧盟在疫情前对墨西哥的需求几乎为零,但由于跨国公司在疫情后将墨西哥作为电池电动汽车的热门投资地,其产业规模持续

扩张,供应链不断完善,墨西哥在 2020 年后成为欧盟进口电动汽车的主要来源地,至 2022 年自墨西哥进口电动汽车贸易额为 10.7 亿美元,占比8.1%(见附表2)。

疫情暴发前,日本对进口电动汽车的需求同样高度依赖北美及欧洲地区,自欧洲进口电动汽车至 2022 年的贸易额为 4.5 亿美元,占比 48.1%,并且主要以欧洲区域内以德国、比利时及匈牙利为主的传统和新兴电动汽车生产基地集中。疫情后对北美区域的供应链的需求已经全部调整至亚洲区域内的经济体,且对亚洲区域内部的需求不断向中国集中。2022 年,日本自中国进口电动汽车贸易额为 2.7 亿美元,占比 29.1%,较 2019 年上涨 25.7 个百分点(见附表3)。此外,泰国政府在 2020 年开始大力发展电动汽车产业,投资电动汽车项目,并表示到2025 年使泰国发展成为东盟地区的电动汽车生产枢纽。受到各方面因素推动,此年日本自泰国进口电动汽车份额发生了逆转,从几乎为零猛增至 75% 的占比,但之后暴发的多轮疫情,泰国的电动汽车产业出现产能短缺、投资项目受阻等,疫情后全球经济又陷入衰退周期,这些多方面的因素间接地注定了泰国在全球电动汽车供应链中的地位只是"短期效应",此后几年日本自泰国的进口份额连年下降,至 2022 年已跌至 20.6%,但较 2017 年仍增长约 20.5 个百分点。韩国近年来同样也正在试图摆脱对美国的依赖,并将进口电动汽车的需求向欧洲及亚洲地区转移,主要以区域内的主要电动汽车生产基地德国及中国集中,2022 年韩国自德国和中国的进口贸易分别为 6.5 亿美元和 2.7 亿美元和 1.7 亿美元,占比 33.5% 和 8.5%,较 2017 年分别增长 22 和 7.5 个百分点(见附表4)。

3. 疫情后美国正提升自身对电动汽车供应链的韧性,寻求重构以友岸及近岸伙伴为中心的供给架构。中国及欧盟作为全球电动汽车的主要生产基地,仍占据美国电动汽车供应链中的一席之位

近五年,美国对全球电动汽车进口需求呈现快速增长趋势,2022 年进口规模较 2017 年增幅达 28 倍。其中,欧盟作为汽车行业中传统和新兴两种工业力量的结合,在美国电动汽车全球供应链中仍然担任重要角色,并长期作为美国电动汽车的供给地区,至 2022 年进口贸易额达 47.9 亿美元,份额占比 44.8%。但在疫情后时代,美国对欧洲区域内的需求不断向头部经济体德国集中,其余电动汽车生产基地类如比利时、奥地利的需求大幅向近岸伙伴墨西哥转移。2020 年后,美国自墨西哥进口电动汽车规模呈现大幅增长,至 2022 年进口贸易为 23.4 亿美元,份额占比达 22.4%,较 2019 年增长 21 个百分点(见附表5)。值得关注的是,因美国将汽车制造产业逐渐向以韩国为首的亚洲地区转移,日本地区的汽车产业受到其他亚洲地区市场的挤压,亚洲区域内的需求呈现从日本向韩

国集中态势。美国自韩国进口电动汽车的需求在 2022 年出现井喷式增长,进口贸易额达 25.9 亿美元,同比上涨 364.5%,占比 24.8%,至此韩国一跃成为美国进口电动汽车第二大来源地。由此可见,美国近年来对电动汽车供应链友岸化及近岸化调整趋势显著,其需求主要依赖友岸盟友德国、韩国及近岸伙伴墨西哥。

四、结 论 与 启 示

综上所述,在过去几年,全球政府和消费者在电动汽车上的支出显著增加,2022 年超过 4 000 亿美元。对跨国企业来说,新能源汽车的产业政策是汽车行业电气化的重要驱动力。随着电动汽车的需求以指数增长,主要现任汽车制造商为占据市场份额和保持竞争优势,将电动汽车作为其产品组合的关键部分。从生产布局中可以观测出,电动汽车行业的竞争日益激烈,越来越多的新进入者例如新兴的中国市场和发达经济体正在推动全球电动汽车供应链的快速扩张,同时在市场需求和各经济体政府补贴政策的引导下[1],跨国公司接踵扩充投资以满足全球快速扩大的电动车需求。自 2018 年起,全球电动车制造行业展现出空前的扩张速度。

中国电动汽车产业在过去的发展中,实现了"从无到有,从小到大,从弱到强"。中国品牌的电动汽车在设计、性能、耐用性和安全性等方面拥有一定优势,同时具备价格竞争力。其次,中国电动汽车产业的高速发展不仅受益于全球新兴电动汽车技术的升级迭代,更离不开其高围度、深层次、多样化的产业政策支持,同时中国政府在电动汽车产业的前瞻性布局[2],也吸引了众多跨国公司例如特斯拉,在中国设立本土产业链,将中国作为其亚洲电动汽车供给中心,并逐渐辐射至北美、欧洲等区域。疫情后,中国在疫情防控方面取得的优秀成果以及完善的本土电动汽车产业链,有效地抑制了汽车供应链中断的风险。这些因素直接造就了中国全球电动汽车产业链中的地位在疫情后强势崛起,并逐步在全球电动汽车供应链变革中成为重要的新中心,在全球电动汽车出口区域中的地位迅速上升。

---

① 　Cong Liu, Weilai Huang, Chao Yang. The Evolutionary Dynamics of China's Electric Vehicle Industry-Taxes vs. Subsidies[J], Computers & Industrial Engineering, 2017, 113:103-122.

② 　左世全、赵世佳、祝月艳:《国外新能源汽车产业政策动向及对我国的启示》,《经济纵横》2020 年第 1 期。

欧洲地区本就是传统汽车制造的生产基地,汽车制造业已经成为了欧洲经济的重要组成部分,占据显著的地位。其重要性不仅体现在汽车制造业本身,而且延伸至其他相关产业。由于汽车产业的复杂性,涉及的配套产业也非常广泛,能够为完善新兴电动汽车产业链夯实基础。进一步的,欧洲的汽车制造业也已经成为了国际间的贸易维度,欧洲品牌的汽车实力也让欧洲成为汽车制造业的出口大国。总体而言,欧洲拥有着丰富的汽车制造历史、领先的汽车技术和复杂的汽车产业生态环境,这些都是欧洲成为汽车制造的中心的重要原因。同时,欧洲各经济体之间的跨国公司竞争也促进了汽车制造技术的更新迭代,使欧洲的汽车制造业在世界范围内拥有着很大的竞争力。此外,中国和欧盟在疫情后显现出在供给侧、需求侧双向发力,两大经济体自对方进口份额快速攀升,显现出一种"双向协同体系"下的全球电动汽车供应链变化趋势。

然而,近年来各方面因素造成的电动汽车产能波动,促使全球各主要经济体积极构建独立、完整、安全的产业链成为一个大趋势,从而降低对其余经济体的依赖。疫情期间造成超过全球 100 家汽车工厂停工,致使全球各地区电动汽车产能下降,进而影响最终产品出口,这将会促使更多的跨国公司采取"生产基地＋X"的战略[1],作为分散供应链风险的一种方式,同时挖掘多元市场机会。分析表明,欧盟、美国都在积极试图摆脱对单一经济体供给电动汽车的依赖,将需求转向类似墨西哥的新兴电动汽车制造区域,以寻求提高供应链的韧性,日本则尝试将对欧美地区的需求转向近岸伙伴中国及泰国。

与此同时,电动汽车需求的增加正在推动电池和相关关键矿物的需求。汽车锂离子电池需求由 2021 年的约 330 千兆瓦时增加约 65％至 2022 年的 550 千兆瓦时,主要是由于电动乘用车销售增长所致[2]。电动汽车的供应链是异常庞大的体系,从初步生产到完成组装,其供应链往往需要跨越全球多个区域。疫情造成供应链中断风险大幅上升,使得全球电动汽车供应链正在演变为供应网,其从原本的树状结构变成了网状机构。电动汽车行业的跨国公司正在寻求拥有汽车及电池完整产业链的地区进行投资扩产,例如,东欧地区的匈牙利近年吸引了宝马、宁德时代等汽车及电池制造企业入驻,同时作为头部汽车制造和新兴电池厂商的生产地,匈牙利成为了东西方投资的交汇地,并在全球供应链中的地位有着可观的上升。所以,电池作为电动汽车产业链中关键的一部分,各国政府都在寻求将电池制造本土化,提高电池的制造能力,完善本土电动汽车产业链。例

---

① 刘立峰:《国际制造业产业链转移的应对措施》,《中国经贸导刊》2020 年第 10 期。
② IEA Publications，Global EV Outlook 2023，Catching up with climate ambitions，2023.

如,欧盟提出的《净零工业法》旨在让欧盟电池制造商满足欧盟近 90% 的年度电池需求,到 2030 年的制造能力至少为 550 千兆瓦时,欧盟还提出《关键矿物法案》,以保护自身的电动汽车供应链。在美国,《通胀削减法》强调加强电动汽车、电动汽车电池和电池矿物的国内供应链,这些标准是获得清洁汽车税收抵免的资格的标准。因此,在 2022 年 8 月至 2023 年 3 月期间,主要电动汽车和电池制造商宣布在北美电动汽车供应链上累计投资至少 520 亿美元,其中 50% 用于电池制造,约 20% 用于电池组件和电动汽车制造。此外,美欧贸易和技术委员会(TTC)的第四次会议呼吁在可再生能源、人工智能和标准制定方面加强合作。美国和欧盟亦就一项关键矿产协议启动谈判。该协议将把在欧盟开采或加工的矿物纳入美国《通胀削减法》中清洁能源汽车税收优惠范围[①]。

　　长期来看,在早期利用产业政策对本土进行电动汽车产业链升级的经济体在全球电动汽车生产布局中的地位已经显现。从供给侧角度来看,亚洲区域内的中国、韩国,欧洲区域内的德国、比利时的产业扩张明显,本土产业链的完善大幅降低了对供应链的脆弱性,疫情后开始大量向全球各地区供给电动汽车,在全球电动汽车出口经济体中占据显著地位。美国的电动汽车产业则在疫情动荡期间遭受了大起大落,逐步退出了生产电动汽车的主要区域。从需求侧来看,中国和欧盟得益于政府出台的多项对电动汽车购买补贴政策,近五年间对电动汽车的需求快速增长,本土电动汽车产能快速扩张,中国更是开启了对电动汽车产业的"内外循环",其自身需求基本依靠本土产能给予满足,同时向区域外大量出口电动汽车。

　　值得关注的是,2023 年初,全球政府几乎同时对电动汽车的政府补贴政策进行调整。主要电动汽车市场的一些政策调整包括:中国、挪威[②]、瑞典和英国完全取消了补贴。法国、德国和荷兰继续削减补贴。也有少数几个市场的消费者将在 2023 年继续受益或加大补贴,但这具体取决于电动汽车的最终组装所在地,美国就是其中市场之一[③]。因此,未来跨国公司的全球电动汽车产业链在供需两种力量的作用下做出的变化需要结合产业和贸易流量数据及各国产业政策的实施情况继续跟踪与监控。

---

① Silva E R, Lohmer J, Rohla M, et al. Unleashing the circular economy in the electric vehicle battery supply chain: A case study on data sharing and blockchain potential, *Resources, Conservation and Recycling*, 2023, 193:106969.

② Asgarian F, Hejazi S R, Khosroshahi H. Investigating the impact of government policies to develop sustainable transportation and promote electric cars, considering fossil fuel subsidies elimination: A case of Norway, *Applied Energy*, 2023, 347:121434.

③ IEA Publications, Global EV Outlook 2023, Catching up with climate ambitions, 2023.

参考文献

［1］Bui A，Slowik P，Lutsey N. Power play：Evaluating the US position in the global electric vehicle transition. 2021.

［2］Cong Liu，Weilai Huang，Chao Yang. The Evolutionary Dynamics of China's Electric Vehicle Industry-Taxes vs. Subsidies，*Computers & Industrial Engineering*，2017，113：103-122.

［3］Ivanov D. Design and deployment of sustainable recovery strategies in the supply chain，*Computers & Industrial Engineering*，2023，183：109444.

［4］Silva E R，Lohmer J，Rohla M，et al. Unleashing the circular economy in the electric vehicle battery supply chain：A case study on data sharing and blockchain potential，*Resources，Conservation and Recycling*，2023，193：106969.

［5］Asgarian F，Hejazi S R，Khosroshahi H. Investigating the impact of government policies to develop sustainable transportation and promote electric cars，considering fossil fuel subsidies elimination：A case of Norway，*Applied Energy*，2023，347：121434.

［6］Guttorm Aase，Chris Musso，Dennis Schwedhelm. Electric vehicles：The next growth engine in chemicals，Mckinesy & Company，2022.

［7］IEA Publications，Global EV Outlook 2022，Securing supplies for an electric future，2022.

［8］IEA Publications，Global EV Outlook 2023，Catching up with climate ambitions，2023.

［9］IEA Publications，Global Supply Chains of EV Batteries，2022.

［10］IEA，Global EV Outlook 2023，Global EV Outlook 2023 data，2023.

［11］Patrick Hertzke，Nicolai Müller，Stephanie Schenk. China's electric-vehicle market plugs in，Mckinesy & Company，2017.

［12］Patrick Hertzke，Nicolai Müller，Stephanie Schenk，et al. The global electric-vehicle markets is amped up and on the rise，Mckinesy & Company，2018.

［13］刘立峰：《国际制造业产业链转移的应对措施》，《中国经贸导刊》2020 年第 10 期。

［14］左世全、赵世佳、祝月艳：《国外新能源汽车产业政策动向及对我国的启示》，《经济纵横》2020 年第 1 期。

［15］徐岑筱、党倩娜：《后疫情时期全球产业链变化态势研究》，《竞争情报》2022 年第 4 期。

附表：

附表1　2017—2022年中国自主要经济体电动汽车进口额

（单位：亿美元/份额）

	贸易额（亿美元）						占比					
	2017年	2018年	2019年	2020年	2021年	2022年	2017年	2018年	2019年	2020年	2021年	2022年
全球	14.7	12.0	24.7	9.5	8.0	14.5	100.0%	100.0%	100.0%	100.0%	100.0%	100.0%
北美	14.0	11.0	22.0	5.6	0.4	0.9	95.5%	91.7%	89.0%	58.5%	5.3%	6.5%
美国	14.0	11.0	22.0	5.6	0.4	0.9	95.5%	91.7%	89.0%	58.5%	5.3%	6.4%
欧洲	0.7	1.0	2.7	3.4	6.6	12.5	4.4%	8.3%	10.9%	36.2%	83.4%	86.3%
欧盟	0.7	1.0	2.7	3.4	6.6	12.5	4.4%	8.2%	10.9%	36.2%	83.2%	86.3%
德国	0.7	0.6	0.6	3.3	6.3	12.3	4.4%	5.2%	2.3%	34.4%	78.4%	84.9%
比利时	0.0	0.0	1.9	0.1	0.4	0.2	0.0%	0.0%	7.6%	1.1%	4.6%	1.3%
奥地利	0.0	0.3	0.2	0.1	0.0	0.0	0.0%	2.9%	0.8%	0.6%	0.0%	0.0%
法国	0.0	0.0	0.0	0.0	0.0	0.0	0.0%	0.1%	0.0%	0.0%	0.2%	0.0%
英国	0.0	0.0	0.0	0.0	0.0	0.0	0.0%	0.0%	0.0%	0.0%	0.2%	0.0%
亚洲	0.0	0.0	0.0	0.5	0.9	1.0	0.0%	0.0%	0.1%	5.3%	11.3%	7.2%
韩国	0.0	0.0	0.0	0.0	0.0	0.1	0.0%	0.0%	0.0%	0.0%	0.1%	0.5%
日本	0.0	0.3	0.0	0.5	0.9	1.0	0.0%	0.0%	0.1%	5.2%	11.2%	6.6%
越南	0.0	0.3	0.0	0.0	0.0	0.0	0.0%	0.0%	0.0%	0.0%	0.0%	0.1%

数据来源：GTAS、S&P Global。

附表2　2017—2022年欧盟自主要经济体电动汽车进口额

（单位:亿美元/份额）

	贸易额（亿美元）						占比					
	2017年	2018年	2019年	2020年	2021年	2022年	2017年	2018年	2019年	2020年	2021年	2022年
全球	5.1	14.6	55.4	87.4	134.0	131.4	99.7%	99.9%	100.0%	100.0%	100.0%	100.0%
北美	0.5	0.6	33.4	48.4	36.6	14.8	9.3%	4.1%	60.3%	55.4%	27.3%	11.3%
美国	0.5	0.6	33.4	48.2	23.7	4.1	9.0%	4.1%	60.3%	55.2%	17.6%	3.1%
墨西哥	0.0	0.0	0.0	0.2	13.0	10.7	0.1%	0.0%	0.0%	0.2%	9.7%	8.1%
欧洲	2.0	8.9	9.1	6.3	10.1	12.8	39.7%	61.0%	16.3%	7.3%	7.5%	9.7%
英国	2.0	8.9	9.1	6.3	10.1	12.8	39.7%	61.0%	16.3%	7.3%	7.5%	9.7%
亚洲	2.6	5.1	12.9	32.3	86.5	102.5	50.3%	34.6%	23.2%	36.9%	64.6%	78.0%
韩国	2.0	4.3	11.7	19.7	26.6	25.5	39.1%	29.4%	21.1%	22.5%	19.8%	19.4%
日本	0.4	0.5	0.5	3.2	3.3	5.1	8.4%	3.5%	1.0%	3.6%	2.4%	3.9%
泰国	0.0	0.0	0.0	0.0	0.0	0.0	0.0%	0.1%	0.0%	0.0%	0.0%	0.0%
越南	0.0	0.0	0.0	0.0	0.0	0.1	0.0%	0.0%	0.0%	0.0%	0.0%	0.1%
中国	0.1	0.2	0.6	9.4	56.7	71.8	2.5%	1.6%	1.2%	10.8%	42.3%	54.6%

数据来源:GTAS, S&P Global。

附表3　2017—2022年日本自主要经济体电动汽车进口额

（单位:亿美元/份额）

	贸易额(亿美元)						占比					
	2017年	2018年	2019年	2020年	2021年	2022年	2017年	2018年	2019年	2020年	2021年	2022年
全球	0.9	0.7	1.3	7.0	11.3	9.4	100.0%	100.0%	100.0%	100.0%	100.0%	100.0%
北美	0.7	0.4	0.8	0.8	0.0	0.0	81.1%	54.5%	59.6%	11.0%	0.2%	0.3%
美国	0.7	0.4	0.8	0.8	0.0	0.0	81.1%	54.4%	59.6%	11.0%	0.2%	0.3%
欧洲	0.1	0.3	0.5	0.9	2.1	4.5	12.0%	42.2%	36.1%	13.3%	18.7%	48.1%
欧盟	0.1	0.3	0.5	0.9	2.1	4.5	11.6%	41.0%	35.2%	13.3%	18.6%	47.9%
德国	0.1	0.2	0.3	0.5	1.8	3.4	10.6%	35.0%	19.5%	6.6%	15.6%	36.3%
比利时	0.0	0.0	0.0	0.2	0.1	0.3	0.0%	0.8%	0.3%	3.6%	1.0%	3.4%
匈牙利	0.0	0.0	0.0	0.0	0.0	0.4	0.0%	0.0%	0.0%	0.0%	0.0%	4.6%
奥地利	0.0	0.0	0.2	0.0	0.0	0.0	0.1%	3.5%	14.0%	0.1%	0.4%	0.4%
法国	0.0	0.0	0.0	0.0	0.0	0.0	0.1%	0.4%	0.1%	0.5%	0.1%	0.0%
意大利	0.0	0.0	0.0	0.0	0.0	0.1	0.0%	0.3%	0.0%	0.5%	0.0%	1.4%
英国	0.0	0.0	0.0	0.0	0.0	0.0	0.4%	1.2%	0.9%	0.1%	0.1%	0.2%
亚洲	0.1	0.0	0.1	5.3	9.1	4.9	6.9%	2.1%	4.2%	75.7%	81.1%	51.6%
韩国	0.0	0.0	0.0	0.0	0.0	0.2	0.3%	0.2%	0.5%	0.1%	0.1%	2.0%
泰国	0.0	0.0	0.0	5.3	7.2	1.9	0.0%	0.1%	0.1%	75.0%	64.4%	20.6%
印度	0.0	0.0	0.0	0.0	0.0	0.0	0.1%	0.0%	0.3%	0.0%	0.0%	0.0%
中国	0.1	0.0	0.0	0.0	1.9	2.7	6.4%	1.8%	3.4%	0.6%	16.6%	29.1%

数据来源:GTAS、S&P Global。

附表 4　2017—2022 年韩国自主要经济体电动汽车进口额

单位:(亿美元)/份额

	贸易额(亿美元)						占比					
	2017年	2018年	2019年	2020年	2021年	2022年	2017年	2018年	2019年	2020年	2021年	2022年
全球	0.6	2.3	3.7	7.6	12.0	19.4	100.0%	100.0%	100.0%	100.0%	100.0%	100.0%
北美	0.5	2.0	3.3	5.8	8.5	9.8	75.6%	84.8%	88.3%	76.5%	71.0%	50.5%
美国	0.5	2.0	3.3	5.8	8.5	9.8	75.6%	84.8%	88.3%	76.5%	71.0%	50.5%
欧洲	0.1	0.3	0.4	1.6	3.2	7.9	23.2%	13.0%	9.5%	21.6%	26.5%	40.7%
欧盟	0.1	0.3	0.3	1.6	3.2	7.7	23.2%	12.8%	9.4%	21.5%	26.5%	39.7%
德国	0.1	0.1	0.2	0.7	2.1	6.5	11.5%	3.8%	5.9%	9.3%	17.8%	33.5%
比利时	0.0	0.0	0.0	0.5	0.7	0.7	0.0%	0.0%	0.0%	6.2%	6.2%	3.6%
匈牙利	0.0	0.0	0.0	0.0	0.0	0.4	0.0%	0.0%	0.0%	0.0%	0.0%	1.9%
奥地利	0.0	0.0	0.1	0.0	0.0	0.0	0.0%	0.0%	1.9%	0.2%	0.0%	0.0%
法国	0.0	0.0	0.0	0.4	0.3	0.1	0.4%	0.1%	0.2%	5.8%	2.5%	0.7%
英国	0.0	0.0	0.0	0.0	0.0	0.2	0.0%	0.2%	0.1%	0.0%	0.0%	1.0%
亚洲	0.0	0.0	0.1	0.1	0.3	1.7	1.2%	2.1%	2.2%	1.9%	2.5%	8.7%
日本	0.0	0.0	0.0	0.0	0.0	0.0	0.2%	0.0%	0.0%	0.0%	0.1%	0.1%
中国	0.0	0.0	0.1	0.1	0.3	1.7	1.0%	2.1%	2.2%	1.9%	2.3%	8.5%

数据来源:GTAS, S&P Global。

附表5　2017—2022年美国自主要经济体电动汽车进口额

（单位:亿美元/份额）

	贸易额（亿美元）						占比					
	2017年	2018年	2019年	2020年	2021年	2022年	2017年	2018年	2019年	2020年	2021年	2022年
全球	3.6	3.2	15.6	16.9	52.2	104.5	100.0%	100.0%	100.0%	100.0%	100.0%	100.0%
北美	1.8	0.4	0.2	0.3	17.3	23.4	49.9%	13.5%	1.3%	1.5%	33.2%	22.4%
墨西哥	1.8	0.4	0.2	0.2	17.3	23.4	49.8%	13.4%	1.3%	1.5%	33.1%	22.4%
欧洲	1.2	1.3	10.0	9.8	26.1	47.9	33.4%	57.0%	64.2%	58.0%	49.9%	45.8%
欧盟	1.2	1.4	10.0	9.8	25.6	46.9	32.8%	43.2%	64.1%	57.9%	49.1%	44.8%
德国	1.0	1.0	2.0	6.6	18.6	35.2	28.4%	30.7%	13.0%	39.3%	35.6%	33.7%
比利时	0.0	0.0	5.8	3.0	6.6	10.2	0.0%	1.1%	37.3%	18.0%	12.7%	9.7%
匈牙利	0.0	0.0	0.0	0.0	0.0	1.0	0.0%	0.0%	0.0%	0.0%	0.0%	1.0%
瑞典	0.0	0.0	0.0	0.0	0.1	0.3	0.0%	0.0%	0.0%	0.1%	0.1%	0.3%
奥地利	0.0	0.2	2.1	0.0	0.3	0.1	0.1%	6.1%	13.2%	0.3%	0.6%	0.1%
法国	0.1	0.2	0.1	0.0	0.0	0.0	3.7%	5.1%	0.4%	0.0%	0.0%	0.0%
英国	0.0	0.4	0.0	0.0	0.4	1.0	0.6%	13.7%	0.1%	0.2%	0.8%	1.0%
亚洲	0.6	0.9	5.4	6.8	8.9	33.3	16.7%	29.5%	34.5%	40.5%	17.0%	31.8%
韩国	0.5	0.3	3.6	4.1	5.6	25.9	15.1%	10.2%	23.0%	24.1%	10.7%	24.8%
日本	0.0	0.6	1.7	1.7	1.3	3.5	1.3%	18.1%	11.1%	10.1%	2.6%	3.4%
越南	0.0	0.0	0.0	0.0	0.0	0.5	0.0%	0.0%	0.0%	0.0%	0.0%	0.5%
中国	0.0	0.0	0.1	1.0	1.9	3.3	0.3%	1.1%	0.4%	6.2%	3.7%	3.2%

数据来源:GTAS, S&P Global。

图书在版编目(CIP)数据

动荡与变革下的全球贸易投资发展新趋势/王新奎
主编.—上海:上海人民出版社,2023
(贸易投资评论;第 14 辑)
ISBN 978 - 7 - 208 - 18651 - 4

Ⅰ.①动…　Ⅱ.①王…　Ⅲ.①国际贸易-投资-文集
Ⅳ.①F74 - 53

中国国家版本馆 CIP 数据核字(2023)第 220560 号

责任编辑　王　　吟
封面设计　陈　　楠

贸易投资评论(第十四辑)

动荡与变革下的全球贸易投资发展新趋势
王新奎　主编

出　　版　上海人民出版社
　　　　　　(201101　上海市闵行区号景路 159 弄 C 座)
发　　行　上海人民出版社发行中心
印　　刷　苏州古得堡数码印刷有限公司
开　　本　720×1000　1/16
印　　张　14.5
插　　页　2
字　　数　254,000
版　　次　2023 年 12 月第 1 版
印　　次　2023 年 12 月第 1 次印刷
ISBN 978 - 7 - 208 - 18651 - 4/F・2857
定　　价　68.00 元